Marie-Luise Brandi

Unter Mitarbeit von
Dieter Arnsdorf

Video im Deutschunterricht

Eine Übungstypologie zur Arbeit mit fiktionalen und dokumentarischen Filmsequenzen

Fernstudieneinheit 13

Fernstudienprojekt
zur Fort- und Weiterbildung
im Bereich Germanistik
und Deutsch als Fremdsprache

Teilbereich Deutsch als Fremdsprache

Kassel · München · Tübingen

LANGENSCHEIDT

Berlin · München · Wien · Zürich · New York

Fernstudienprojekt des DIFF, der GhK und des GI
allgemeiner Herausgeber: Prof. Dr. Gerhard Neuner

Herausgeber dieser Fernstudieneinheit:
Uwe Lehners, Goethe-Institut München

Redaktion: Herrad Meese

Im Fernstudienprojekt „Deutsch als Fremdsprache und Germanistik" arbeiten das Deutsche Institut für Fernstudienforschung an der Universität Tübingen (DIFF), die Universität Gesamthochschule Kassel (GhK) und das Goethe-Institut München (GI) unter Beteiligung des Deutschen Akademischen Austauschdienstes (DAAD) und der Zentralstelle für das Auslandsschulwesen (ZfA) zusammen.

Das Projekt wird vom Bundesminister für Bildung und Wissenschaft (BMBW) und dem Auswärtigen Amt (AA) gefördert.

⟸ Dieses Symbol bedeutet „Verweis auf andere Fernstudieneinheiten"

* Mit diesem Zeichen versehene Begriffe werden im Glossar erklärt

Zu dieser Fernstudieneinheit gehören folgende Videokassetten mit den Videosequenzen:

VC PAL ISBN 3 – 468 – **49665** – 6
VC Secam ISBN 3 – 468 – **96938** – 4
VC NTSC (2 VC) ISBN 3 – 468 – **96937** – 6

Druck: 5. 4. 3. 2. | Letzte Zahlen
2000 99 98 | maßgeblich

Verlagsredaktion: Manuela Beisswenger, Mechthild Gerdes

Titelgrafik: Theo Scherling
Satz und Gestaltung (DTP): Uli Olschewski, Yen-lin Hung
Druck: Druckhaus Langenscheidt, Berlin
Printed in Germany: ISBN 3 – 468 – **49664** – 8

Inhalt

Einleitung

> „Sehen kommt vor Sprechen: Die Welt erschließt sich dem Kind zuerst als Bild. Wenn wir dann lernen, dem Augenschein der Welt mit Worten auf den Grund zu gehen, können wir der widersprüchlichen Wechselbeziehung zwischen Wahrnehmung und Wissen nicht mehr entkommen. Unsere gesellschaftlich vermittelte Einstellung zu dem, was wir sehen, prägt die Art, wie wir es sehen und wie wir die Erscheinungen der Welt darstellen."
>
> Berger (1990), Klappentext

Zielgruppe

Die Fernstudieneinheit *Video im Deutschunterricht* wendet sich an Lehrer, Aus- und Fortbilder im Fach Deutsch als Fremdsprache und möchte Anregungen geben, wie auf Video aufgezeichnete Filmdokumente im Unterricht und in der Fort- und Weiterbildung eingesetzt werden können. Sie ist aus der Praxis entstanden, basiert auf langjähriger Erfahrung und ist für die Kolleginnen und Kollegen geschrieben, die nach möglichst unterrichtsnahen Vorschlägen für die Arbeit mit diesem Medium suchen.

Aufbau

Die Fernstudieneinheit ist in folgende Hauptkapitel eingeteilt:

- Vom Text zum Bild, vom Bild zur bewegten Bildfolge (Kapitel 1)
- Vorüberlegungen zur Arbeit mit Videosequenzen und Videofilmen (Kapitel 2)
- Zur Arbeit mit fiktionalen Filmbeispielen – eine Übungstypologie (Kapitel 3)
- Zur Arbeit mit Spielfilmen (Kapitel 4)
- Zur Arbeit mit dokumentarischen Filmen (Kapitel 5).

Jeder Abschnitt kann für sich allein durchgearbeitet werden, wir empfehlen aber, in jedem Fall mit der Lektüre der ersten beiden Kapitel zu beginnen, da die folgenden Kapitel auf ihnen aufbauen.

Übungstypologie

Das Kernstück der Studieneinheit ist das **Kapitel 3**, die *Übungstypologie*, in der der Versuch unternommen wurde, einzelnen Unterrichtsphasen bestimmte Übungen zuzuordnen. Die Beispiele in diesem Kapitel stammen alle aus dem fiktionalen Bereich. Der dort vorgeschlagene methodische Dreischritt ist aber auch in gleichem Maße für die Arbeit mit dokumentarischen Filmen relevant. Die Trennung in fiktionale* und dokumentarische* Filme erfolgte einmal aus unterrichtspraktischen und methodischen Gründen. Ein weiterer Grund sind die medienspezifischen Aspekte von dokumentarischen Filmen. Der Lehrer, der vor der Aufgabe steht, Videomaterial für den Unterricht aufzubereiten, muß jeweils prüfen, welche Übungen er entsprechend den von ihm verfolgten Zielen für seine Bearbeitung übernehmen kann.

Lernziel

Das übergeordnete Lernziel für die Arbeit mit Video ist für uns, den Lerner zu befähigen, mit dem Filmdokument in einen kritischen Dialog zu treten. Dies kann unter sprachlich-inhaltlichen, landeskundlichen, filmischen oder medienpädagogischen Aspekten geschehen. Die Fernstudieneinheit unterbreitet hier zahlreiche Angebote, wie die Lerner die über Bild und Ton vermittelten Informationen erfassen können und wie sie lernen, Wertungen und Tendenzen eines Films zu erkennen. Die verschiedenen Übungsphasen und -formen sollen verdeutlichen, daß das Arbeiten mit dem Medium *Video* im Unterricht Deutsch als Fremdsprache für den Lerner immer sehr viel mehr sein wird als ein symbolischer Gang ins Kino: Es ist eine aktive Auseinandersetzung mit filmischer Realität, in der der Lerner ständig gefordert wird.

Demonstrationskassetten

Zu dieser Studieneinheit gehören Videokassetten. Sie enthalten die Filmbeispiele bzw. die Filmsequenzen, die Sie für die Bearbeitung der einzelnen Aufgaben benötigen. Die Beispiele auf den Bändern folgen der Reihenfolge in der Studieneinheit. Teil 1 umfaßt die ersten drei Kapitel, Teil 2 enthält die Beispiele zu den Kapiteln *Spielfilme* und *dokumentarische Filme*. Sie haben so die Möglichkeit, die einzelnen Aufgaben auf ihre Brauchbarkeit für den Unterricht zu überprüfen und an sich selbst nachzuvollziehen, was in der Klasse von den Lernern verlangt wird.

In **Kapitel 6** finden Sie die Filmtexte (Transkriptionen) der in der Studieneinheit verwendeten Filmbeispiele. Sie können sich also dort auch schon im voraus über die im Film verwendete Sprache informieren. Das Transkript ersetzt aber natürlich nicht den Film, den Sie sich vor dem Einsatz in Ihrem Unterricht ansehen sollten. Die

Filmbeispiele sind nach der Reihenfolge des Vorkommens in der Studieneinheit angeordnet.

Oft werden nur einzelne Sequenzen aus Filmen zur Bearbeitung bestimmter Aufgaben gezeigt. Um Ihnen zu ermöglichen, diese Sequenzen in den Gesamtzusammenhang eines Films einzuordnen, finden Sie in **Kapitel 7** jeweils eine Inhaltsangabe des Films und eine Kurzbeschreibung der verwendeten Sequenz. Diese Informationen sollten Sie jedoch erst dann zur Kenntnis nehmen, wenn Sie die entsprechenden Aufgaben gelöst haben. Für Unterrichts- und Seminarzwecke bietet Ihnen Kapitel 7 eine Vorabinformation. Zusätzlich informieren wir Sie über Begleitmaterialien zu den einzelnen Filmen.

Kapitel 8 enthält eine Aufstellung der Sequenzen nach der Reihenfolge des Vorkommens in der Studieneinheit und damit der Videokassette.

Kapitel 9 enthält einen Lösungsschlüssel bzw. Vorschläge für mögliche Antworten zu den einzelnen Aufgaben.

Kapitel 10, das Glossar, erklärt einmal die Begriffe, die im Text mit einem* gekennzeichnet sind. Außerdem sind dort die Grundbegriffe der Filmanalyse zusammengefaßt – gedacht als Einführung in die Filmsprache.

Kapitel 11 enthält die Literaturangaben.

Die Videosequenzen sind Filmen entnommen, die über die Goethe-Institute oder über den Buchhandel erhältlich sind, genaue Angaben finden Sie in **Kapitel 12**. Zu den meisten Beispielen, die wir ausgewählt haben, liegen Begleithefte mit ausführlichen Unterrichtsvorschlägen vor, die für den Einsatz im Unterricht herangezogen werden können (siehe Kommentierung in Kapitel 7).

Wir hoffen, daß Sie diese Studieneinheit „mit offenen Augen“ durcharbeiten, daß die Arbeit mit Video in der Klasse zu lebendigen Diskussionen führt und sind für Anregungen und Kritik dankbar.

1 Vom Text zum Bild, vom Bild zur bewegten Bildfolge

Überblick

Das erste Kapitel enthält einige allgemeine Überlegungen zur Arbeit mit Video: Sie befassen sich mit Reaktionen auf Bilder und Filmsequenzen, mit ersten methodischen Möglichkeiten zum Einsatz von Video und mit einer ersten Zielsetzung. Die gemeinsame Funktion von Text, Bild und Videosequenzen* als Sprechanlaß wird aufgezeigt.

1.1 Reaktion auf einen Text

Zum Einstieg in diese Studieneinheit schlagen wir Ihnen zunächst die Lektüre eines kurzen Textes vor.

Aufgabe 1

1. Lesen Sie den folgenden Text.

Der neue Diener hatte eine Gewohnheit, die für einen ungebildeten Leibeigenen im zaristischen Rußland ganz und gar ungewöhnlich war: Valentin las Gedichte. Was aber noch ungewöhnlicher war: er las nur Gedichte, die er nicht verstand, und er liebte diese Gedichte, weil er sie nicht verstand. Das kam freilich erst spät heraus, durch Zufall, als sein Herr, der Schriftsteller I. A. Gontscharow, eines Abends am Schreibtisch saß und schrieb. Auf einmal hörte er die Stimme seines Dieners in einer Art Singsang:

Und sicht-bar wurde ihr im Au-genblick,
Was un-sichtbar seit langer Zeit ...

Gontscharow horchte, ging auf den Flur und öffnete die Tür zu Valentins Zimmer. Dort ließ er sich die Verse noch einmal vorlesen und fragte dann: „Verstehst du das alles?“ Valentin konterte: „Verstehen Sie es denn?“

Gontscharow verstand das selbstverständlich, und er verstand darüber hinaus, daß solche Verse das Fassungsvermögen seines Dieners bei weitem überstiegen. Deshalb suchte er für Valentin nach etwas Verständlichem und fand es auch; es war ein simples Liedchen:

Im Frühling ist es warm,
Im Winter ist es kalt,
Doch auch im Frost
Fühl'n wir uns wohl.
Die Nacht ist lang,
Das Feuer loht,
Da kommen Alt
Und Jung zusammen,
Dreh'n sich im Tanz,
Lachen und Singen,
Spielen und springen ...

Ulke (1988), 40f.

2. Überlegen Sie, wie der Diener auf das einfache Lied reagieren könnte.

Für den Diener enthielt der Text nichts, was seine Phantasie anregte oder Fragen aufwarf. Das hat ihn geärgert. Aus der Reaktion des Dieners möchten wir etwas für den Fremdsprachenunterricht ableiten.

Aufgabe 2

LS

Notieren Sie, welche Parallelen Sie zum Fremdsprachenunterrricht sehen.

Nicht Verstandenes / Unbekanntes = Herausforderung dem auf den Grund zu gehen + Anregung f. Phantasie, Vorstellungskraft => Motivation

1.2 Reaktionen auf ein Bild

Die Reaktion des Dieners war aus dem Text in Aufgabe 1 direkt ersichtlich und nachvollziehbar. Unsere Reaktion auf Bilder dagegen spielt sich zunächst nur im Kopf ab und wird höchstens im Gespräch oder im Unterricht durch bestimmte Aufgabenstellungen deutlich. Das können Sie sich anhand des nächsten Beispiels bewußtmachen.

Aufgabe 3

1. *Sehen Sie sich das Foto einmal genau an, und versuchen Sie, alle Bildindizien* (Körperhaltung, Gesichtsausdruck, Raumgestaltung, Gegenstände usw.) für die Deutung des Bildes zu nutzen.*

   Welche Situation ist dargestellt?

   Was können Sie über den Mann, die dargestellte Situation und seine möglichen Gefühle sagen?

Brandi u. a. (1988), 80

2. *Lassen Sie Ihre Schüler eine Geschichte zu dem Bild schreiben.*

Beim Betrachten eines Bildes entsteht in unserem Kopf eine Geschichte, von der wir zwar nicht wissen, ob sie stimmt, aber unsere Vermutungen gehen in eine bestimmte Richtung. Wodurch werden unsere Vermutungen gesteuert? Sie werden in erster Linie durch die Bildindizien gesteuert: Diese helfen uns bei der Interpretation, sie bestätigen, inwieweit unsere Vermutungen zutreffen oder nicht. Unsere Wahrnehmung, in diesem Falle eine rein visuelle, koppelt sich automatisch mit Bedeutung. Wir setzen Gesehenes um, indem wir ihm einen Sinn geben: Ein auf die Hand gestützter Kopf evoziert die Haltung des Grübelns, des Nachdenkens, wobei wir in der Regel eher die Bedeutung (nachdenken, grübeln) nennen als den Bedeutungsträger (Kopf in Hand gestützt). Wir nehmen also Signale, die vom Bild ausgehen, wahr und geben ihnen dadurch eine Bedeutung, daß wir unsere eigenen Erfahrungen, unser Vorwissen*, in das Bild hineinprojizieren.

In der Fernstudieneinheit *Bilder in der Landeskunde* wird dieser Prozeß der Bildwahrnehmung und des Verstehens von Bildern ausführlich dargestellt. ⟹

Nicht jedes Bild bietet eine solche Projektionsmöglichkeit, das Bild muß für das Einbeziehen der eigenen Erfahrung offen sein: Man spricht in diesem Zusammenhang von der *Offenheit der Bilder*, d.h. von Bildern, die möglichst viel Raum für Vermutungen und Fragen offenlassen und die zum Denken und Sprechen anregen. Eichheim/Wilms (1980) unterscheiden hierbei vier Bereiche:

➤ *die räumliche Offenheit:*

Wo befinden wir uns, worauf verweist das Bild? (private Sphäre, öffentliche Sphäre, welches Land? welcher Raum? ...)
Was könnten die beiden beobachten?

➤ *die zeitliche Offenheit:*

Zu welcher Tageszeit sehen wir die Person/en?
Aus welcher Zeit/Epoche ist das Bild?
Was könnte vorher passiert sein?
Was könnte anschließend passieren?

➤ *die soziale Offenheit:*

Wer ist/sind die dargestellte/n Person/en? (Alter, Herkunft, Milieu ...)
Wie stehen die Personen zueinander?

➤ *die kommunikative Offenheit:*

Wer spricht mit wem? (Dialog) Wie?
Was denkt jemand? (innerer Monolog)
Was sprechen die Personen miteinander?
Was wollen sie voneinander?

nach: Eichheim/Wilms (1980), 112 – 115; Eichheim u. a. (1981), Dia 39, 35, 27, 23

Die Antworten auf diese Fragen gibt uns das Bild mit seinen Details.

Das Bild im kommunikativen Unterricht*

Bilder, die zu Vermutungen und Hypothesen anregen, wirken sich auf das Verhältnis von Lehrer und Schüler aus.

Im „Gespräch“ mit dem Bild ist der Lerner ein gleichberechtigter Partner, dessen Wahrnehmung ernstgenommen wird: Der Lerner äußert sich als Ich-Sprecher, der seine vom Bildinhalt gesteuerte subjektive Wahrnehmung versprachlicht, wobei dem Lehrer allenfalls die Rolle eines Moderators zukommt, der – falls erforderlich – lexikalische Hilfestellungen anbietet. Damit wird auch verdeutlicht, daß es bei der Interpretation eines Bildes nicht nur eine einzige richtige Antwort gibt, die dann auch noch beim Lehrer liegt.

Das ist also anders als in der klassischen Unterrichtssituation, wo der Lehrer die Antwort weiß, abfragt und kontrolliert. Der Lerner kann hier nur mit *richtig* oder *falsch* antworten. Wir möchten das noch verdeutlichen.

Aufgabe 4

> 1. *Sie stellen zu dem Foto auf S. 8 folgende Fragen:*
> *„Was siehst du auf dem Tisch, an dem der Mann sitzt?“*
> *oder*
> *„Beschreibe den Raum, in dem sich der Mann befindet.“ u. a.*
> *Welche Antworten erwarten Sie?*
> 2. *Welche Rolle wird dem Lerner mit solchen Fragen zugewiesen?*

Ein Foto kann also bei richtiger Auswahl und bei Fragestellungen, die auf einen kommunikativen Unterricht ausgerichtet sind, sehr viel leisten (vgl. Brandi 1988). Dies gilt auch für den Bereich *Video*, wo wir es mit bewegten Bildern zu tun haben. Die Arbeit mit statischen und bewegten Bildern (Bildfolgen) hat viele Gemeinsamkeiten.

1.3 Video – das bewegte Bild

Wir möchten Ihnen diese Gemeinsamkeiten anhand einer kurzen Sequenz aus einem Film von S. Lenz mit dem Titel *Die Phantasie* (1976) illustrieren. Die Szene spielt in einer Kneipe. Sie sehen sie ohne Ton.

Hinweis zum Film

➤ Eine Inhaltsangabe zu dem gesamten Film, aus dem diese Sequenz stammt, finden Sie in Kapitel 7 (S. 137f.) unter Lenz (1976).

Aufgabe 5
Sequenz 1
(Bild ohne Ton)
In der Kneipe

> *Sehen Sie sich die Sequenz 1 auf der Videokassette an.*
> 1. *Achten Sie auf die beiden Personen, die im Mittelpunkt der Szene stehen: den Mann und die Frau. Sie werden von drei Männern beobachtet, die an einem Ecktisch sitzen.*
> 2. *Notieren Sie alles, was Ihnen wichtig erscheint und sich auf die Frau und den Mann bezieht.*

die Frau	**der Mann**

> 3. *Sehen Sie sich im Lösungsschlüssel an, was Teilnehmer auf Videoseminaren zu dieser Sequenz beobachtet und notiert haben.*
> 4. *Vergleichen Sie Ihre Notizen mit denen im Lösungsschlüssel: Haben Sie Ähnliches wahrgenommen?*

Aufgabe 6

> *Unterstreichen Sie nun in Ihren Notizen in Aufgabe 5 die Äußerungen, die reine Fakten, also objektiv wahr sind. Vergleichen Sie dann Ihre Unterstreichungen mit denen in den Teilnehmerkommentaren.*

Reflexion

Was an Aussagen offensichtlich und klar, also evident ist, nennt man eigentlich nicht, denn man sieht es ja. Daher gibt es auch so wenig rein beschreibende Nennungen; in der Mehrzahl handelt es sich um interpretierende Äußerungen. Das läßt den Schluß zu, daß die Teilnehmer an der Geschichte interessiert waren und sofort Vermutungen angestellt haben. Das, was sie zum Sprechen anregte, waren ihre Eindrücke von dem

Mann und der Frau, von deren Charakter und Gefühlen und einer möglichen Beziehung zwischen beiden. Ein solches motiviertes Sprechen hat Sinn. Das wollen wir im Fremdsprachenunterricht nutzen und fördern.

In einem vorgegebenen Rahmen wählen die Teilnehmer von allen möglichen Aktivitäten die sinnvollste, nämlich Verstehen und Interpretieren, Eindeutiges wird nicht angeführt. Mit dem Medium *Video* kann dem Lerner diese Möglichkeit des sinnvollen Sprechens angeboten werden, wie die nächste Filmsequenz zeigt.

Sie stammt aus einem Film von Scheibler/Strecker (1986) mit dem Titel *Dagmar*. Es handelt sich um eine Schulszene, die Sie ohne Ton sehen.

Hinweise zum Film

➤ 1. Eine Inhaltsangabe des gesamten Films finden Sie in Kapitel 7 (S. 139) unter Scheibler/Strecker (1986).

➤ 2. In Kapitel 4.2 wird ein Beispiel gegeben, wie Sie mit dem gesamten Film arbeiten können.

Aufgabe 7
Sequenz 2
(Bild ohne Ton)
Die Mathearbeit

Sehen Sie sich die Sequenz 2 auf der Videokassette an.

Geben Sie auf der nachstehenden Skala dem Lehrer und der Schülerin spontan eine Note.

der Lehrer

|---|---|---|---|---|---|

– 3	*0*	*+ 3*
ganz unsympathisch		*sehr sympathisch*

die Schülerin

|---|---|---|---|---|---|

– 3	*0*	*+ 3*
ganz unsympathisch		*sehr sympathisch*

Die Note, die Sie gegeben haben, hängt von Ihrer Einstellung zur Lehrer-Schüler-Rolle und Ihrem Verständnis von Schule ab. Die Rezeption* einer Szene wird von Ihrer eigenen Situation beeinflußt: von der augenblicklichen und von der soziokulturellen* Situation, von Ihren eigenen Erfahrungen und Wertvorstellungen. Da die Beurteilung nach persönlichen Maßstäben erfolgt, wird sie auch bei den Lernern immer ganz unterschiedlich sein.

Aufgabe 8

Wie haben Sie die Sequenz 2 verstanden? Was für eine Geschichte spielt sich Ihrer Meinung nach hier ab?

Reflexion

Auch diese Szene gibt – wie Sie gesehen haben – unter vielen Aspekten Anlaß zum Sprechen.

1. Als allgemeiner Sprechanlaß:

   Die Sequenz kann – wie auf Ihrer Videokassette – ohne Ton gezeigt und als kleine, zusammenhängende Geschichte erzählt werden.

2. Als landeskundlicher Sprechanlaß:

   Folgende landeskundliche Aspekte können diskutiert werden: *Wie sehen die Personen aus? Wie sind Lehrer und Schüler gekleidet? Wie steht es mit der Klassenzusammensetzung, dem Klassenraum?*

3. Als interkultureller Sprechanlaß:

   Kulturelle Unterschiede können festgestellt und benannt werden, etwa: *Wie empfindet man das Verhalten des Lehrers/der Schülerin im Vergleich zu den Gewohnheiten im eigenen Land? Wie würden Sie die Klassensituation im Vergleich zu Ihrem Land beurteilen und bewerten?*

Sie haben aber auch bereits eine methodische Möglichkeit der Arbeit mit Video kennengelernt.

Wir haben in den ersten beiden Sequenzen den Ton weggenommen – eine technische Möglichkeit, die Sie übrigens ohne Schwierigkeiten selbst nutzen können und die viele didaktische Vorteile hat:

- Sie können an sich selbst erleben, wie viele Informationen bereits über den visuellen Kanal transportiert werden.
- Das Interesse wird zuerst auf die Bilder als leicht „lesbaren" Informationsträger gelenkt. Dabei erfahren die Lerner, daß Bilder unterschiedlich interpretiert werden können, was zu genauerem Sehen der Bildsequenzen führt.
- Sinnvolles Sprechen im Sinne von Interpretieren, Vermuten, Äußern von Wahrscheinlichkeiten und Beurteilen kann in der Klasse stattfinden, ohne daß sofort der Ton als erschwerendes Element hinzukommt.
- Die Lerner schaffen ihre eigene Vorentlastung zum Verständnis der Sequenz, wenn diese in einem späteren Durchlauf mit Ton gezeigt wird.

1.4 Zusammenfassung

Zusammenfassung
Reflexion der Beispiele

Sie haben sich zunächst mit einem Text beschäftigt, der eine Reaktion auf den Text eines Liedes beschrieben hat. Dann haben Sie ein Foto und zwei Videosequenzen gesehen. Das Foto und die beiden Videosequenzen haben Sie, die Betrachter, nicht unbeteiligt gelassen und Sie zum Sprechen angeregt. In Sequenz 1 (*In der Kneipe*) interessiert, wie der Mann vorher gelebt hat, was er gerade denkt, was aus ihm werden wird etc. Bei der Frau stellt sich die Frage, in welcher Beziehung sie zu dem Mann steht, was sie fühlt, warum sie ein Pflaster auf der Wange hat, welche Bedeutung z. B. die Feder in ihrer Handtasche hat etc. Und die Beziehung der beiden weckt unser Interesse: Woher kommen sie überhaupt, werden sie zusammen weggehen? usw.

Auch in Sequenz 2 (*Die Mathearbeit*) würde man als Zuschauer gerne wissen, warum das Mädchen so aggressiv reagiert hat, warum sie die Klassenarbeit zerknüllt und ob dieses Verhalten normal oder außergewöhnlich ist.

In allen drei Beispielen möchten wir das, was wir gesehen haben, irgendwie einordnen, verstehen und auch bewerten. Den Beispielen ist also gemeinsam, daß sie Emotionen und Fragen beim Betrachter auslösen, auf die die Bilddokumente selbst keine Antwort geben. Wir sind auf Vermutungen angewiesen.

methodische Möglichkeiten

Die Auswahl der Bilder ist wichtig, um überhaupt Vermutungen herauszufordern. Sie haben dazu zwei methodische Möglichkeiten kennengelernt: Sie haben Ausschnitte, Videosequenzen – und nicht einen ganzen Film –, gesehen und diese Ausschnitte wurden ohne Ton gezeigt. Diese Methoden eignen sich besonders gut dazu, offene Situationen im Unterricht herbeizuführen und damit sowohl Lerneraktivitäten als auch einen kommunikativen Unterricht zu ermöglichen.

Lernziel

Ein Ziel, das wir alle im Fremdsprachenunterricht anstreben, ist Kommunikation. Die oben beschriebene Offenheit von Dokumenten können wir uns zur Erreichung dieses Ziels nutzbar machen. Videosequenzen, versehen mit anregenden Aufgabenstellungen, sind dazu besonders gut geeignet.

2 Vorüberlegungen zur Arbeit mit Videosequenzen und Videofilmen

Überblick

Im zweiten Kapitel geht es um Überlegungen vor dem Einsatz von Videos: um die Gründe des Einsatzes und der Auswahl, um inhaltliche und technische Vorbereitungen sowie um einige methodische Grundprinzipien bei der Arbeit mit Video. Ihre eigenen Erfahrungen und Vorstellungen, wie Sie mit Videos im Fremdsprachenunterricht arbeiten würden und warum Sie Videos einsetzen wollen, werden in diese Überlegungen einbezogen.

2.1 Selbstreflexion: Ihre Arbeit mit Video im Unterricht

Im ersten Kapitel haben wir als Einstieg in das Thema bereits einige Aspekte der Arbeit mit Video angesprochen, die wir nun erweitern und vertiefen möchten. Dabei sollen Ihre eigenen Erfahrungen und Vorstellungen einbezogen werden.

Aufgabe 9

LS

1. *Welche Gründe sprechen Ihrer Meinung nach für die Arbeit mit Video im Fremdsprachenunterricht? Notieren Sie alles, was Ihnen einfällt. Berücksichtigen Sie auch methodische und technische Möglichkeiten sowie landeskundliche Aspekte.*

m → Schaffen von Kommunikationsmöglichkeiten
m → Abwechslung zu Text-/Bildarbeit
m → Medium aus Alltag bekannt
lk → Filme sind Teil der fremden Kultur, spiegeln diese wider
m → Lehrer kann in den Hintergrund treten / Moderator

2. *Ordnen Sie nun Ihre Einfälle nach motivierenden und landeskundlichen Aspekten und nach methodischen und technischen Möglichkeiten.*

Video als Sprech- und Schreibanlaß

Die Arbeit mit Video soll in erster Linie als Sprech- und Schreibanlaß dienen. Ihr didaktischer Platz ist also die kreative Phase im Unterricht, der leider oft zu wenig Platz eingeräumt wird. Es geht darum, daß die Lerner das, was sie gelernt haben, einmal in einem anderen Kontext frei und mitteilungsbezogen anwenden.

Aufgabe 10

LS

Überlegen und begründen Sie:

1. *In welcher Phase Ihres Unterrichts /Ihrer Unterrichtsstunde würden Sie Video einsetzen?*
2. *Sollte das Video einen Bezug zu Ihrem Lehrwerk haben?*

Didaktisierung

Jedes Video erfordert eigene didaktische Überlegungen – je nach Bildstruktur, Inhalt und filmischer Gestaltung. Wichtig ist, daß Sie beide Informationskanäle*, also Bild und Ton, bei der Arbeit berücksichtigen: Die Aufgaben sollten sowohl auf das Bild, auf Sprache und Inhalt als auch auf filmische Mittel bezogen sein. Dabei gilt grundsätzlich:

Der didaktische Aufwand muß in einem adäquaten Verhältnis zur Textsorte stehen. Je längerfristig ein Video einsetzbar ist – und das gilt vor allem für den fiktionalen Bereich – desto eher rechtfertigt sich der didaktische Aufwand. Jedoch sollte eine Didaktisierung nie den Bezug zum Filmmaterial verlieren. Es wäre z. B. übertrieben, wollte man für eine dreiminütige Sequenz einen zehnseitigen Übungskanon erstellen.

Wichtig ist die Art der Aufgabenstellung.

> *Welche Ziele sollte Ihrer Meinung nach eine gute Aufgabenstellung für die Arbeit mit Video enthalten?*

Aufgabe 11

LS

2.2 Vorüberlegungen vor dem Einsatz von Videos

Zur Auswahl von Videos als Sprechanlaß

Vor dem Einsatz eines Videos sollten Sie sich überlegen, welche Aspekte des Videomaterials für das Unterrichtsgespräch besonders interessant sind. Das können landeskundliche, sprachlich-inhaltliche, interkulturelle, nonverbale oder auch filmische Aspekte sein. Die Übergänge sind fließend, aber es empfiehlt sich aus methodischen Gründen, diese Aspekte zu trennen.

Wenn Sie Videos für Ihren Unterricht auswählen, empfehlen wir Ihnen, das Video vorher einmal ganz anzusehen. Wählen Sie dann die Sequenzen aus, die Ihrer Meinung nach eine Schlüsselfunktion* haben, und sehen Sie sich diese Sequenzen ohne Ton an. Prüfen Sie, inwieweit die Bildaussage **sprechend** ist – dazu können Sie auch einen Kollegen testen, dem Sie das Beispiel ohne Ton zeigen. Dann wissen Sie, ob sich die Methode, Bilder ohne Ton zu zeigen, für die gewählte Sequenz eignet. Je **sprechender** eine Sequenz ist, desto lernerfreundlicher ist sie.

Zu methodischen und technischen Möglichkeiten

Es gibt verschiedene Möglichkeiten, Videos im Unterricht einzusetzen. Wir möchten Ihnen drei Leitfragen empfehlen, die Ihnen bei der Aufbereitung von Videosequenzen für den Unterricht behilflich sein können. Die Fragen beziehen sich auf den methodischen Ablauf einer Unterrichtsstunde bzw. Unterrichtseinheit:

1. **Vor** dem Zeigen der Sequenz:
   Welche Aufgaben können Sie vor dem Einsatz der Sequenz stellen, um bei den Lernern Interesse für den Film aufzubauen und das Verständnis zu erleichtern?
2. **Während** des Zeigens der Sequenz:
   Welche Aufgaben können Sie vorbereiten, um während der Vorführung der Sequenz einer passiven Fernsehhaltung vorzubeugen und um das Verständnis zu erleichtern und zu vertiefen?
3. **Nach** dem Zeigen der Sequenz:
   Welche Aufgaben können Sie vorbereiten, um das Gesehene und Gehörte zu verarbeiten, zu vertiefen und zu ergänzen?

Dieser Dreischritt strukturiert das Arbeiten mit einer Sequenz und ist auch ein wichtiges Gliederungsprinzip dieser Studieneinheit.

In den Studieneinheiten *Bilder in der Landeskunde* und *Fertigkeit Hören* finden Sie dazu weitere ausführliche Anregungen. ⟹

Bilder werden vom Betrachter schneller erfaßt als Texte, deshalb ist das Interesse, sich näher mit Bildern zu befassen und sie wirklich verstehen zu wollen, auch schnell erloschen. Bei laufenden Bildern, also bei Videos, besteht dagegen die Gefahr, daß die Lerner in eine passive Fernsehhaltung verfallen.

Während Sie als Muttersprachler normalerweise einen Film ohne Unterbrechung sehen (es sei denn, Sie schalten auf einen anderen Sender um), sollten Sie im Fremdsprachenunterricht gezielt technische und methodische Möglichkeiten einsetzen, um die Beschäftigung mit dem Film und damit das Verstehen zu fördern.

Die Beispiele in den folgenden Kapiteln zeigen Ihnen dazu unterschiedlichste Varianten auf; an dieser Stelle möchten wir auf vier Hauptaspekte eingehen:

1. Wiederholbarkeit

   Normalerweise sehen Sie einen Film einmal ganz an – sei es im Kino oder im Fernsehen. Dieses Prinzip der Einmaligkeit des Ablaufs von Bildgeschehen bringt es notwendigerweise mit sich, daß Sie und Ihre Lerner nicht jedes Detail wahrnehmen und verstehen können. Das gilt für den Muttersprachler und erst recht für den Fremdsprachenlerner. Die Arbeit mit Video hat jedoch den Vorteil, daß ein Film bzw. eine Filmsequenz beliebig oft wiederholt werden kann. Damit haben Sie die Möglichkeit, die Wahrnehmung zu vertiefen. Das ist bei Schlüsselszenen* oder auch schwierigen Passagen oft unerläßlich.

2. Trennung der Informationskanäle

   Dazu bieten sich zwei Möglichkeiten an:

   a) Video ohne Ton zeigen
      Diese Technik haben Sie in Sequenz 1 und 2 kennengelernt.

   b) Video ohne Bild zeigen
      Bei dieser Technik hören die Lerner nur die Tonspur, ohne das Bild zu sehen (siehe Sequenz 5 a, 6 a).

Aufgabe 12 LS

> 1. *Überlegen Sie, welche Vorteile diese beiden Techniken a) und b) haben.*
> 2. *Überlegen Sie, welche Bedingungen Bild oder Ton erfüllen müssen, damit die Trennung von Bild und Ton didaktisch sinnvoll ist.*

3. Getrenntes Arbeiten mit dem Bild- und Tonkanal

   Diese Möglichkeit ist etwas aufwendiger, wir möchten Sie Ihnen dennoch nicht vorenthalten. Sie müssen folgende Vorbereitungen treffen:

   a) Sie brauchen für Ihre Klasse zwei Räume.

   b) Sie müssen die Tonspur des Videos auf Kassette aufnehmen, um sie dann über einen Kassettenrekorder abzuspielen, oder Sie machen eine Kopie des Videos und verhängen nur den Bildschirm.

   Sie teilen Ihre Klasse in zwei Gruppen ein: Gruppe 1 hört in einem Raum die Tonspur des Videos an, Gruppe 2 sieht in einem anderen Raum das Video ohne Tonspur an. Beide Gruppen sollten Ton und Bild mehrmals hören bzw. sehen. Die Lerner machen sich Notizen.

   Nachdem die beiden Gruppen mit ihrem jeweiligen Übertragungskanal in den getrennten Räumen gearbeitet haben, kommen sie wieder in einem Raum zusammen. In Partnerarbeit – immer einer aus Gruppe 1 und einer aus Gruppe 2 – berichten sich die Partner gegenseitig, was sie gesehen und gehört haben. Sie versuchen, das Gesehene und das Gehörte zusammenzubringen. Danach wird im Plenum diskutiert, um was es in der Sequenz geht. An der Tafel oder auf dem Tageslichtprojektor werden die wichtigsten Aussagen festgehalten. Erst dann sehen die Lerner gemeinsam die Sequenz. Vermutungen können nun bestätigt oder korrigiert werden. Man kann auch darüber diskutieren, inwieweit sich Bild und Ton gegenseitig ergänzen oder ob Bild und Ton auseinanderklaffen (siehe Bild-Ton-Schere, Kapitel 5.3).

4. Arbeit mit Standbild*

   Auf Ihrem Videorekorder können Sie die Pausentaste drücken, das Bild „bleibt stehen“ – vom Kino kennen Sie ähnliche Techniken, wie etwa das verlangsamte Abspielen einer Sequenz oder das Einfrieren eines Bildes am Ende des Films. Beachten Sie aber: Ein zu lange festgehaltenes Standbild kann Ihr Videoband an dieser Stelle beschädigen. Lassen Sie das Standbild also nicht zu lange stehen.

> 1. *An welchen Stellen eines Films hat die Arbeit mit dem Standbild Ihrer Meinung nach einen Sinn?*
> 2. *Welche Möglichkeiten bieten sich dem Lerner durch den Einsatz eines Standbildes?*

Aufgabe 13

LS

Als Beispiel möchten wir Ihnen zwei Standbilder zeigen: Standbild 1, eine Fernsehwerbung, stammt aus *Bildschirm 8* (Boom van den u. a. 1991 b), Standbild 2 aus dem Film von Weißbarth (1986) mit dem Titel *Vis-à-vis*.

Hinweise zum Film

➤ 1. Eine Inhaltsangabe des gesamten Films *Vis-à-vis* finden Sie in Kapitel 7 (S. 140) unter Weißbarth (1986).

➤ 2. In Kapitel 3.4.2 wird gezeigt, wie Sie mit dem gesamten Film arbeiten können (Unterrichtsdokumentation).

> *Sehen Sie sich die Standbilder 1 und 2 an. Überprüfen und ergänzen Sie dann Ihre Antworten zu den Fragen 1 und 2 von Aufgabe 13.*

Aufgabe 14
Standbild 1 und 2
Wütender Nachbar
Blick durch den Türspion

Abschließend bitten wir Sie, eine Zusammenfassung des Kapitels 2.2 zu machen.

> *Notieren Sie in Stichpunkten:*
> 1. *Welche Aspekte sind bei der Auswahl von Videos als Sprechanlaß wichtig?*
>
> ______________________________
> ______________________________
> ______________________________
> ______________________________
>
> 2. *Welche Leitfragen sollten Sie sich allgemein vor der Arbeit mit Video stellen?*
>
> ______________________________
> ______________________________
>
> 3. *Welche Gefahr besteht bei der Arbeit mit Bildern bzw. Videofilmen?*
>
> ______________________________
> ______________________________
>
> 4. *Welche technischen Möglichkeiten haben Sie kennengelernt, um die Lerner zum genaueren Hinsehen und Hinhören bei einem Videofilm anzuleiten?*
>
> ______________________________
> ______________________________
> ______________________________
> ______________________________
> ______________________________

Aufgabe 15

Zusammenfassung

machen

LS

Ø in 2. Schrift festhalten

3 Zur Arbeit mit fiktionalen Filmbeispielen – eine Übungstypologie

Überblick

In diesem Kapitel wollen wir Ihnen anhand von konkreten Beispielen Anregungen zur Arbeit mit Videosequenzen geben. Je ein Übungstyp wird anhand einer oder mehrerer Sequenzen erarbeitet – das bedeutet natürlich nicht, daß diese Aufgaben nur auf das gezeigte Filmbeispiel zutreffen. In der sich jeweils anschließenden Reflexion werden die Kriterien erarbeitet, die ein Film oder eine Filmsequenz erfüllen muß, damit der Aufgabentyp auch für das jeweilige Beispiel geeignet ist. So erhalten Sie eine ganze Übungstypologie. Wir gehen dabei nach dem im vorigen Kapitel erwähnten Dreischritt vor: Aktivitäten **vor**, **während** und **nach** einer Videosequenz.

vor dem Sehen

Kapitel 3. 1 zeigt Ihnen verschiedene methodische Möglichkeiten, auf eine Videosequenz oder einen Videofilm vorzubereiten: Sie können auswählen zwischen

- ➤ einem Einstieg über die Tonspur (Musik/Geräusche/Sprache; Kapitel 3. 1. 1),
- ➤ einem Einstieg über ein Assoziogramm* (Kapitel 3. 1. 2),
- ➤ einem Einstieg über unterschiedliches Bildmaterial (Bildkarten/Standfotos*; Kapitel 3. 1. 3) oder
- ➤ über schriftliche Vorgaben (Transkripte oder Wortkarten, Kapitel 3. 1. 4).

während des Sehens

Kapitel 3. 2 zeigt Ihnen verschiedene Möglichkeiten, während der Vorführung mit einem Film oder einer Filmsequenz zu arbeiten. Sie können auswählen zwischen

- ➤ Aufgaben zur Bildinformation (Was erfahren Sie durch die Bilder über den Film?; Kapitel 3. 2. 2),
- ➤ Aufgaben zur sprachlich-inhaltlichen Information (Was erfahren Sie durch die Sprache über einen Film? Wie kann die Tonspur vorentlastet werden?); Kapitel 3. 2. 3 – und Aufgaben zu filmischen Aspekten (Welche Funktion hat die Kameraführung?; Kapitel 3. 2. 4).

nach dem Sehen

Kapitel 3. 3 zeigt Ihnen verschiedene Möglichkeiten, nach der Filmvorführung weiterzuarbeiten. Sie können:

- ➤ eine Filmfortsetzung schreiben (Kapitel 3. 3. 1),
- ➤ einen Fragebogen zur Hauptperson im Film ausfüllen (Kapitel 3.3.2),
- ➤ eine Filmkritik verfassen (Kapitel 3. 3. 3) und
- ➤ eine Filmkritik verstehen und sich zu ihr äußern (Kapitel 3. 3. 4).

Kapitel 3.4 zeigt Ihnen eine Synthese der drei Schritte anhand von zwei Beispielen. Das zweite Beispiel ist eine Unterrichtsdokumentation, aus der die einzelnen Schritte für die Arbeit mit einem Film ablesbar sind.

Die drei Hauptschritte (vor, während und nach der Arbeit mit Videos) werden jeweils auf einem Arbeitsblatt zusammengefaßt.

3.1 Schritt 1: Vor dem Sehen

In Schritt 1 stellen wir Ihnen eine Reihe von Möglichkeiten vor, die sich anbieten, um in eine Videosequenz einzusteigen, auf sie vorzubereiten oder sie vorzuentlasten.

3.1.1 Einstieg über den Ton: Musik oder Sprache

Bei diesem Einstieg geht es darum, den Lerner über die musikalische Untermalung einer Filmsequenz zum Thema der Sequenz zu führen. Dazu wird nur die Musik vorgespielt, die dazugehörigen Bilder sieht man nicht.

Das erste Beispiel (Sequenz 3) stammt aus dem Film von Weißbarth (1986) mit dem Titel *Vis-à-vis*.

➤ 1. Eine Inhaltsangabe des gesamten Films *Vis-à-vis* finden Sie in Kapitel 7 unter Weißbarth (1986).

➤ 2. In Kapitel 3.4.2 wird gezeigt, wie Sie mit dem gesamten Film arbeiten können (Unterrichtsdokumentation).

Hinweise zum Film

Aufgabe 16
Sequenz 3 a
(Ton ohne Bild)
Vis-à-vis

1. *Hören Sie sich auf der Videokassette die Tonspur an (Sequenz 3 a). Überlegen Sie, was Sie mit dieser Musik verbinden: Woran denken Sie bei dieser Musik?*

___

___

Sequenz 3 b
(Bild und Ton)
Vis-à-vis: Auf dem Balkon

2. *Sehen Sie sich nun die Szene der Geschichte an, die sich mit dieser Anfangsmusik verbindet (Sequenz 3 b). Scheint Ihnen die Kombination von Musik und Inhalt gelungen? Waren Sie überrascht?*

Das zweite Beispiel (Sequenz 4) zum Einstieg über die Musik stammt aus der Sammlung von Fernsehwerbespots *Die Krönung der schönsten Stunden* (1990).

Hinweise zum Film

➤ 1. Nähere Angaben zu dem Video finden Sie in Kapitel 7 (S. 133) unter *Die Krönung der schönsten Stunden* (1990).

➤ 2. Eine Transkription des Textes des Werbespots (Spot 4) finden Sie in Kapitel 6 (S. 117).

Aufgabe 17
Sequenz 4 a
(Ton ohne Bild)
Die Krönung der schönsten Stunden
Spot 4

1. *Hören Sie nun das zweite Beispiel zum Einstieg über die Musik (Sequenz 4 a).*
   – *Was suggeriert die Musik?*
   – *Welche Handlung, welchen Ort, welche Handelnden können Sie sich vorstellen?*

___

___

___

2. *Kreuzen Sie an, welche Charakteristika die Musik für Sie hat. Sie können auch mehrere Adjektive ankreuzen.*

☐ *spannend*	☐ *lebendig*
☐ *aufregend*	☐ *abenteuerlich*
☐ *romantisch*	☐ *traurig*
☐ *ruhig*	☐ *langsam*
☐ *schnell*	

Sequenz 4 b
(Bild und Ton)
Die Krönung der schönsten Stunden
Spot 4

3. *Sehen Sie sich nun dieselbe Sequenz mit Ton an (Sequenz 4 b): Scheint Ihnen die Kombination von Musik und Inhalt gelungen? Waren Sie überrascht? Wenn ja, warum?*

Das dritte Beispiel (Sequenz 5) stammt aus dem Film von Fritz Lang (1921) mit dem Titel *Der müde Tod*. Die Aufgabenstellung ist ähnlich wie bei den vorangegangenen Beispielen. Da es sich jedoch bei diesem Beispiel um einen Ausschnitt aus einem Stummfilm handelt – er also ohne Sprache ist – erhält die musikalische Begleitung noch eine besondere Funktion.

Hinweis zum Film

➤ In Kapitel 7 finden Sie unter Lang/Harbou (1921) eine Inhaltsangabe des Films.

Aufgabe 18
Sequenz 5 a
(Ton ohne Bild)
Der Fremde

1. *Sehen Sie sich die Sequenz 5 a an.*
   - *Woran denken Sie bei der Musik?*
   - *Ändert sich etwas in der Musik?*
   - *Welche Handlung, welche handelnden Personen können Sie sich vorstellen?*

   ____

   ____

Sequenz 5 b
(Bild und Ton)
Der Fremde

2. *Sehen Sie sich nun dieselbe Sequenz mit Ton an (Sequenz 5 b).*
   Achten Sie bitte darauf,
   - *ob die Musik das Bildgeschehen sinnvoll untermalt.*
   - *inwieweit Musik und Bildgeschehen sich entsprechen.*

Besonders spannend kann das Arbeiten mit der Tonspur einer ganzen Sequenz sein, wenn dadurch eine ungefähre Situationsbestimmung möglich ist, die noch genügend Raum zur Spekulation läßt. Das vierte Beispiel (Sequenz 6) stammt aus einem Film von Leitner/Schwenzer (1957) *Ferien auf Immenhof.*

Hinweise zum Film

➤ 1. In Kapitel 7 (S. 137) finden Sie unter Leitner/Schwenzer (1957) eine Inhaltsangabe des Films.

➤ 2. In Kapitel 6 (S. 117) finden Sie eine Transkription der Szene.

Aufgabe 19
Sequenz 6 a
(Ton ohne Bild)
Ein Ferientag

1. *Sehen Sie sich die Sequenz 6 a auf der Videokassette an. Bearbeiten Sie zunächst die Aufgaben a) und b).*
   a) Überlegen Sie sich – ausgehend von Musik, Sprache und Geräuschen – welche Bilder und Farben dazu passen könnten.
   b) Benutzen Sie zur Beanwortung der folgenden Fragen das nachstehende Raster:
   - *Stellen Sie sich vor, wo und wann die Szene spielen könnte, welche Personen beteiligt sind, wie sie aussehen, welche Stimmung herrscht und was passiert.*
   - *Ist es Ihrer Meinung nach ein Schwarz-Weiß-Film oder ein Farbfilm?*

Zeit/Epoche	
Ort	
Personen	
Aussehen/Kleidung	
Stimmung	
Thema der Szene	
Handlung	
Schwarz-Weiß/Farbe	

nach: d'Alessio/Helmling (1991), 15

Sequenz 6 b
(Bild und Ton)
Ein Ferientag

2. *Sehen Sie sich jetzt die Sequenz 6 b mit Ton an. Überprüfen Sie, inwieweit Ton und Bild einander entsprechen.*

Reflexion

Sie haben an den drei Beispielen (Sequenzen 3, 4 und 5) gesehen, wie Sie durch den Einstieg über die Musik auf die Videosequenzen hinführen können. Dabei haben Sie drei unterschiedliche Funktionen eines solchen Einstiegs kennengelernt:

1. Die bildlichen Vorstellungen, die bei Ihnen und Ihren Schülern durch die Musik ausgelöst werden, sind bereits Gegenstand einer ersten Diskussion.
2. Musik und eigene Vorstellungen bauen eine Erwartungshaltung auf und bereiten auf das Thema einer Sequenz, auf die Filmhandlung, vor.
3. Musik kann eine strukturierende und sinngebende Funktion haben, wie besonders an Sequenz 5 deutlich wird.

Der Einstieg über die Musik hat immer dann Sinn, wenn die Musik in eine bestimmte Richtung weist und z. B. ein Abenteuer, eine Liebesgeschichte, eine Kriminalgeschichte usw. ankündigt.

Am Beispiel von Sequenz 6 haben Sie erfahren, daß der Einstieg über die sprachliche Tonspur Neugier wecken kann, in welcher Beziehung die Bilder zur Sprache stehen und welche unterschiedlichen Hypothesen aufgestellt werden können.

3.1.2 Einstieg über ein Assoziogramm

Eine weitere Möglichkeit der Vorbereitung auf eine Filmsequenz stellt die Aktivierung von Vorwissen dar. Das kann in Form eines Gesprächs oder eines Assoziogramms zum thematischen Schwerpunkt der Sequenz geschehen.

Das erste Beispiel (Sequenz 7) für diesen Einstieg stammt aus dem Film von Gies/Eplinius (1988) mit dem Titel *Das Traumauto*. Dieser Filmtitel könnte als Assoziationsauslöser dienen.

Aufgabe 20

Notieren Sie, was Ihnen spontan zu dem Begriff „Traumauto" einfällt, also Ihre Assoziationen.

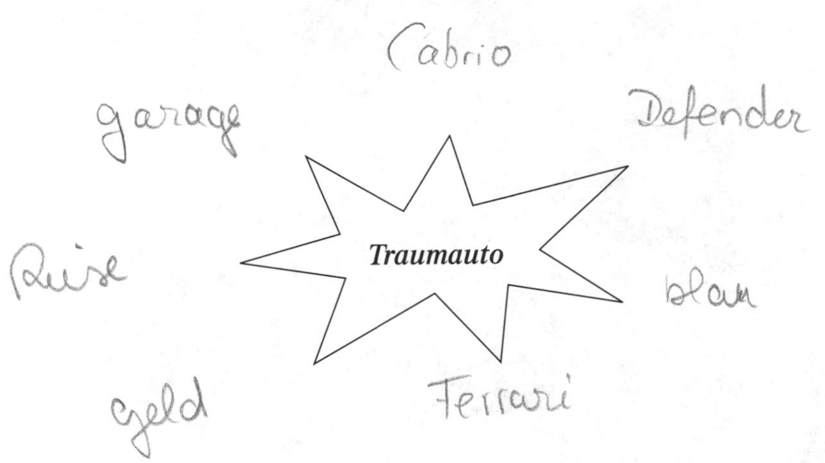

3.1.3 Einstieg über Bildmaterial

Abbildungen

Eine Alternative zum Assoziogramm kann auch der Einstieg durch die Vorgabe von Bildmaterial sein. Wir möchten Ihnen das ebenfalls am Beispiel des Films *Das Traumauto* zeigen. Die Erfahrung hat gezeigt, daß die Lerner dann einen leichteren Zugang zum Verständnis der Filmsequenz haben.

Aufgabe 21

1. Sehen Sie sich bitte folgende Abbildungen an. Suchen Sie sich „Ihr" Traumauto heraus, und erklären Sie, warum Sie es gewählt haben.

Arnsdorf u. a. (1990a), 16

Ihr Traumauto:

Jeep

2. *Wählen Sie einen bestimmten „Typ" von Mensch, ordnen Sie ihm eines der Autos zu, und begründen Sie dann diese Zuordnung.*

   Traumautos von

   einem Intellektuellen: Ente

   einem Globetrotter: Wohnmobil

   einem Millionär: W Rolls Royce

   einem jungen Mann: VW-Golf

   einem jungen Mädchen: Ente

3. *Welches der abgebildeten Autos wird in dem Film wohl die Hauptrolle spielen?*

Der Film *Das Traumauto*, auf den die beiden letzten Aufgaben vorbereiten sollten, stammt von Gies/Eplinius (1988). Sie sehen nun zwei Sequenzen (Sequenz 7 + 8) aus dem Film.

Hinweise zum Film

➤ 1. Eine Inhaltsangabe zu dem gesamten Film finden Sie unter Gies/Eplinius (1988) in Kapitel 7 (S. 135).

➤ 2. Eine Transkription der beiden Sequenzen finden Sie in Kapitel 6 (S. 117f.).

➤ 3. Weitere Sequenzen werden in den Kapiteln 3.2.2 und 3.2.3 behandelt.

Aufgabe 22
Sequenz 7 + 8
(Bild und Ton)
7: *Pits Traumauto*
8: *Die Panne*

1. *Sehen Sie sich die Sequenz 7 an: Worüber reden die beiden Männer? Welche Rolle spielt das Traumauto?*
2. *Sehen Sie sich die Sequenz 8 an: Wie verhalten sich Traum und Realität zueinander?*
3. *Das Traumauto spielt in beiden Szenen eine wichtige Rolle: Können Sie aufgrund dieser beiden Szenen schon etwas über die Handlung des Films sagen?*

Bildkarten

Eine weitere Möglichkeit, über Bildmaterial auf einen Film vorzubereiten, sind Bildkarten. In dem folgenden Beispiel zeigen wir Ihnen 10 Bildkarten, die die Handlung eines Films von Kreck/Moo-Young (1991) mit dem Titel *Der Falschspieler* zeigen. Bei dem Film handelt es sich um einen Zeichentrickfilm, die Bildkarten sind von den Zeichnern des Films gemalt worden – ein besonderer Glücksfall.

Hinweis zum Film

➤ Eine Inhaltsangabe zu dem Film finden Sie in Kapitel 7 (S. 136) unter Kreck/Moo-Young (1991).

Aufgabe 23

Versuchen Sie, die nachstehenden Bildkarten in eine für Sie sinnvolle Reihenfolge zu bringen. Wichtig ist vor allem, daß Sie die Anfangskarte und die Schlußkarte bestimmen.

Clemens/Hoebers (1991), 12

Ihre Reihenfolge:

Nr. 1	*2*	*3*	*4*	*5*	*6*	*7*	*8*	*9*	*10*
3	G	H	E	C	F	J	A	D	K
H	G	3	C	J	A	K	D	F	. E

Reflexion zum methodischen Vorgehen

An dieser Stelle möchten wir Ihnen zwei Vorschläge für das methodische Vorgehen bei der Arbeit mit Bildkarten machen.

1. In der Klassen- bzw. Seminarsituation

Zur Vorbereitung fertigen Sie eine Kopie der Bildkarten an, schneiden sie aus, kleben sie auf festen Karton und überkleben sie mit einer durchsichtigen Schutzfolie. Das ist ein einmaliger Arbeitsaufwand für viele Seminare und wiederholten Einsatz in den verschiedenen Klassen. In der Klassen- bzw. Seminarsituation werden die Bildkarten an Kleingruppen ausgeteilt.

In der Kleingruppe soll die logische Abfolge der Karten diskutiert werden. Es ist sinnvoll, dafür einen zeitlichen Rahmen festzulegen, ca. 10 Minuten. Anschließend werden die Gruppenergebnisse im Plenum vorgestellt. Die Gruppen vergleichen ihre Ergebnisse. Dann wird entschieden, welche der vorgestellten Reihenfolgen am plausibelsten erscheint, bevor das Video gezeigt wird. Diese vorbereitende Phase beinhaltet also nicht nur aktive Spracharbeit, sondern auch gegenseitiges Zuhören, was einer Realsituation gleichkommt.

2. In Anfängerklassen

In Anfängerklassen empfehlen wir als Vorstufe die Zuordnung von Titeln bzw. kurzen Texten zu den Bildern. Einen Vorschlag dazu enthält das Arbeitsblatt 1 (Aufgabe 24) auf Seite 26, das wir dem Begleitheft (Clemens/Hoebers 1991) zu *Der Falschspieler* entnommen haben.

Durch dieses Vorgehen geben wir den Lernern das Sprachmaterial an die Hand, das sie brauchen, um zu den Bildern eine Geschichte erzählen zu können.

Die Bildgeschichte hat die Hauptstationen des Films *Der Falschspieler* festgehalten. Wir wechseln nun von der Textsorte *Bildgeschichte* zum bewegten Bild und zeigen Ihnen den Film selbst in zwei Teilen.

Aufgabe 25
Sequenz 9
(Bild und Ton)
Der Falschspieler, Teil 1

1. *Sehen Sie sich nun auf der Videokassette den ersten Teil des Films (Sequenz 9) an.*
2. *Ordnen Sie die ersten fünf Bildkarten nach dem Filmablauf.*
3. *Vergleichen Sie die von Ihnen in Aufgabe 23 erstellte Reihenfolge mit der Reihenfolge in Sequenz 9 auf Ihrer Kassette.*

Sie haben jetzt den ersten Teil des Zeichentrickfilms gesehen und die ersten fünf Bildkarten geordnet. Es bleiben Ihnen aber noch die restlichen fünf Bildkarten.

Aufgabe 26
Sequenz 10
(Bild und Ton)
Der Falschspieler, Teil 2

1. *Bestimmen Sie aufgrund des bis jetzt Gesehenen die Reihenfolge der restlichen Karten. Überlegen Sie sich das Ende der Geschichte.*
2. *Sehen Sie sich nun den zweiten Teil des Films (Sequenz 10) an, und vergleichen Sie Ihr Ergebnis aus 1. mit der Reihenfolge im Film.*

Arbeitsblatt 1

Text-Bild-Zuordnung zum Film „Der Falschspieler"

Sehen Sie sich die Titelvorschläge (I a)und die Satzvorschläge (I b) an. Welche sprachlichen Änderungen müßten Sie für Ihre Lernergruppe vornehmen?

I a Bildunterschriften

Ordnen Sie den Bildkarten die folgenden Titel zu, und schreiben Sie den Buchstaben bei den Bildern in die Kästchen.

☐ 1. Eine lange Treppe hinunter

☐ 2. Gemeinsame Freude

☐ 3. Straßenszene mit alter Frau

☐ 4. Das Konzert

☐ 5. Gemeinsames Üben

☐ 6. Das Interview

☐ 7. Schlimmer Streit

☐ 8. Im Aufnahmestudio

☐ 9. Eine Einladung

☐ 10. Allein unter der Straßenlaterne

I b Titel in Satzform

Ordnen Sie den Bildkarten jeweils einen der folgenden Sätze zu, und schreiben Sie diesen unter die jeweilige Karte.

☐ 1. Der blonde Gitarrenspieler nimmt in einem Studio eine Schallplatte auf.

☐ 2. Zwei Gitarrenspieler sitzen auf der Straße. Eine alte Frau hört zu.

☐ 3. Jemand geht nachts eine lange Treppe hinunter.

☐ 4. Der Mann mit Bart und Brille schlägt einem anderen die Gitarre auf den Kopf.

☐ 5. Der Blonde mit den langen Haaren sitzt (im Wohnzimmer?) bei einem dicken Mann mit Brille, der eine Zigarre raucht. Beide trinken Whisky.

☐ 6. Der Blonde sitzt abends allein unter einer Laterne und spielt Gitarre.

☐ 7. Ein Star wird interviewt.

☐ 8. Der Blonde und der Bärtige sitzen zusammen unter einer Straßenlaterne.

☐ 9. Der Langhaarige und der Bärtige sitzen zusammen auf dem Boden. Beide haben eine Gitarre auf den Knien. Sie üben gemeinsam.

☐ 10. Der Blonde gibt ein Konzert. Er steht auf der Bühne. Das Publikum ist begeistert.

Clemens/Hoebers (1991), 20

Standfotos

In Kapitel 2.2 haben Sie bereits erste Erfahrungen mit Standbildern gemacht. Ein Standbild erzeugen Sie, wenn Sie die Pausentaste Ihres Videogerätes drücken und ein bestimmtes Bild festhalten.

Aufgabe 27

> *Sehen Sie sich noch einmal Ihre Lösung zu den Aufgaben 13 und 14 und die entsprechenden Lösungen im Lösungsschlüssel an.*

Neben den Standbildern gibt es auch Standfotos: Sie werden aus den Filmen abfotografiert oder sie entstehen während der Drehaufnahmen zu einem Film. Sie sind – im Unterschied zu den Standbildern – als Fotos vorhanden. Standfotos (Videoprints) können Sie auch direkt von Ihrer Videokassette machen (lassen).

Ein solches einzelnes Foto aus einem Film kann als Einstieg in einen Film oder eine Filmsequenz dienen. Wir möchten Ihnen dazu zwei Beispiele zeigen. Das erste Beispiel (Standfoto 1) stammt aus dem Film von Sternberg/Liebmann (1930) *Der Blaue Engel.*

Hinweise zum Film

➤ 1. Eine Inhaltsangabe des gesamten Films finden Sie in Kapitel 7 (S. 139f.) unter Sternberg/Liebmann (1930).

➤ 2. Eine Transkription der Filmszene (Sequenz 11) finden Sie in Kapitel 6 (S. 118).

Aufgabe 28
Standfoto 1
In Lolas Loge

1. *Sehen Sie sich das folgende Foto an, und beantworten Sie dann die untenstehenden Fragen.*

Stiftung Deutsche Kinemathek, aus: d'Alessio/Helmling (1991), 20

a) *Wissen Sie etwas über diesen Film? (Name eines Schauspielers, einer Schauspielerin, ...)*

b) *Kennen Sie die Romanvorlage für den Film?*

c) *Enthält das Foto Indizien*
   - *über die Zeit, in der der Film spielt?*
   - *über den Ort der Handlung?*
   - *über die Beziehung zwischen den beiden Personen?*

d) *Was sagen Ihnen Gesichtsausdruck, Kleidung und Körperhaltung der Personen?*

____

____

____

____

____

____

Sequenz 11
(Bild und Ton)
In Lolas Loge

2. *Sehen Sie sich nun die Sequenz 11 auf der Videokassette an. Überprüfen Sie, inwieweit sich Ihre Beobachtungen und Vermutungen zu dem Foto mit dem Auszug aus dem Film decken.*

Das zweite Standfoto stammt aus dem Film *Metropolis* (1925/26) von Fritz Lang.

Hinweis zum Film

➤ Eine Inhaltsangabe zu dem gesamten Film finden Sie in Kapitel 7 (S. 137) unter Lang/Harbou (1925/26).

Aufgabe 29
Standfoto 2
Maria mit den Kindern

1. *Sehen Sie sich das Foto an, und beantworten Sie dann die Fragen auf Seite 29.*

Stiftung Deutsche Kinemathek, aus: d'Alessio/Helmling (1991), 41

a) Welcher Zeit ordnen Sie das Foto zu?

b) Wie ist die Kleidung der Kinder, und was soll damit ausgedrückt werden?

c) Wohin schauen die Kinder und die zentrale Frauengestalt?

d) Wie ist der Gesichtsausdruck von Frau und Kindern?

e) Wie deuten Sie die Gestik der Frau? Sehen Sie darin etwas Symbolisches ?

f) Wer könnte wohl ihr Gegenüber sein?

2. *Sehen Sie sich nun die Sequenz 12 auf der Videokassette an, und überprüfen Sie Ihre Vermutungen.*

3. *Lesen Sie in Kapitel 7 auf Seite 137 die Inhaltsangabe zum Film „Metropolis" (unter Lang/Harbou 1925/26). Begründen Sie anhand der Filmhandlung, warum das ausgewählte Standfoto eine Schlüsselszene widerspiegelt.*

Sequenz 12
(Bild und Ton)
Der Lustgarten

Reflexion

Neben dem Einstieg in einen Film durch Musik, Ton oder ein Assoziogramm haben Sie verschiedene Möglichkeiten des Einstiegs über Bildmaterial kennengelernt:

1. Einstieg über Abbildungen zum zentralen Thema des Films (z.B. Autotypen zum Film *Das Traumauto*).
2. Einstieg über Bildkarten, die den Filminhalt zusammenfassen (z.B. die Bildgeschichte zum Film *Der Falschspieler*). Bildkarten sind filmunabhängiges Material, das jedoch in inhaltlichem Zusammenhang zu den Schlüsselszenen eines Films steht.
3. Einstieg über Standfotos aus einem Film: Sie stehen in direkter Beziehung zu einem Film, da sie ja direkt aus dem Film stammen. Sie ermöglichen eine Vorbereitung auf die Zeit, in der der Film spielt, auf das zentrale Thema des Films oder auf eine Schlüsselszene – wenn die Fotos repräsentativ für den Film ausgewählt wurden (z. B. die Standfotos zu den Filmen *Der Blaue Engel* und *Metropolis*). Im Unterschied zu dem Assoziogramm sind bei Standfotos die Möglichkeiten, Vermutungen über den Filminhalt zu äußern, eingeschränkt.

Die Funktion einer Bildvorgabe ist, daß der Lerner sich dazu äußert, indem er Stellung bezieht, Vorlieben oder Abneigungen ausdrückt und Vermutungen über den Filminhalt anstellt. Damit wollen wir – wie auch in den vorhergehenden Einstiegsmöglichkeiten –, eine Erwartungshaltung und emotionale Beteiligung des Schülers aufbauen.

3.1.4 Einstieg über schriftliche Vorgaben

Neben der Vorgabe von Bildmaterial aus oder zu einer Filmsequenz lassen sich noch andere Möglichkeiten des Einstiegs denken. Wir fassen sie unter der Überschrift *schriftliche Vorgaben* zusammen.

Transkripte

Transkripte geben den Wortlaut eines Films, einer Filmsequenz wieder. Die Tonspur ist damit nachlesbar. Transkripte können unterschiedlich gestaltet werden: Man kann nur den Text notieren, man kann aber auch den Tonfall (*leise, erregt*), die Gestik (*sie wirft die Arme in die Höhe*), Gesten (*sie wendet sich von ihm ab*) und Bilder, die im Film keine sprachliche Entsprechung haben (*Dick hatte sich versteckt und kommt nun überraschend zu den beiden*), mit aufnehmen.

Sehen wir uns als erstes an, wie man als Einstiegsmöglichkeit mit einem Transkript aus einem Film arbeiten kann. Das Beispiel stammt aus dem Film von R.W. Fassbinder (1974) *Angst essen Seele auf.*

Hinweis zum Film

➤ Eine Zusammenfassung des gesamten Filminhaltes finden Sie in Kapitel 7 (S. 133f.) unter Fassbinder (1974).

Aufgabe 30
Transkript aus:
Angst essen Seele auf

1. Lesen Sie zuerst den folgenden Dialog zwischen einem Mann (Salem: S) und einer Frau (Emmi: E).

(Eine Übertragung der Äußerungen des Mannes in grammatikalisch korrektes Deutsch finden Sie im Lösungsschlüssel zu dieser Aufgabe.)

E: Wissen Sie was – Sie trinken noch einen, ich mach Ihnen drüben ein Bett zurecht, und Sie schlafen heute hier. *Sie steht auf.*
S: Ali schläft hier?
E: Ja. Weil Sie so'n weiten Weg haben und zu sechst in einem Zimmer und weil Sie sympathisch sind.
S: Du sympathisch, viel sympathisch.
E: Danke. Wann müssen Sie morgen zur Arbeit?
S: Um 6 Uhr dreißig Arbeit.
E: Na prima. Ich auch. Dann können wir zusammen frühstücken. Ich geh' Ihnen jetzt drüben Ihr Bett machen. Trinken Sie ruhig noch einen.
Emmi macht das Bett. Salem kommt in die Tür.
Da hinten ist das Badezimmer. *Sie geht ins Bad.* Ich muß sogar 'ne frische Zahnbürste haben. Ich hab' mal zehn Stück gekauft, war ein Sonderangebot. *Gibt sie ihm.* Hier, bitte.
S: Danke. Viel Dank.
Er bleibt im Bad, Emmi wartet im Flur. Salem kommt aus dem Bad.
Gute Nacht.
E: Gute Nacht. Ich hab' Ihnen einen Schlafanzug von meinem Mann rausgelegt. Den können Sie ruhig anziehen.
S: Schlafen Sie gut.
E: Danke. *Er geht in sein Zimmer.*
Salem liegt in seinem Bett. Ist unruhig, zündet eine Zigarette an. Macht sie wieder aus. Schwenk zur Tür. Salem steht auf, geht hinaus. Er klopft an Emmis Tür, macht sie auf, bleibt in der Tür stehen.
E: *Hat im Bett gelesen.* Was ist denn?
S: Ali nix schläft. Viel Gedanken im Kopf. Will sprechen mir dir. Ja?
E: Na schön. Setzen Sie sich her. Bitte.
S: *Setzt sich auf die Bettkante. Musik: Die kleine Liebe von Fassbinder.* Ali auch viel allein. Immer Arbeit. Immer trinken. Nix andere. Vielleicht Deutsche denken Wahrheit. Arabisch nix Mensch.
E: Das ist doch Quatsch! So was dürfen Sie nicht mal denken! Sie haben doch vorhin selber gesagt, denken macht traurig. Obwohl ... im Grunde ist das verkehrt, daß denken traurig macht. Oder? *Ali streichelt ihre Hand.* Ja, bestimmt. Was soll man denn tun mit seiner Zeit? All die Jahre, all die Monate. Und dann ist alles so schnell zu Ende. Und hinterher? Was ist gewesen?
Abblenden. Emmi sitzt auf der Bettkante, zieht den Morgenmantel über. Salem hustet im Schlaf. Emmi erschrickt und dreht sich um. Die letzte Nacht fällt ihr ein.
E: Mein Gott, ich ...
Emmi rennt hinaus. Im Bad sieht sie sich lange im Spiegel an. Plötzlich steht Salem in der Tür.
S: Guten Tag.
Sie dreht sich zu ihm um und hat Tränen in den Augen. Er lächelt sie an und umarmt sie. Dann sitzen sie in der Küche zusammen und trinken Kaffee.
S: Dein Kaffee immer gut.
E: Ich kann überhaupt gut kochen. Du ... du mußt mal zum Essen kommen. Es schmeckt dir bestimmt.
S: Bestimmt.
E: Vielleicht ...
S: Ja?
E: Ach, nichts. Ich dachte nur, ich alte Frau, ich ...
S: Du nicht alte Frau. Du viel gut. Große Herz.
E: Ja? Mein Gott.
S: Nix weinen. Bitte. Warum weinen?
E: Weil ..., weil ich so glücklich bin und weil ich solche Angst habe.
S: Nix Angst – Angst nix gut. Angst essen Seele auf.
E: Angst ißt Seele auf. Das klingt schön. Sagt man so bei euch?
S: Ja. Alle Arabisch sprecht das. Schon spät, muß geh'n. Spät kommt – nix gut. Meister sauer mit Ali, viel gemein.
E: Ja, ich muß auch geh'n. Ich zieh' nur schnell was an, dann geh'n wir zusammen runter.

Vor der Haustür. Emmi und Salem kommen aus dem Haus.
E: Ich fahr' mit der U-Bahn. Fahren Sie auch mit der U-Bahn?
S: Nein, ich fahr' mit Straßebahn.
E: Ja dann … Wiederseh'n.
S: Wiederseh'n.

Fassbinder (1990), 61 – 63

2. *Beantworten Sie nun die Fragen, wenn möglich, in Partnerarbeit.*

a) *Wer spricht hier mit wem?*

Gastarbeiter Ali/Salem mit Emmi

b) *Wie alt könnten die Personen sein?*

Salem ca. 40 / Emmi 55

c) *Wie könnten die Personen aussehen?*

Frau blond
Er dunkelhaarig, schnurrbart / kräftig

d) *Woher können die Personen kommen?*

Türkei / Lybien / Berlin

e) *Was für eine Arbeit könnten die Personen haben?*

Fabrik / Krankenschwester

f) *Wo könnten die Personen wohnen, und was für ein Leben könnten sie führen?*

→ verfallen wenig kein Privatleben, Anforderungen
Ausländerheim / Appartement allein einsam

g) *Über welchen Zeitraum erstrecken sich die Gespräche?*

8 Std

h) *Welche Gefühle könnten die beiden Personen füreinander haben?*

freundschaftlich → Liebe

i) *Welchen Satz im Transkript finden Sie für die Situation besonders wichtig?*

Angst essen Seele auf

j) *Wie beurteilen Sie die Chance einer Beziehung zwischen den beiden?*

möglich

3. *Sehen Sie sich nun den Filmausschnitt (Sequenz 13) an. Was hat die Verfilmung zusätzlich zum Transkript an Informationen und Details gebracht?*

Sequenz 13
(Bild und Ton)
Angst essen Seele auf

Wir haben dieses Transkript aus *Angst essen Seele auf* deshalb ausgewählt, weil Sie an ihm ableiten können, daß es im Unterricht ungeheuer motivierend, ja spannend sein kann, über einen geschriebenen Dialog den Personen eines Films ein richtiges Profil zu geben. Dazu müssen jedoch genügend Indizien im Text vorhanden sein, die den Lernern eine weitgehende Situationsbestimmung der Personen erlauben.

Aufgabe 31

Welche Indizien müssen in einem Filmtranskript enthalten sein, damit eine Bestimmung der Situation der Szene möglich ist?

Infos über die Personen und ihre Situation, Charakter

Das zweite Beispiel für ein Transkript stammt aus einer völlig anderen Filmtextsorte – aber sehen Sie selbst!

Aufgabe 32

1. *Lesen Sie bitte zuerst den folgenden Text:*

Stehst nicht auf Langeweile. Du tust, was dir gefällt.
Machst jede Menge Action und dir gehört die Welt.
Zeigst allen, was du drauf hast, gehst ran wie'n echter Star.
_____________ läuft super. Das ist doch sonnenklar.
Das macht dich fit wie ein Profi und gibt dir Kraft wie nie.
Denn _____________ schmeckt super, bringt frische Energie.
Macht fit wie ein Profi: _____________ .

Arnsdorf u. a. (1990b), 51

2. *Beantworten Sie nun die folgenden Fragen:*
   a) *Was für eine Art Text ist das?*
   b) *An wen wendet sich der Text?*
   c) *An welchen sprachlichen Merkmalen erkennt man, an wen sich der Text wendet?*
   d) *Welches Wort würden Sie in die drei Lücken setzen?*
   e) *Können Sie sich den Text gesungen vorstellen? Warum?*
   f) *Und wie könnte der Text gesungen werden? Probieren Sie es einmal!*
3. *Sehen Sie sich nun den Werbespot (Sequenz 14) auf der Videokassette an. Hätten Sie ohne vorbereitende Arbeit mit dem Transkript viel verstanden? Begründen Sie Ihre Meinung.*

Sequenz 14
(Bild und Ton)
Die Krönung der schönsten Stunden
Spot 11

Hinweise zum Film

➤ 1. Weitere Informationen zu den Werbespots finden Sie in Kapitel 7 (S. 133) unter *Die Krönung der schönsten Stunden* (1990).

➤ 2. Ein komplettes Transkript des Werbespots finden Sie in Kapitel 6 (S. 118).

➤ 3. In Kapitel 3.1.1 (Sequenz 4, S. 19) haben Sie schon einen Werbespot aus diesem Film gesehen.

Sprache kann aber auch so geschickt eingesetzt werden, daß ein Text dem Leser als spannendes Rätsel erscheint, bevor ganz am Schluß die Lösung kommt.

Aufgabe 33

1. Lesen Sie den folgenden Text, und raten Sie, wer oder was mit ER gemeint sein könnte.

> ER ist überall,
> und doch ist ER immer erreichbar.
> ER ist jeden Tag unterwegs,
> aber ER ist immer da, wenn man ihn braucht.
> ER ist unermüdlich bei der Arbeit,
> und doch tut ER alles, um Sie zu verwöhnen.
> ER ist ausgesprochen bequem
> und dennoch zuverlässig und pünktlich.
> Als Geschäftspartner ist ER einzigartig,
> und doch hat ER 250 gleich gute Kollegen.

Arnsdorf u. a. (1990b), 76

2. Sehen Sie sich jetzt den Werbespot (Sequenz 15) auf der Videokassette an.

Sequenz 15
(Bild und Ton)
Die Krönung der schönsten Stunden
Spot 24

Hinweise zum Film

➤ 1. Weitere Information zu den Werbespots finden Sie in Kapitel 7 (S. 133) unter *Die Krönung der schönsten Stunden* (1990).

➤ 2. Ein komplettes Transkript des Werbespots finden Sie in Kapitel 6 (S. 118).

➤ 3. In Kapitel 3.1.1 (Sequenz 4, S. 19) und mit Sequenz 14 haben Sie schon andere Werbespots aus diesem Film gesehen.

Reflexion zum methodischen Vorgehen

Für Ihren Unterricht können Sie von dem Text eine Folie herstellen. Sie zeigen zuerst nur die erste Zeile *Er ist überall* und lassen Ihre Lerner raten, wer mit *ER* gemeint ist. Die folgenden Zeilen decken Sie nacheinander auf, also eine Zeile nach der anderen, die Lerner stellen nach jeder Zeile erneute Vermutungen an. Dadurch wird die Spannung erhöht. Die Lerner überprüfen Schritt für Schritt ihre Vermutungen, die sie zu jeder Zeile angestellt haben.

Gerade kurze und knappe Werbespots eignen sich gut als Anregung, die Lerner eigene Texte schreiben zu lassen. Dazu kann z. B. nur die erste Zeile als Anregung zum Weiterschreiben genommen werden: *Er ist überall* oder *Stehst nicht auf Langeweile.* Es kann aber auch das Textgerüst vorgegeben werden, etwa:

Stehst nicht auf Langeweile.	ER ist überall,
Du tust ...	und doch ...
Machst ...	ER ist ...
Zeigst ...	aber ...
Das macht ...	ER ist ...
Denn ...	und doch ... (usw.)

In der Fernstudieneinheit *Fertigkeit Schreiben* finden Sie weitere Anregungen zum kreativen Schreiben.

Wortkarten

Mit einem letzten Beispiel wollen wir die Reihe der Einstiegsmöglichkeiten in einen Film/eine Filmsequenz abschließen. Es handelt sich um den Einstieg über Wortkarten. Sie kennen dieses Vorgehen vielleicht schon als Vorbereitungsphase für einen narrativen Text: Der Lehrer gibt Wortkarten an die Lerner aus, auf denen jeweils die wichtigsten Schlüsselwörter des Textes stehen. In Partner- oder Gruppenarbeit legen sich die Lerner die Wortkarten in eine für sie sinnvolle Reihenfolge und erzählen dazu eine Geschichte. Und genauso arbeiten die Lerner in der Vorbereitungsphase für eine Videosequenz.

Die folgenden Wortkarten bereiten auf den Film von Weißbarth (1992) mit dem Titel *Klassenziel nicht erreicht* vor.

Hinweise zum Film

➤ 1. Eine Inhaltsangabe des gesamten Films finden Sie in Kapitel 7 (S. 140) unter Weißbarth (1992).

➤ 2. Eine Transkription der Filmszene (Sequenz 16) finden Sie in Kapitel 6 (S. 119).

Aufgabe 34

1. Legen Sie die folgenden Wortkarten in eine für Sie sinnvolle Reihenfolge, und überlegen Sie sich dazu eine kleine Geschichte. Entscheiden Sie (wenn Sie die Möglichkeit dazu haben, mit Ihrem Partner, Ihrer Partnerin oder Ihrer Gruppe), ob Sie die Geschichte positiv enden lassen möchten oder nicht.

Mutter	Schulzeugnis
Eltern	ein 10jähriger Junge
von zu Hause weglaufen (= abhauen)	sitzenbleiben (=Klasse wiederholen)
Angst	berufstätig
geschieden	Polizei

2. Schreiben Sie Ihre Geschichte auf.

Sequenz 16 (Bild und Ton) *Der Sitzenbleiber*

3. Sehen Sie sich nun drei Schlüsselszenen (Sequenz 16) aus dem Film an, die wir für Sie zusammengeschnitten haben.

3.1.5 Zusammenfassung: Vor dem Sehen

Zusammenfassung

Sie wissen vermutlich aus der Lernpsychologie, daß wir etwas besser verstehen und behalten, wenn wir uns mit einem Gegenstand aktiv auseinandersetzen. Auch wenn wir ein Bild – stehend oder laufend – ansehen, spielt sich in unserem Kopf unbewußt mehr ab als nur eine passive Betrachtung des Bildes oder des Films: Das Gesehene trifft auf Vorerfahrungen, die wir in unserem bisherigen Leben gemacht haben und damit auf unser individuell und kulturell geprägtes Vorwissen. Ein Film wird also nicht von allen gleich gesehen, sondern – je nach Vorwissen – auch unterschiedlich rezipiert.

Eine genauere Beschreibung der Rezeption von Bildern finden Sie in der Studieneinheit *Bilder in der Landeskunde*.

Unsere eigenen Vorerfahrungen und Wertvorstellungen sind uns natürlich nicht ständig bewußt. Da sie jedoch jede Rezeption, auch die eines Films, beeinflussen, müssen wir als Unterrichtende auf methodische Möglichkeiten zurückgreifen, die unser Vorwissen berücksichtigen und es explizit* machen. Und das beginnt schon vor der Betrachtung eines Films.

Sie haben mit Hilfe zahlreicher Beispiele einen Überblick erhalten über das, was Sie und Ihre Lerner vor dem Sehen einer Sequenz tun können. Alle Wege der Vorbereitung sollten auf den Film einstimmen, die Lerner an den Film heranführen, sowohl sprachlich als auch inhaltlich. Die Lerner sollten schon vor dem Film zu Überlegungen und Äußerungen aufgefordert werden.

Auch soll der Lerner von Anfang an wissen und positiv an sich erfahren, daß der Einsatz von Video im Fremdsprachenunterricht permanent mit Aktivität und Kreativität in der Zielsprache verbunden ist.

Auf dem folgenden Arbeitsblatt 2 (Aufgabe 35) können Sie die vorgestellten Möglichkeiten des Einstiegs zusammenfassen. Dazu können Sie sich die einzelnen Beispiele/ Filmsequenzen noch einmal auf Ihrer Videokassette ansehen, oder Sie lassen die Sequenzen noch einmal in Ihrem Kopf Revue passieren …

Arbeitsblatt 2

Aktivitäten vor dem Sehen eines Videos

Erinnern Sie sich an die gesehenen Beispiele, und überlegen Sie, was Sie gemacht haben bzw. was Ihre Lerner tun sollten. Ergänzen Sie bitte die Spalte „Lerneraktivitäten".

Einstieg über	Sequenz (= S)	Lerneraktivitäten
Musik:	S 3 a: *Vis-à-vis*	______
	S 3 b: *Auf dem Balkon*	______
	S 4: *Frolic*	______
	S 5: *Der Fremde*	______
Sprache:	S 6: *Ein Ferientag*	______
Assoziogramm:	S 7: *Pits Traumauto*	______
Bildmaterial:		
– **Abbildungen**	S 8: *Die Panne*	______
– **Bildkarten**	S 9 + S 10: *Der Falschspieler*	______
– **Standfotos**	Standfoto 1: *In Lolas Loge*	______
	Standfoto 2: *Maria mit den Kindern*	______
schriftliche Vorgaben:		
– **Transkripte**	S 13: *Angst essen Seele auf*	______
	S 14: *Karamalz*	______
	S 15: *InterCity*	______
– **Wortkarten**	S 16: *Der Sitzenbleiber*	______

3.2 Schritt 2: Während des Sehens

Wir wenden uns dem zweiten Schritt zu, nämlich der Überlegung, welche Lerneraktivitäten zum gelenkten Sehen und Hören während der Vorführung einer Sequenz in Betracht kommen.

Die Aufgabenstellungen in dieser Phase ergeben sich bereits aus dem gewählten Einstieg. In der Regel wird es zunächst darum gehen, die in der Vorphase anhand der Bildabfolge, der Tonspur, eines Assoziogramms zum Titel oder zu Schlüsselwörtern angestellten Vermutungen mit dem Original zu vergleichen. Das Hören und Sehen ist damit bereits in eine bestimmte Richtung gelenkt.

3.2.1 Exkurs: Sehstile

Wie schon erwähnt, nimmt jeder Mensch die gleichen Informationen unterschiedlich auf: Hören, Lesen und auch Sehen sind aktive Prozesse, in denen unsere Vorerfahrungen die Rezeption der dargebotenen Informationen stark beeinflussen. Es ist jedoch nicht nur unser individuell und kulturell geprägtes Vorwissen, das unsere Rezeption steuert. Eine wichtige Rolle spielt unser Interesse: Welche der Informationen interessieren uns in dem Moment, wo uns ein Text, ein Bild oder ein Film präsentiert werden? Wollen wir alle Informationen aufnehmen, interessieren uns landeskundliche Aspekte, interessiert uns nur der Ort der Handlung, das Aussehen der Personen oder vielleicht nur ihr Verhalten etc.?

Im muttersprachlichen Alltag ist diese interessengesteuerte Informationsentnahme beim Hören, Lesen und Sehen selbstverständlich und automatisch – im Fremdsprachenunterricht muß sie erst bewußtgemacht werden, um dann ebenfalls automatisch angewendet werden zu können.

Bei den Aufgaben zu Filmen und Filmsequenzen kann – in Analogie zu Lesestrategien und Hörverstehensaufgaben – unterschieden werden zwischen:

1. *intensivem Sehen:* Alle Informationen des Films sind wichtig, auch Details müssen gesehen werden, um die Gesamtaussage eines Films zu verstehen (etwa bei einem Krimi).
2. *selektivem Sehen:* Man greift aus dem Angebot des Films nur bestimmte Informationen heraus, etwa die, die einen selbst interessieren oder die, auf die durch die Aufgabenstellung geachtet werden soll.
3. *globalem Sehen:* Nur die zentrale Aussage eines Films, das Thema, soll verstanden werden.

Methodische Möglichkeiten zum Einüben unterschiedlicher Hörstile finden Sie in der Fernstudieneinheit *Fertigkeit Hören*.

Im folgenden möchten wir Ihnen, unabhängig von der Einstiegsphase, weitere Möglichkeiten zur Steuerung des Hörens und Sehens vorschlagen.

Die Lerneraktivitäten haben daher eine selektive Funktion: Es soll das für eine Sequenz Wesentliche herausgefiltert werden. Dabei setzen wir drei verschiedene Akzente:

- bildgesteuerte Informationsentnahme (Kapitel 3.2.2),
- sprachlich-inhaltliche Informationsentnahme (Kapitel 3.2.3),
- filmspezifische Aspekte (Kapitel 3.2.4).

3.2.2 Aufgaben zur Bildinformation

In den folgenden Beispielen geht es darum, welche Informationen man den Bildern eines Films entnehmen kann.

Landeskundliche Bildinformationen

Bei dem ersten Beispiel (Sequenz 17) sollen über die Bildaussage landeskundliche Informationen gesammelt werden. Es handelt sich um eine Sequenz aus dem Film

Klassenfest. In der ausgewählten Sequenz überlegen der Lehrer und die Schüler einer Klasse, was sie an einem freien Schultag zusammen machen könnten.

Hinweis zum Film

➤ Eine Inhaltsangabe des Films finden Sie in Kapitel 7 (S. 138) unter Mc Nab/ Grauerholz (1989).

Aufgabe 36
Sequenz 17
(Bild ohne Ton)
In der Schule

1. *Sehen Sie sich die Sequenz 17 auf Ihrer Videokassette an. Notieren Sie, welche landeskundlichen Informationen Sie erhalten.*
   a) *Was erfahren Sie über den Klassenraum?*

   ____

   ____

   ____

   b) *Wie verhält sich der Lehrer?*

   ____

   ____

   ____

   c) *Wie verhalten sich die Lerner?*

   ____

   ____

   ____

2. *Vergleichen Sie die gesehene Schulszene mit Ihrem eigenen Verhalten als Lehrerin oder Lehrer und mit dem Verhalten Ihrer Lerner:*
   a) *Was ist gleich?*
   b) *Was ist anders?*
   c) *Welche Verhaltensweisen sind bei Ihnen undenkbar?*
   d) *Welche Verhaltensweisen waren Ihnen in Sequenz 17 fremd?*

Bildinformationen über den Handlungsort

Bei dem zweiten Beispiel (Sequenz 18) soll über die Bildaussage herausgefunden werden, an welchem Ort die Sequenz spielt. Es handelt sich um eine Szene aus Folge 1 aus dem Film *Hauptstraße 117*.

Hinweis zum Film

➤ Informationen zum Film finden Sie in Kapitel 7 (S. 136) unter Hecht (1992).

Aufgabe 37
Sequenz 18
(Bild und Ton)
In einem Gebäude

Sehen Sie sich die Sequenz 18 auf der Videokassette an, und versuchen Sie aufgrund der Bildindizien herauszufinden:

1. *Wer sind die Personen?*
2. *Was haben sie gemeinsam?*
3. *Wo sind die Personen?*
4. *Warum sind sie dort?*

Die Personen befinden sich in ______________________________

Sie sind dort, um ______________________________

Sie alle ______________________________

Bildinformationen über Beziehungen

Auch Personen und ihre Beziehungen zueinander zu bestimmen, ist im Spielfilmbereich häufig über die Bildaussage möglich. Jedenfalls kann es reizvoll sein, eine Personenbeziehung hypothetisch zu umreißen. Denken Sie dabei an die Sequenz 1 *In der Kneipe* (Aufgabe 5) und die Sequenz 2 *Die Mathearbeit* (Aufgabe 7), die wir Ihnen am Anfang vorgestellt haben. Sie haben Vermutungen anstellen können über die Beziehung zwischen dem Mann und der Frau in der Kneipe. Sie haben feststellen können, daß das Lehrer-Schüler-Verhältnis in der Schulszene äußerst gespannt ist.

Auch bei dem dritten Beispiel (Sequenz 19) zur Informationsentnahme über Bilder geht es um Beziehungen. Es handelt sich um eine Szene aus der ersten Folge von *Anna, Schmidt & Oskar*.

Hinweise zum Film

➤ 1. Eine Inhaltsangabe der Videoserie finden Sie in Kapitel 7 (S. 130f.) unter *Anna, Schmidt & Oskar* (1994).

➤ 2. Das Transkript der Szene finden Sie in Kapitel 6 (S. 119f.).

Aufgabe 38
Sequenz 19 a
(Bild ohne Ton)
Anna und Schmidt
Sequenz 19 b
(Bild und Ton)
Anna und Schmidt

> 1. *Sehen Sie sich die Sequenz 19 a auf Ihrer Videokassette an: Überlegen Sie, welche Beziehung zwischen dem älteren Mann und dem jungen Mädchen besteht.*
> 2. *Sehen Sie sich Sequenz 19 b an, und überprüfen Sie Ihre Vermutungen.*

Auffälliges in Bildinformationen

Das vierte Beispiel (Sequenz 20) zeigt Ihnen eine weitere Möglichkeit, die Aufmerksamkeit der Lerner zu filtern: Sie sollen etwas Besonderes, etwas Auffälliges notieren. Es handelt sich um eine Sequenz aus dem Film *Dagmar*, aus dem auch Sequenz 2 entnommen ist.

Hinweise zum Film

➤ 1. Eine Inhaltsangabe des gesamten Films finden Sie in Kapitel 7 (S. 139) unter Scheibler/Strecker (1986).

➤ 2. Eine Anregung zur Arbeit mit dem gesamten Film finden Sie in Kapitel 4.2.

Aufgabe 39
Sequenz 20
(Bild ohne Ton)
In der Klasse

> *Sehen Sie sich die Sequenz 20 an, und notieren Sie, was Ihnen besonders auffällt.*
>
> ______________________________
>
> ______________________________
>
> ______________________________

Bildinformationen über Handlungsstationen

Sie kennen vermutlich diese Situation: Sie haben etwas verloren oder verlegt und rekonstruieren in Ihrem Kopf, wo Sie überall gewesen sind, um herauszufinden, wo Sie den Gegenstand möglicherweise verloren oder liegengelassen haben. Auch für die Gesamthandlung eines Films, vor allem, wenn man über den Film redet, ist es manchmal wichtig, rekonstruieren zu können, wo eine Person war.

In unserem fünften Beispiel (Sequenz 21) wird diese Situation allerdings nicht ganz ernstgenommen und in ihr Gegenteil verkehrt: Ein Mann am Flughafen sucht nicht etwas, was er verloren hat, sondern er sucht einen Platz, wo er etwas unterbringen kann – eine Banane. Die Szene stammt aus einem Film von Loriot – ein Pseudonym von Vico von Bülow, einem in Deutschland sehr beliebten Zeichner, Schreiber, Komiker …

Hinweis zum Film

➤ Nähere Informationen finden Sie in Kapitel 7 (S. 138) unter Loriot (1984) *Wo laufen Sie denn?*

Aufgabe 40
Sequenz 21
(Bild und Ton)
Die Banane

> *1. Sehen Sie sich die Sequenz 21 einmal ganz an.*
>
> *2. Sehen Sie sich die Sequenz 21 noch einmal an, und notieren Sie die Orte, an denen der Mann versucht, seine Banane loszuwerden. Stoppen Sie mit der Pausentaste Ihres Videogerätes an den Stellen, wo der Ort wechselt, und notieren Sie die Gründe, warum der Mann seine Banane nicht los wird.*
>
> | ***Orte*** | ***Gründe*** |
> | --- | --- |
> | ______________ | ______________ |
> | ______________ | ______________ |
> | *steckt sie in seine Manteltasche* | ______________ |
> | ______________ | ______________ |
> | ______________ | ______________ |
>
> *3. Wie löst der Mann das Bananenproblem?*

Reflexion

Die ersten fünf Beispiele, die wir Ihnen gezeigt haben, hatten unterschiedliche Akzentsetzungen zu der übergeordneten Aufgabe, Informationen aus den Bildern – nicht aus dem Ton, der Sprache – zu entnehmen:

1. landeskundliche Informationen (Sequenz 17):
   Im ersten Teil der Filmbetrachtung steht das genaue Beobachten landeskundlicher Informationen. Im zweiten Teil steht der Vergleich zu den Erfahrungen in Ihrem Land. So werden sowohl das Eigene und Vertraute als auch das (eventuell) Fremde, Andere bewußter reflektiert – eine einfache Möglichkeit, um interkulturelles Lernen* zu fördern.
2. Informationen über den Ort (Sequenz 18):
   Bei einer geschickt gewählten Auswahl einer Szene kann das Herausfinden, an welchem Ort eine Sequenz spielt, spannend wie ein Krimi sein. Die Bildindizien müssen genau beobachtet werden.
3. Informationen über die Beziehungen der dargestellten Personen (Sequenz 19):
   Spekulationen über Beziehungen sind fast mit jedem Film, in dem Personen vorkommen, möglich und vor allem motivierend. Den Lernern sollte die Möglichkeit gegeben werden, ihre Hypothesen zu überprüfen: Entweder dadurch, daß die entsprechende Sequenz mit Ton gezeigt wird, oder durch Ihre Information zum Handlungsablauf des jeweiligen Films (siehe Kapitel 7) – aber natürlich erst zu einem Zeitpunkt, wo Sie nicht mehr mit weiteren Hypothesen zu dem entsprechenden Film arbeiten wollen.
4. etwas Besonderes/Auffälliges notieren (Sequenz 20):
   Damit wird, wie unter Punkt 1 ausgeführt, explizit zum Vergleich zwischen eigener Kultur und Zielkultur* angeleitet.
5. lokale Handlungsstationen rekonstruieren (Sequenz 21):
   Das schult das Sehen, hilft beim Reden über einen Film und kann bei bestimmten Filmsorten sehr spannend sein.

Wir haben Ihnen die Filmsequenzen ohne Ton gezeigt. Wie schon erwähnt, ist es wichtig, sich bei der eigenen Vorbereitung die Filme selbst ohne Ton anzusehen, um zu erfahren, ob die Aufgabenstellung sinnvoll ist.

Sequenzen, die ohne Ton gezeigt werden, können nicht nur etwas über die Beziehungen der Personen oder über deren Status usw. aussagen, sondern sie fordern den Zuschauer unter Umständen auf, während der Vorführung den Dialog zu erraten, der sich zwischen zwei Personen abspielen könnte. Dabei helfen natürlich Mimik, Gestik und Einstellungsgrößen.

Das sechste Beispiel zeigt Ihnen einen Ausschnitt aus dem Spielfilm *Das Traumauto*.

Hinweise zum Film

➤ 1. Eine Inhaltsangabe des Filminhalts finden Sie in Kapitel 7 (S. 135) unter Gies/Eplinius (1988).

➤ 2. Eine Transkription der Szene finden Sie in Kapitel 6 (S. 120).

Aufgabe 41
Sequenz 22 a
(Bild ohne Ton)
Die Anmache

1. *Sehen Sie sich die Sequenz 22 a an. Achten Sie auf Mimik und Gestik der beiden Hauptpersonen: Welchen Dialog können Sie sich zwischen den beiden vorstellen? Sehen Sie sich die Sequenz, wenn nötig, mehrmals an oder schalten Sie kurze Zwischenpausen ein.*

Er	***Sie***
________________	________________
________________	________________
________________	________________
________________	________________

2. *Überlegen Sie, was Ihnen bei der Erstellung des Dialogs geholfen hat.*
3. *Sehen Sie sich jetzt die Sequenz 22 b mit Ton an, und vergleichen Sie, inwieweit sich Ihre Dialogelemente mit denen aus der Sequenz decken.*

Sequenz 22 b
(Bild und Ton)
Die Anmache

Das letzte Beispiel (Sequenz 23) zur Entnahme von Informationen aus den Bildern stammt aus dem Stummfilm *Nosferatu*. Die Sequenz ist in verschiedene Untereinheiten gegliedert. Hier kann der filmische Aufbau analysiert werden.

Die Bilder in einem Film aus der Stummfilmzeit sind für Ihre Lerner vielleicht ungewohnt und etwas schwer zu lesen, besonders wenn die Technik der Montage* – wie im nächsten Beispiel – angewandt wird.

Hinweise zum Film

➤ 1. Eine Inhaltsangabe des gesamten Films finden Sie in Kapitel 7 (S. 138) unter Murnau (1922).

➤ 2. Die in den Film eingeblendeten Schriftinserts sind in Kapitel 6 (S. 120) notiert.

Aufgabe 42
Sequenz 23
(Bild und Ton)
Der Vampir

1. *Lesen Sie sich mit Ihren Lernern das Arbeitsblatt 3 (auf S. 42) durch, und klären Sie den unbekannten Wortschatz.*
2. *Sehen Sie sich zunächst die Sequenz 23 einmal ganz an. Sehen Sie sich die Sequenz noch einmal an, und ordnen Sie während der Vorführung die Handlungskarten nach dem chronologischen Verlauf innerhalb der Sequenz. Stoppen Sie Ihr Videogerät mit der Pausentaste, wenn erforderlich.*
3. *Was fällt Ihnen beim Aufbau der Sequenz auf?*

____

Lesen Sie die folgende Reflexion erst, wenn Sie die Aufgabe 42 (Arbeitsblatt 3) bearbeitet haben.

Reflexion

Die letzten beiden Beispiele haben Ihnen zwei weitere Schwerpunktsetzungen zur Informationsentnahme durch Bilder gezeigt. Zu Sequenz 22 sollten Sie einen möglichen Dialog zwischen den Hauptpersonen erfinden. Einen Dialog zu schreiben, ist ein Vorgehen, das mehrere Vorteile hat: Zum einen handelt es sich um eine Sprachproduktion, die an visuellen Informationen, an einem Kontext ausgerichtet werden muß, zum anderen schaffen sich die Lerner ihre eigene Vorentlastung für das spätere Arbeiten mit Bild und Ton. In Sequenz 23 haben Sie mit Hilfe von Wortkarten den Aufbau einer Filmsequenz rekonstruiert. Damit haben Sie bereits eine erste Aufgabenstellung zu filmspezifischen Aspekten kennengelernt. Dieser Punkt wird in Kapitel 3.2.4 vertieft.

Hinweis

Aufgabe 43

Arbeitsblatt 3

Lesen Sie bitte die Handlungsbeschreibungen, und versuchen Sie zu rekonstruieren, wie die Bilder im Film aufeinanderfolgen. Dazu können Sie die Textkarten numerieren. Sie können aber auch eine Kopie dieses Arbeitsblattes machen und die einzelnen Textkarten auseinanderschneiden und dann in die richtige Reihenfolge legen.

Ninas Schlafzimmer bei Freunden

Nina schreckt aus dem Schlaf auf. Sie nachtwandelt. Der Freund Haring bringt sie wieder ins Bett zurück.

2

Jonathons Zimmer im Schloß

Jonathon liest im Buch der Vampire. Er hat Angst. Die Uhr zeigt Mitternacht an. Nosferatu erscheint in der Tür und kommt immer näher auf Jonathon zu.

1

Jonathons Zimmer im Schloß

Nosferatu hat Jonathon vampirisiert. Nosferatu richtet sich auf und wendet den Kopf und seinen Blick nach rechts.

5

Ninas Schlafzimmer bei Freunden

Sie ruft verzweifelt nach Jonathon.

4

Ninas Schlafzimmer bei Freunden

Nina streckt flehend ihre Arme aus. Die Bewegung und ihr Blick richten sich nach links.

6

Jonathons Zimmer im Schloß

Nosferatu geht zur Tür hinaus. Die Tür schließt sich.

7

Jonathons Zimmer im Schloß

Der Schatten Nosferatus beugt sich über Jonathon.

3

Ninas Schlafzimmer bei Freunden

Nina sinkt erschöpft in ihr Bett zurück.

8

d'Alessio/Helmling (1991), 32

Zusammenfassung

Lassen Sie vor Ihrem inneren Auge noch einmal die Möglichkeiten ablaufen, aus Filmen über die Bilder Informationen zu entnehmen. Notieren Sie die Möglichkeiten, die für Sie neu und interessant scheinen.

____

____

Aufgabe 44
Zusammenfassung

3.2.3 Aufgaben zur sprachlich-inhaltlichen Information

Aufgabenstellungen zur sprachlich-inhaltlichen Information einer Sequenz sind da von Bedeutung, wo neben der Bildinformation über die Sprache wichtige Aussagen transportiert werden, die für das Verständnis der Sequenz unerläßlich sind. Auch gibt es Sequenzen, in denen die Sprache einfach übergewichtig ist und nicht übergangen werden kann. Denn: Der Lerner will ja verstehen. Wir sollten jedoch beim Lerner die Vorstellung abbauen, er müsse alles, was in einer Sequenz gesagt wird, verstehen und möglicherweise sogar wiedergeben können. Das würden wir nicht einmal einem Muttersprachler abverlangen. Es müssen also auch hier wieder spezielle Aufgabenstellungen gefunden werden, die der sprachlich-inhaltlichen Komplexität einer Sequenz Rechnung tragen.

Textvorentlastung: Wortschatzklärung

Szenen, in denen technische Daten oder Fachjargon auftauchen, sind erfahrungsgemäß sehr schwierig. Für das folgende Filmbeispiel (Sequenz 24 *Der Cadillac*) möchten wir Ihnen drei aufeinander aufbauende Vorschläge (Arbeitsblätter 4 – 6) zur Verständniserleichterung machen. Bearbeiten Sie diese Arbeitsblätter nacheinander.

Aufgabe 45

Arbeitsblatt 4

Wie heißen die Autoteile? Ordnen Sie die Zahlen den Begriffen zu.

☐ Scheinwerfer	☐ Windschutzscheibe	☐ Faltdach
☐ Windabweiser	☐ Nebelscheinwerfer	☐ Lenkrad
☐ Sitzbank	☐ Scheibenwischer	

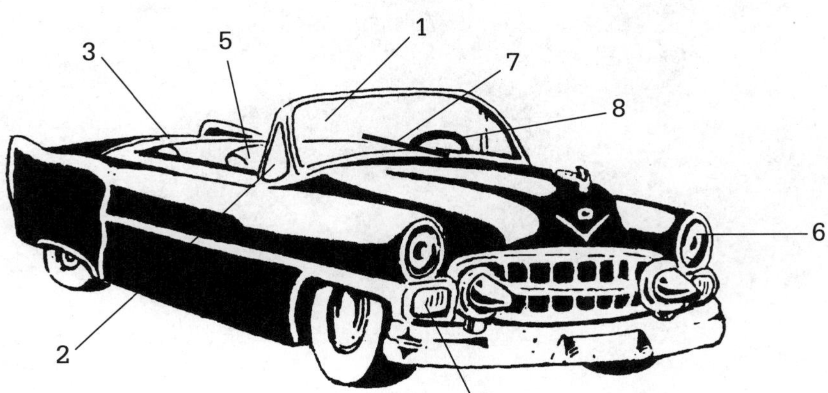

Arbeitsblatt 5

Cadillac Eldorado

Lesen Sie den Text. Benutzen Sie zur Klärung der Fachtermini das Wörterbuch.

1953 war ein goldenes Jahr für Cadillac: In Detroit wurden 109.651 Wagen gebaut, davon aber nur 532 mit dem vielversprechenden Namen *Eldorado – el dorado (pais), das goldene Land, das Paradies, das Traumland; Eldorado*, das Traumauto: 210 PS, Achtzylinder, V-Motor, 5,7 l Hubraum. Es gibt nur wenige moderne Autos, die damit konkurrieren können.

Sensationell für die damalige Zeit war die gebogene Windschutzscheibe aus einem Stück mit links und rechts beweglichen Windabweisern. Nicht genug damit, der *Eldorado* war mit jedem Luxus ausgestattet: die Innenausstattung bestand ganz aus echtem Leder, dazwischen glänzte Chrom. Das Faltdach wurde von einem Elektromotor auf- und zugeklappt, die Sitzbänke waren ebenfalls elektrisch verstellbar. Das Fernlicht konnte automatisch abgeschaltet werden, Nebelscheinwerfer sorgten für ein gutes Licht auch bei schlechtem Wetter. Dazu Automatikgetriebe, Servolenkung, elektrische Scheibenwischer, Radio mit Suchlauf, elektrische Fensterheber.

Entsprechend war der Preis: mit $ 7.750,00 war der *Eldorado* der teuerste Cadillac und eines der teuersten Autos seiner Zeit.

Videoprint aus dem Film, aus: Arnsdorf u. a. (1990 a), 20

Arbeitsblatt 6

Cadillac Eldorado

1. *Tragen Sie die Informationen aus dem Text in Stichworten in das Raster ein.*

	Informationen aus dem Text	**Informationen aus dem Film**
Baujahr		
Anzahl der hergestellten Wagen		
Zylinderzahl		
Hubraum		
PS		
Motortyp		
Besonderheit: Faltdach		
Besonderheit: Sitzbänke		
Besonderheit: Windschutzscheibe		
Scheinwerfer		
Lenkung		
Getriebe		
Preis		

Arnsdorf u. a. (1990 a), 21

2. *Sehen Sie sich nun die Sequenz 24 an, und füllen Sie die rechte Spalte auf dem Arbeitsblatt aus.*

Textvorentlastung: Vorgabe von Textkarten

Eine ähnliche Möglichkeit zur Erleichterung des Verständnisses kann die Vorgabe von Textkarten sein. Das zeigen wir Ihnen anhand einer Sequenz aus dem Spielfilm *Dagmar*.

Hinweise zum Film

➤ 1. Eine Inhaltsangabe des gesamten Films finden Sie in Kapitel 7 (S. 139) unter Scheibler/Strecker (1986).

➤ 2. Eine Transkription der Szene finden Sie in Kapitel 6 (S. 120f.).

<u>Aufgabe 48</u>

Sequenz 25
(Bild und Ton)
In der Küche

1. *Lesen Sie die einzelnen Textkarten, in denen Situationen und Themen der Filmsequenz beschrieben werden.*
2. *Ordnen Sie die Textkarten, während Sie die Sequenz 25 sehen, und numerieren Sie sie entsprechend ihrer Abfolge im Film von 1 bis 5.*

A ☐ Dagmars Bruder kommt in die Küche und holt sich eines von Dagmars Butterbroten. Dagmar ist sauer. Dagmars Vater kommt nach Hause und küßt seine Frau. Er trägt einen dunklen, eleganten Anzug.

B ☐ Dagmar will im Garten einen Komposthaufen für alle organischen Abfälle anlegen. Die Abfälle kommen in eine grüne Mülltonne. Sie will auch den Rasen umgraben und Gemüsebeete anlegen. Der Vater will nicht, daß man an seinem Garten etwas ändert. Dagmar findet das ziemlich autoritär. Die Mutter findet Dagmars Idee gar nicht so schlecht.

C ☐ Dagmar und ihre Mutter sind allein in der Küche und unterhalten sich. Es stört Dagmar nicht, daß die Mutter wieder arbeitet.

D ☐ Die Mutter schmiert Dagmars Bruder ein Butterbrot. Dagmar ärgert sich darüber. Der Vater kommt in Jeans und T-Shirt in die Küche. Dagmar macht sich über seine „Verkleidung“ lustig.

E ☐ Dagmar schmiert sich Butterbrote, aber die gute Wurst und die Gurken sind alle. Sie ist ziemlich unzufrieden. Dagmar kann etwas gegen die Umweltverschmutzung tun, wenn sie Gläser nicht in den normalen Mülleimer wirft. „Glas ist kein Müll“, sagt ihre Mutter.

Reflexion

In diesem Kapitel stand die sprachlich-inhaltliche Information im Zentrum. Gerade die Sprache ist in solchen Filmen wichtig, in denen die Bilder ohne Ton nicht verständlich sind – wie etwa beim *Cadillac*, wo es sich um Fachsprache handelte.

Sie haben verschiedene Aufgabenstellungen kennengelernt:

1. Vorstrukturierung des Hörverstehens durch Klärung der Lexik und durch Zuhilfenahme eines Paralleltextes,
2. Rekonstruktion eines Gesprächsablaufs,
3. Vorgabe von Textkarten zum Handlungsablauf eines Films.

3.2.4 Aufgaben zu filmischen Aspekten

Weder Sie als Lehrer noch Ihre Schüler sind in der Regel Experten im filmtechnischen Bereich. Wenn wir Ihnen also Aufgaben zu filmtechnischen Aspekten vorstellen, so sollen diese in einfacher und nachvollziehbarer Form aufzeigen, wie die Wahrnehmung vertieft werden kann, wenn man einmal darauf achtet, welche Funktion die Kamera hat. Unsere eigene Rezeption ist bedingt durch die Art und Weise, wie die Kamera etwas filmt – einen Ort, ein Objekt, eine Person –, und warum sollte das nicht auch im Fremdsprachenunterricht bewußtgemacht werden? Wir meinen, daß der Umgang mit dem Medium *Video* das notwendig macht, wenn man sich kritisch mit ihm auseinandersetzen will.

Anhand einzelner Beispiele möchten wir Ihnen einige filmtechnische Aspekte zunächst isoliert verdeutlichen und die entsprechenden Fachbegriffe einführen. Im abschließenden Beispiel können Sie dann alle Aspekte analysieren.

Eine Zusammenstellung der Grundbegriffe der Filmanalyse finden Sie in Kapitel 10.2.

Hinweis

Kameraperspektive*

Die Kamera kann ein Geschehen von verschiedenen Positionen aufnehmen. Die gewählte Perspektive beeinflußt die Wahrnehmung des Zuschauers. Probieren Sie mit den nächsten beiden Beispielen (Sequenzen 26 + 27) diese Wirkung an sich selbst aus.

Das erste Beispiel stammt aus dem Film *Griseldis*.

➤ Eine Inhaltsangabe des gesamten Films finden Sie in Kapitel 7 (S. 131) unter Beauvais/Courths-Mahler (1974).

Hinweis zum Film

Aufgabe 49
Sequenz 26
(Bild ohne Ton)
Auf der Treppe

Sehen Sie sich die Sequenz 26 auf der Videokassette an.

1. Aus welcher Perspektive sind die Personen gefilmt?

____

____

2. Wie wirkt das auf Sie? Was suggeriert die Kameraperspektive?

____

____

Auch im zweiten Beispiel finden wir eine ähnliche Kameraperspektive. Das Beispiel stammt aus dem Film *Moritz, lieber Moritz*.

➤ 1. Eine Inhaltsangabe des Films finden Sie in Kapitel 7 (S. 132) unter Bohm (1977).

➤ 2. In Kapitel 4.3 wird gezeigt, wie man mit dem ganzen Film arbeiten kann.

Hinweise zum Film

Aufgabe 50
Sequenz 27
(Bild und Ton)
Der Sturz vom Fahrrad

Sehen Sie sich die Sequenz 27 an, und versuchen Sie herauszufinden, was hier durch die Kameraperspektive suggeriert wird.

____

____

____

Wir fassen die Ergebnisse nun auf einer abstrakteren Ebene zusammen. Die Definitionen lehnen sich an Anfang u. a. (1994, 14–20) und d'Alessio/Helmling (1991, 71–77) an.

Exkurs 1: Kameraperspektive

Wie bereits gesagt, kann die Kamera ein Geschehen, Menschen oder Gegenstände von verschiedenen Kamerapositionen her aufnehmen. Die gewählte Perspektive beeinflußt die Wahrnehmung der Betrachtenden. Man unterscheidet:

a) Die Normalsicht*

Die Kameraposition entspricht der normalen, alltäglichen Wahrnehmung.

b) Die Vogelperspektive*

Die Kamera steht höher als die dargestellte Person, als der dargestellte Gegenstand, es wird also von oben nach unten gefilmt, man sieht von oben auf das Geschehen: So ist die blonde Frau in Sequenz 27 gefilmt worden.

Je nach Kontext kann ein Gefühl der Überlegenheit entstehen: In Sequenz 27 entspricht die Vogelperspektive der Sicht der schwarzhaarigen Frau, der damit eine dominierende, überlegene Position zugeschrieben wird.

c) Die Froschperspektive*

Die Kamera steht tiefer als die dargestellte Person, als der dargestellte Gegenstand, es wird also von unten nach oben gefilmt. Je nach Kontext kann ein Gefühl der Bedrohung, der Erniedrigung oder des Lächerlichmachens entstehen: In Sequenz 27 entspricht die Froschperspektive der Sicht des am Boden liegenden Jungen, durch die das Mädchen als sehr weit weg erscheint.

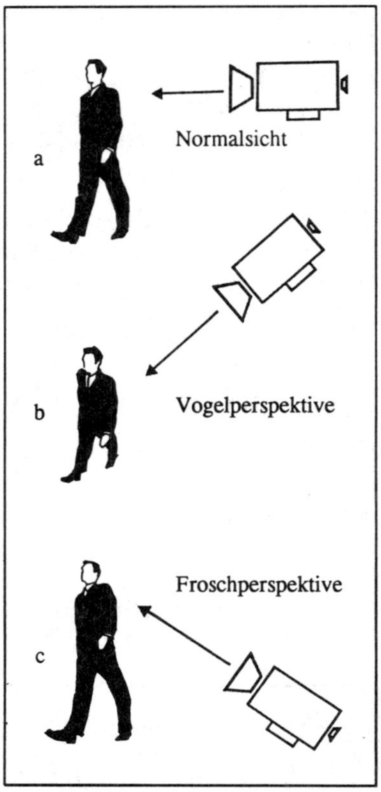

Aufgabe 51

> *Vergleichen Sie Ihre Reaktion auf Sequenz 26 + 27 mit den theoretischen Darstellungen in Exkurs 1. Gibt es Übereinstimmungen, Abweichungen?*

Einstellungsgrößen* und Kamerabewegung*

Eine Einstellung ist die kleinste Einheit eines Films. Durch einen Schnitt beginnt die nächste Einstellung. Die Einstellungen werden von verschiedenen Faktoren bestimmt, u. a. von den Einstellungsgrößen und von der Kamerabewegung. Durch beides kann eine bestimmte Botschaft vermittelt werden, wie das folgende Beispiel verdeutlicht.

Lassen Sie das folgende Beispiel (Sequenz 28) zuerst auf sich wirken. Die genauere filmspezifische Analyse machen Sie dann nach Exkurs 2. Die Sequenz stammt aus dem Film *Klassenfest*.

Hinweise zum Film

➤ 1. Eine Inhaltsangabe des gesamten Films finden Sie in Kapitel 7 (S. 138) unter Mc Nab/Grauerholz (1989): *Klassenfest*.

➤ 2. Die Transkription der Szene finden Sie in Kapitel 6 (S. 121).

Aufgabe 52
Sequenz 28
(Bild und Ton)
In der Bäckerei

> *Sehen Sie sich die Sequenz 28 auf der Videokassette an.*
>
> *Achten Sie dabei auf die Kamerabewegung und die Einstellungsgrößen: Worauf wird das Interesse gelenkt? Was macht die Kamera?*
>
> ____
>
> ____

Auch im nächsten Beispiel soll der Zuschauer durch die Art und Weise, wie die Kamera filmt, auf etwas Bestimmtes aufmerksam gemacht werden. Die Sequenz stammt aus dem Film *Dagmar*.

Hinweise zum Film

➤ 1. Eine Inhaltsangabe des Films finden Sie in Kapitel 7 (S. 139) unter Scheibler/Strecker (1986).

➤ 2. In Kapitel 4.2 finden Sie einen Vorschlag zur Arbeit mit dem gesamten Film.

Aufgabe 53
Sequenz 29
(Bild ohne Ton)
Auf dem Schulhof

> *Sehen Sie sich die Sequenz 29 an, und beschreiben Sie, was die Kamera macht. Welche Wirkung entsteht dadurch?*

Exkurs 2: Einstellungsgrößen und Kamerabewegung

Eine Einstellung wird u. a. von der Einstellungsgröße bestimmt, d. h. wie etwas im Bild zu sehen ist und wieviel im Bild zu sehen ist – etwa das Gesicht eines Menschen oder der ganze Mensch und seine Umgebung. Die Wahl der Einstellung legt sowohl die Information, die der Zuschauer bekommen soll, fest als auch das emotionale Verhältnis des Zuschauers zum Geschehen. Wir zählen hier nur die 4 Haupteinstellungen auf – im Glossar in Kapitel 10.2 finden Sie eine differenzierte Erklärung. Man unterscheidet bei den **Einstellungsgrößen**:

Hinweis

1. Die Totale*

   Mit der Totalen wird ein Überblick über das Geschehen gegeben, eine Information über die Umgebung, in dem aber die handelnde Person schon zu sehen ist. Der Zuschauer kann sich räumlich orientieren – und ist eher distanziert.

2. Die Halbtotale*

   Es wird noch ein Teil von der Umgebung gezeigt, aber die Kamera konzentriert sich schon auf Personen, die ganz zu sehen sind, oder auf Objekte. Auch hier ist der Zuschauer eher auf Distanz gehalten.

3. Die Nahaufnahme* (Nahe)

   Sie konzentriert sich auf die handelnde Person – Kopf und Brust sind zu sehen – oder auf einen Gegenstand. Ein wenig ist auch noch vom Hintergrund zu sehen. Der Zuschauer rückt den Personen schon näher.

4. Die Großaufnahme*

   Der Hintergrund fehlt fast ganz, die Kamera zeigt ein Gesicht bis etwa zum Hals – wie auf einem Paßfoto. Gefühle spiegeln sich deutlich in Gestik und Mimik wider und sprechen den Zuschauer emotional an.

Von den Möglichkeiten der **Kamerabewegung** seien hier nur aufgezählt:

1. Der Schwenk*

   Die Kamera steht auf einem festen Platz, schwenkt jedoch nach oben oder unten, nach rechts oder links – so, wie wir unseren Kopf bewegen. Der Zuschauer hat hier das Gefühl, daß er die Bewegung selber ausführt.

2. Der Zoom*

   Ein Bildausschnitt wird vergrößert: Der Zuschauer nähert sich dem Geschehen, den Personen und Gegenständen – dadurch wird die Aufmerksamkeit des Zuschauers auf ein Detail gelenkt, das für den Film von Bedeutung ist. Oder der Bildausschnitt wird verkleinert, mit der umgekehrten Wirkung: der Zuschauer entfernt sich.

Sie kennen sicher aus Ihrer Seherfahrung noch andere Kamerabewegungen, die darauf beruhen, wie sich die Blickrichtung der Kamera zur Bewegung der Handlung verhält: Ein Mensch kommt direkt auf Sie zu, er schaut Sie an – wie etwa die Nachrichtensprecher. Oder die Handlung spielt sich im rechten Winkel zur Kamerarichtung ab, oder die Kamera wechselt die Richtung, um zwei Personen in einem Gespräch zu erfassen oder … – die entsprechenden Fachbegriffe können Sie in Kapitel 10.2 nachlesen.

Hinweis

Aufgabe 54
Sequenz 28 + 29

1. Sehen Sie sich noch einmal die Sequenz 28 an. Schreiben Sie nun die Einstellungsgrößen hinter die angegebenen Einstellungen. Sie können folgende Abkürzungen verwenden: Totale = T, Halbtotale = HT, Nahaufnahme = N, Großaufnahme = G.

Schülerinnen gehen auf Bäckerei zu (__) – Brotladen (__) – Torten (__) – Brötchen (__) – Verkäuferin (__)

2. Sehen Sie sich noch einmal die Sequenz 29 mit Ihrem neuen Wissen an. Beschreiben Sie die Kamerabewegungen (K = Kamera).

K: ____________ Dagmar und Florian auf dem Schulhof:

Dagmar blickt hoch: K: ____________

Lehrer hinter dem Fenster: K: ____________

Schnitt zu Dagmar: Sie lächelt zum Lehrer hoch, umarmt Florian, blickt hoch.

Schnitt zum Lehrer, der weggeht, Schnitt zu Dagmar.

Eine mögliche Form der Montage haben Sie bereits mit Sequenz 23 (Aufgaben 42 + 43) aus dem Film *Nosferatu* kennengelernt. Schauen Sie sich diese Sequenz noch einmal mit neuen Augen an.

Hinweise zum Film

➤ 1. Eine Inhaltsangabe des Films finden Sie in Kapitel 7 (S. 138) unter Murnau (1922).

➤ 2. Die Schriftinserts finden Sie in Kapitel 6 (S. 120) unter Sequenz 23.

Aufgabe 55
Sequenz 30
(Bild und Ton)
Der Vampir

Sehen Sie sich die Sequenz 30 an, und beobachten Sie

- *wie viele Orte gezeigt werden,*
- *wodurch die Verbindung zwischen den Orten hergestellt wird.*

Reflexion

Anhand einzelner Beispiele haben Sie die Absichten der Filmemacher, wenn sie bestimmte Einstellungen und Perspektiven wählen, kennengelernt:

1. Die Aufnahme von oben (Vogelperspektive), um ein Gefühl, eine Position der Überlegenheit auszudrücken; die Aufnahme von unten (Froschperspektive), um ein Gefühl der Bedrohung, eine Position der Unterlegenheit auszudrücken (Sequenz 26 + 27).

2. Die verschiedenen Einstellungsgrößen, um Nähe oder Distanz des Zuschauers zur Filmhandlung und den Darstellern herzustellen oder um Akzente zu setzen – auch landeskundliche (Sequenz 28).

3. Kamerabewegungen, um Spannung zu erzeugen – wie etwa das Hin und Her der Kamera, um eine Beziehung zwischen zwei Personen, auch wenn sie nicht an einem Ort sind, herzustellen (Sequenz 29).

Sie haben auch an sich selbst die Wirkung dieser filmspezifischen Aspekte kennengelernt. Vielleicht war die Wirkung gar nicht so, wie beabsichtigt oder wie theoretisch beschrieben? Das ist nicht falsch oder schlecht – es ist so! Unsere Rezeption von Bildern ist unterschiedlich – wie sollte man auch sonst über Filme diskutieren können – nicht nur über die Inhalte, sondern auch über die Form. Mit Sicherheit wird jedoch unsere Wahrnehmung durch die Arbeit der Kamera gesteuert. Wichtig ist darüber hinaus, daß die beschriebenen Filmaspekte in dieser reinen Form selten vorkommen, die Mischung ist vielleicht auch ein Qualtitätskriterium für einen Film …

Wir wollten Ihnen aufzeigen, wie interessant das Eingehen auf filmische Aspekte für die Interpretation und Beurteilung einer Sequenz sein kann. Das kann sehr spannend sein und man muß sehr genau hinsehen. Deshalb möchten wir Sie bitten, zum Abschluß die Sequenz 31 einmal so genau, wie es Ihnen möglich ist, zu analysieren (Arbeitsblatt 7, Aufgabe 56, S. 52)). Sie kennen diese Sequenz bereits als Sequenz 18. Jetzt jedoch haben wir nach jeder Einstellung (jedem Schnitt) eine Leerstelle eingefügt, damit Sie die Sequenz stoppen und nachdenken können. Übrigens: Das soll keine Prüfungsaufgabe sein, sondern Ihre Freude am genauen Sehen verstärken. Das Beispiel stammt aus der Videoserie *Hauptstraße 117*.

Hinweis zum Film

➤ Eine Inhaltsangabe finden Sie in Kapitel 7 (S. 136) unter Hecht (1992).

Die verschiedenen Möglichkeiten, die sich während des Sehens eines Videos anbieten, sollten von Ihnen auf Arbeitsblatt 8 (Aufgabe 57, S. 53) für Ihre eigene Übersicht zusammengefaßt werden.

Arbeitsblatt 7

Filmspezifische Aspekte am Beispiel der Sequenz „In einem Gebäude" (aus: „Hauptstraße 117")

Sehen Sie sich die Sequenz 31 an. Stoppen Sie Ihr Videogerät jedesmal an der Stelle, wo im Film eine „Pause" vorhanden ist. Tragen Sie Einstellungsgrößen und Kamerabewegungen in das folgende Raster ein – es muß nicht vollständig sein! Sie können folgende Abkürzungen verwenden: Totale (= T), Halbtotale (= HT), Nah (N), Groß (G).

Sequenzbeschreibung	Einstellung	Kamerabewegung	andere Beobachtungen/ Wirkungen
Mann betritt Drehtür, schaut sich um.	*N*	*K zieht hoch.*	*Mann schaut unsicher, prüfend, bedrohlich?*
Mann geht in Halle, schaut sich suchend um.			
Mann geht auf Orientierungstafel zu.			
anderer Mann im Bild			
Piktogramm: Rauchverbot			
Mann, der raucht			
Gameboy (Spiel)			
Zigarette auf Boden			
weiterer Mann			
Schuh drückt Zigarette aus.			
tätowierter Mann			
Wartende im Flur			
Beine einer Frau			
Mann kneift Augen zu.			
Frau von hinten			
Mann mit Brille pfeift.			
anderer Mann			
anderer Mann lächelt			
Büromensch kommt			
Mann wird traurig.			
Zwei Männer nebeneinander, beide rauchen.			

Arbeitsblatt 8

Aktivitäten während des Sehens

Erinnern Sie sich an die gesehenen Bespiele, und überlegen Sie, was Sie bzw. Ihre Lerner gelernt haben. Füllen Sie bitte die rechte Spalte aus.

1. Informationen über Bilder

Welche Informationen können den Bildern einer Videosequenz entnommen werden? Was ist dabei die Zielsetzung?

Sequenz 17 *In der Schule*	landeskundliche Informationen (Verhalten Lehrer – Lerner) Vergleich zum eigenen Land/zur eigenen Kultur
Sequenz 18 *In einem Gebäude*	
Sequenz 19 *Anna und Schmidt*	
Sequenz 20 *In der Klasse*	
Sequenz 21 *Die Banane*	
Sequenz 22 *Die Anmache*	
Sequenz 23 *Der Vampir*	

2. Sprachlich-inhaltliche Informationen

Welche methodischen Möglichkeiten haben Sie kennengelernt?

Sequenz 24 *Der Cadillac*	
Sequenz 25 *In der Küche*	

3. Filmische Aspekte

Welche filmischen Mittel haben Sie kennengelernt? Beschreiben Sie auch deren Wirkung.

Sequenz 26 *Auf der Treppe*	
Sequenz 28 *In der Bäckerei*	
Sequenz 29 *Auf dem Schulhof*	

3.3 Schritt 3: Nach dem Sehen

In diesem Kapitel soll aufgezeigt werden, welche Lerneraktivitäten sich nach dem Sehen einer Sequenz anbieten. Dabei wird es sich im wesentlichen um sprachlich-inhaltliche Lerneraktivitäten zum Film handeln und solche, die auf die Rezeption abzielen.

3.3.1 Eine Filmfortsetzung schreiben

Anhand unterschiedlicher Beispiele haben Sie in dieser Studieneinheit bereits eine bestimmte Methode kennengelernt, mit Videos zu arbeiten, nämlich Hypothesen zu bilden – etwa welche Bilder zu einer bestimmten Filmmusik passen würden, welche Bilder zu einem Transkript einer Filmsequenz passen würden oder auch, wie die Handlung eines Films weitergehen könnte. Diese Methode eignet sich auch besonders gut für die Arbeit nach dem Sehen eines Films oder einer Filmsequenz. Wir möchten das anhand eines Beispiels illustrieren.

Klassenziel nicht erreicht

Hinweise zum Film

➤ 1. Eine Inhaltsangabe des gesamten Films finden Sie in Kapitel 7 (S. 140) unter Weißbarth (1992).

➤ 2. Einen Ausschnitt aus dem Film zeigt Ihnen Sequenz 16. Die Transkription der Szene finden Sie in Kapitel 6 (S. 119).

In Sequenz 16 haben Sie einen Ausschnitt aus dem Film *Klassenziel nicht erreicht* gesehen. Zu Ihrer Information und zur Erinnerung:

Es handelt sich um einen Kurzspielfilm, in dem gezeigt wird, wie ein etwa 10jähriger Junge am Ende des Schuljahrs sein Zeugnis bekommt und die Klasse wiederholen muß. Als „Sitzenbleiber“ wird er von seinen Mitschülern ausgelacht und geprügelt. Auch außerhalb der Schule fühlt sich der Junge allein gelassen und unverstanden: Seine Eltern sind geschieden; er lebt bei seiner Mutter, die den ganzen Tag berufstätig ist; sein Vater existiert für ihn praktisch nicht mehr.

Nachdem seine Mutter ihm heftige Vorwürfe wegen seines Sitzenbleibens gemacht hat, will er von zu Hause ausreißen. Als er am Abend immer noch nicht nach Hause gekommen ist, verständigt seine Mutter die Polizei. Hier brach Sequenz 16 ab.

Die Fortsetzung des Films:

Gemeinsam (von Polizei und Mutter) wird der Junge gesucht und schließlich in einer einsamen Gegend gefunden. Der Film endet mit dem rührenden Wiedersehen von Mutter und Sohn.

Aufgabe 58

Was glauben Sie: Wird sich etwas im Leben des Jungen ändern?
Beschreiben Sie, wie sein nächstes Schuljahr aussehen könnte.

____

____

____

____

____

methodische Variante

Sie sehen sich die Sequenz 16 noch einmal an und schreiben eine Filmfortsetzung, ohne den Schluß des Films zu kennen. Im Unterricht oder im Seminar können Sie auch zwei Gruppen bilden – die eine Gruppe schreibt die Fortsetzung nach dem erneuten Ansehen der Sequenz, die andere Gruppe schreibt die Fortsetzung mit dem Wissen, wie der Film ausgeht (Aufgabe 58). Die Gruppen tauschen ihre Ergebnisse aus.

Reflexion

Das Schreiben einer Filmfortsetzung bietet sich an, wenn der Film oder die Filmsequenz offen läßt, wie sich das Leben der Hauptperson (oder der Hauptpersonen) weiterentwickelt, im Film selbst aber genügend Informationen über die Person (die Personen) gegeben werden.

In dieser Arbeitsform wird kreatives Schreiben geübt: Die subjektive Rezeption des Lerners kommt zum Tragen – je nachdem, wie er die Personen im Film empfunden hat, wird er seine Ansichten zu der dargestellten Konfliktsituation äußern. In der Klasse bietet es sich an, die Fortsetzungsgeschichten zu vergleichen und die überzeugendste auszuwählen.

Mehr über die unterschiedlichen Formen und Möglichkeiten des kreativen Schreibens finden Sie in der Fernstudieneinheit *Fertigkeit Schreiben*.

3.3.2 Einen Fragebogen zur Hauptperson im Film ausfüllen

Vielleicht kennen Sie die Fragebogenspiele, die um die Jahrhundertwende in den Salons aufkamen und sich auch heute wieder großer Beliebtheit erfreuen. In der Wochenendbeilage einer deutschen Zeitung sind die Fragebögen z. B. von bekannten Persönlichkeiten ausgefüllt. Es entsteht auf diese Weise das Profil von einer Person mit ihren Vorlieben, Abneigungen und Wünschen. Die Übertragbarkeit auf den Fremdsprachenunterricht ist einfach – und in mehreren Varianten durchführbar, die nach Schwierigkeitsstufen aufgebaut sind. Wir zeigen Ihnen das anhand des Spielfilms *Dagmar*.

Hinweise zum Film

➤ 1. Eine Inhaltsangabe des gesamten Films finden Sie in Kapitel 7 (S. 139) unter Scheibler/Strecker (1986).

➤ 2. Ausschnitte aus dem Film haben Sie in Sequenz 2, 20, 25 und 29 gesehen. Die Transkriptionen der Sequenzen finden Sie in Kapitel 6.

Variante 1

In Variante 1 sind mehrere Antworten auf eine Frage vorgegeben. Sie bzw. Ihre Lerner kreuzen an, welche Antwort am besten zur Hauptperson im Film paßt.

Aufgabe 59

Wie gut glauben Sie Dagmar zu kennen?

1. *Wir haben Dagmar einige Fragen gestellt. Kreuzen Sie bitte an, was sie geantwortet haben könnte.*

   Dagmar, was ist dein Traumberuf?
   - ☐ 1. *Gärtnerin*
   - ☐ 2. *Abgeordnete der „Grünen"*
   - ☐ 3. *Anwältin*

   Und was ist deine Lieblingsbeschäftigung?
   - ☐ 1. *mein Garten*
   - ☐ 2. *lesen*
   - ☐ 3. *diskutieren*

   Was würdest du mit einer Million Mark machen?
   - ☐ 1. *in die ganze Welt reisen*
   - ☐ 2. *eine Umweltinitiative gründen*
   - ☐ 3. *ein Sparkonto eröffnen*

   Was ist deine Lieblingskleidung?
   - ☐ 1. *bequeme Sachen*
   - ☐ 2. *Röcke und Kleider*
   - ☐ 3. *Jeans und T-Shirts*

2. *Begründen Sie Ihre Auswahl.*

Variante 2

Auf die gestellten Fragen ist die Antwort bereits vorhanden. Sie bzw. Ihre Lerner sollen sich in die Rolle der interviewten Person hineinversetzen und die vorgegebene Antwort begründen.

Aufgabe 60

Wie gut kennen Sie Dagmar?

1. *Dagmar hat auf einige Fragen bereits geantwortet. Versetzen Sie sich in Dagmars Rolle und antworten Sie.*

Dein Traumberuf?	*Ich möchte Anwältin werden, weil ...*
Deine Lieblingsbeschäftigung?	*Ich arbeite gern im Garten, weil ...*

2. *Erfinden Sie weitere Fragen, die Sie interessieren, und geben Sie Antworten, die der Film selbst gibt bzw. suggeriert.*

______________________	______________________
______________________	______________________
______________________	______________________
______________________	______________________
______________________	______________________
______________________	______________________
______________________	______________________
______________________	______________________
______________________	______________________

Variante 3

Ihre Lerner bekommen einen auf den Film zugeschnittenen Fragebogen und füllen ihn in Stichworten so aus, wie die Hauptperson im Film geantwortet haben könnte. Es sollten nur Antworten gegeben werden, die der Film selbst gibt oder zumindest suggeriert. Im Arbeitsblatt 9 (Aufgabe 62) haben wir Ihnen einige Fragen zusammengestellt, die Sie immer wieder auch für verschiedene Filme anwenden können.

Aufgabe 61

1. *Lesen Sie sich die Fragen auf Arbeitsblatt 9 (Aufgabe 62) durch.*
2. *Streichen Sie die Fragen, die für den Film, auf den Sie den Fragebogen anwenden wollen, nicht wichtig sind.*
3. *Ergänzen Sie den Fragebogen um die Fragen, die Sie für den Film, den Sie ausgewählt haben, für wichtig halten.*
4. *Probieren Sie das an einem Film Ihrer Wahl aus.*

Arbeitsblatt 9

Fragebogen zur Hauptperson eines Films

1. *Versetzen Sie sich in die Hauptperson des Films, und beantworten Sie die Fragen in Stichpunkten.*

   a) Ihre Lieblingsbeschäftigung?

   b) Wo möchten Sie gerne leben?

   c) Was wünschen Sie sich am meisten?

   d) Was verabscheuen Sie am meisten?

   e) Was ist für Sie Glück?

   f) Was wäre für Sie das größte Unglück?

   g) Welches ist Ihr Lieblingsbuch?

   h) Welchen Film- oder Fernsehhelden mögen Sie?

   i) Ihr Lieblingsmusiker?

   j) Ihr Lieblingssportler?

   k) Wer oder was würden Sie gerne sein?

   l) Wen bewundern Sie am meisten?

   m) Welche Eigenschaften schätzen Sie am meisten bei Ihren Freunden?

   n) Ihr Hauptcharakterzug?

   o) Ihr größter Fehler?

   p) Welche Eigenschaften schätzen Sie am meisten bei einem Jungen/Mädchen?

   q) Ihr Traumberuf?

   r) Was würden Sie mit auf eine einsame Insel nehmen?

   s) Ihr Lieblingstier?

   t) Ihr Lieblingsessen?

   u) Ihre Lieblingskleidung?

   v) Welches ist Ihr Lieblingsfach?

   w) Was würden Sie mit einer Million Mark machen?

2. *Schreiben Sie weitere Fragen auf, die Sie interessieren.*

Reflexion

Die verschiedenen Varianten zu einem Fragebogen zur Hauptperson eines Films üben – auf unterschiedlichem Niveau – mündliche und schriftliche Sprachproduktion sowie das Leseverstehen. Die Antworten sollten immer einen Bezug zu dem Film haben, auf den sich die Fragen beziehen, also Antworten sein, die entweder der Film selbst gibt oder zumindest nahelegt.

Das Modell (Arbeitsblatt 9) soll Ihnen zeigen, daß Sie den Fragenkatalog auf die jeweilige Hauptperson eines Films adaptieren können. Dabei werden Alter, Milieu, Geschlecht, Neigungen, Abneigungen und Interessen eine Rolle spielen. Die Antworten der Lerner richten sich nach den Informationen aus dem Film und der eigenen Bewertung der Hauptperson. Diese Einfühlung in eine fremde Person ermöglicht nicht nur Übungen auf der sprachlichen Ebene, sondern auch auf der Ebene des Verhaltens, der Bewertung und der Reflexion – und das sind die wichtigsten Aspekte für interkulturelles Lernen.

3.3.3 Eine Filmkritik verfassen

Auch das mündliche oder schriftliche Ausformulieren einer Filmkritik läßt sich in nach Schwierigkeitsgrad gestaffelten Übungsformen durchführen.

Vorübungen zur Bewertung

Eine ganz einfache Form ist die Vorgabe einer Bewertungsskala zu der Hauptperson/den Hauptpersonen. Die Lerner kreuzen an, wo ihre persönliche Bewertung liegt.

Zur Verdeutlichung greifen wir noch einmal auf das Beispiel von Sequenz 2 auf Ihrer Videokassette zurück: Die Szene stammt aus dem Film *Dagmar*.

Hinweise zum Film

➤ 1. Eine Inhaltsangabe des gesamten Films finden Sie in Kapitel 7 (S. 139) unter Scheibler/Strecker (1986).

➤ 2. Ausschnitte aus dem Film haben Sie in Sequenz 2, 20, 25 und 29 gesehen. Die Transkription der Sequenzen finden Sie in Kapitel 6.

Sequenz 2 zeigte die Rückgabe einer Klassenarbeit in einem deutschen Gymnasium und die heftige Auseinandersetzung zwischen dem Lehrer und der Schülerin, die damit endet, daß die Schülerin empört ihre Klassenarbeit zerknüllt und dem Lehrer auf den Tisch wirft, um dann den Raum zu verlassen.

Wir zeigen Ihnen im folgenden sechs verschiedene Möglichkeiten von Vorübungen, die der Abfassung einer Filmkritik vorausgehen können.

Möglichkeit 1

Aufgabe 63

1. Geben Sie auf der Skala eine Note: Wie empfinden Sie den Lehrer?

|———|———|———|———|———|———|

– 3 *ganz unsympathisch* — *0* — *+ 3* *sehr sympathisch*

2. Geben Sie auf der Skala eine Note: Wie empfinden Sie die Schülerin?

|———|———|———|———|———|———|

– 3 *ganz unsympathisch* — *0* — *+ 3* *sehr sympathisch*

Möglichkeit 2

Die Lerner erhalten die Vorgabe einer Benotungsskala von 1 – 10.

Wie hat Ihnen Dagmar/der Lehrer im Film gefallen? Kreuzen Sie eine Note an.

Aufgabe 64

1	*2*	*3*	*4*	*5*	*6*	*7*	*8*	*9*	*10*

Möglichkeit 3

Ähnliches kann man natürlich auch mit der Vorgabe von Piktogrammen erreichen, die ein sehr zufriedenes, ein neutrales und ein unzufriedenes Gesicht zeigen.

Wie hat Ihnen Dagmar/der Lehrer im Film gefallen? Kreuzen Sie an.

Aufgabe 65

Dagmar:	☐	☐	☐
Lehrer:	☐	☐	☐

Möglichkeit 4

Als Alternative zu Benotungs- oder visuellen Vorgaben können Sie Wortvorgaben machen, die die Person im Film charakterisieren können. Die Wortvorgaben werden von Ihnen als Lehrer den jeweiligen Hauptpersonen im Film angepaßt. Wir zeigen Ihnen hier ein Modell, das auf die Schülerin Dagmar aus Sequenz 2 zutreffen könnte.

Welche Adjektive passen Ihrer Meinung nach zu der Schülerin Dagmar?
Kreuzen Sie an. Mehrfachnennungen sind möglich.

Aufgabe 66

☐ *sympathisch*	☐ *unsympathisch*
☐ *typisch deutsch*	☐ *rechthaberisch*
☐ *ehrgeizig*	☐ *langweilig*
☐ *frech*	☐ *ganz normal*
☐ *unordentlich*	☐ *rebellisch*
☐ *intelligent*	☐ *neugierig*

Sprachliche Vorübungen

Möglichkeit 5

In der nächsten Vorübung zu einer selbständig verfaßten Filmkritik werden dem Lerner sprachliche Mittel in die Hand gegeben. Er kann aus den Vorgaben auswählen und seine Rezeption vom Film, von den Hauptpersonen im Film vorstrukturiert wiedergeben. Arbeitsblatt 10 (Aufgabe 67) gibt Ihnen ein auf unterschiedliche Spielfilme anwendbares Modell.

Arbeitsblatt 10

Modell zur subjektiven Filmbewertung

1. *Wählen Sie einen beliebigen Film, an dem Sie das folgende Modell ausprobieren möchten.*

2. *Kreuzen Sie die Argumente an, die Ihrer Meinung entsprechen. Formulieren Sie in ganzen Sätzen.*

   Der Film hat mir (~~nicht~~) gefallen, weil ...

   - [x] Die Hauptperson/en ist/~~sind~~ (~~nicht~~) überzeugend.
   - [x] Die Filmschauspieler haben (nicht) gut gespielt.
   - [ ] Die Handlung ist (nicht) realistisch; das könnte auch (kaum) in der Wirklichkeit passieren.
   - [ ] Der Film ist zu primitiv.
   - [ ] Der Film bringt zu viele Klischees.
   - [x] Die Handlung ist (~~nicht~~) spannend.
   - [ ] Der Film ist langweilig.
   - [ ] Ich habe (nicht) oft gelacht.
   - [ ] Ich verstehe die Probleme der Hauptperson/en (nicht).
   - [ ] Durch den Film habe ich etwas (nichts) gelernt.
   - [ ] Durch den Film habe ich über etwas (nichts) nachgedacht.
   - [ ] Der Film war mir zu schwer.

3. *Welche verschiedenen Aspekte einer Filmkritik werden unter 2. angesprochen?*

   ______________ : Sprachliche Aspekte

   ______________ : schauspielerische

   ______________ : inhaltliche

   ______________ : filmische

   ______________ : Aspekte der Rezeption

   ______________ : ______________

   ______________ : ______________

Möglichkeit 6

Eine weitere Vorübung ist die Vorgabe von Stichpunkten, die in einer Filmkritik berücksichtigt werden sollten. Der Lerner muß sich etwa auf Mittelstufenniveau befinden, damit die Arbeit auch für ihn selbst befriedigend ist. Als Leitfaden für eine Filmkritik dienen die Anhaltspunkte auf Arbeitsblatt 11 (Aufgabe 68).

Arbeitsblatt 11

Leitfaden für eine Filmkritik

1. *Lesen Sie die Stichpunkte zu einer Filmkritik. Versuchen Sie in Ihrer Kritik zum Film auf die folgenden Punkte einzugehen.*

Inhalt ______________________________

____

Zeit/Epoche ______________________________

____

Hauptperson/en ______________________________

____

Intention des Films ______________________________

____

Besonderheiten im Film ______________________________

____

Was mir besonders gefallen/mißfallen hat ______________________________

____

2. *Ergänzen Sie fehlende Punkte, die Ihnen selbst für eine Filmkritik wesentlich erscheinen.*

____

____

____

____

____

____

Reflexion

Die ersten drei Möglichkeiten lassen den Lernern Platz für ihren subjektiven Ersteindruck bezüglich eines Films bzw. einer Sequenz.

Bei der vierten Möglichkeit geben die unterschiedlichen Ankreuzungen der Lerner Anlaß zu einer Diskussion: Die Lerner werden versuchen, ihre Ankreuzungen zu begründen und sich auf den Filminhalt zu beziehen. Das Sprechen orientiert sich auch hier wieder am Film selbst und den Eindrücken, die er vermittelt hat. Das gleiche gilt für die fünfte Möglichkeit: Die Argumente sind bewußt gemischt, so daß sich eine Diskussion entfalten kann. Die sechste Möglichkeit ist eine Vorstrukturierung zur Verfassung einer Filmkritik.

3.3.4 Eine Filmkritik verstehen

Im folgenden finden Sie Auszüge aus einer Diskussion über den Film *Das Traumauto*, aus dem Sie bereits einige Szenen gesehen haben.

Hinweise zum Film

➤ 1. Eine Inhaltsangabe des gesamten Films finden Sie in Kapitel 7 (S. 135) unter Gies/Eplinius (1988).

➤ 2. Die Sequenzen 7, 22 und 24 stammen aus dem *Traumauto*. Eine Transkription dieser Szenen finden Sie in Kapitel 6.

<u>Aufgabe 69</u>

1. Lesen Sie sich zunächst die Transkription der Schüleräußerungen einmal durch.

Diskussion mit Schülern des Gymnasiums Neubiberg bei München

Ein bemerkenswerter Film?

Lehrer: Ich habe ein paar Kritiken gelesen. Da kam eigentlich der Film recht gut weg: ein bemerkenswerter Film. Ist er bemerkenswert? Was war bemerkenswert?

Schülerin: Ich fand, daß es eigentlich ein recht typischer Film war – von Anfang an konnte man eigentlich das Ende voraussehen, daß er sich mit der Susi verstehen würde und nicht mit der Sängerin. Da hab' ich mich auch eine Zeitlang in der Mitte gewundert, daß sich die beiden so gut verstehen, aber zum Schluß war's halt wie erwartet.

Schülerin: Ja, das stimmt. Das find' ich auch. Das war das ziemliche Handlungsmuster, das ist doch meistens so, daß der Junge sich zuerst in das tolle Mädchen verliebt und daß er dann am Ende merkt, daß da noch irgendeine ist, die er vorher übersehen hat.

Der Titel

Schüler: Ich weiß nicht welchen, aber man hätte sich einen anderen Titel überlegen müssen. Weil das Traumauto – das würde mich irgendwie nicht anlocken.

(...)

Schülerin: Ich hab' da eigentlich schon gleich daran gedacht, daß das irgendwie ein Superauto ist, wo alle Leute meinen, ja das ist das tolle Auto, und daß da irgendjemand jemand anderem damit imponieren will. Daran habe ich schon gleich gedacht, weil das Traumauto – da denk' ich irgendwie da dran.

Schüler: Aber es war schon ein bißchen ausgefallen, wenn ich so den Titel gehört hätte, ich hätte mir also nicht einen Wagen aus den 60er Jahren, einen Cadillac, vorgestellt. Das hat wirklich nicht mehr so reingepaßt, ich weiß auch nicht, ob jemand grade auf so einen alten Wagen so abfährt, ich hätte mir eher vorgestellt, wenn der jetzt irgendwo 'nen tollen Ferrari oder sowas aufgetrieben hätte, das wäre sogar realistischer gewesen. Ich kann mir nicht vorstellen, daß einer grade denkt, daß er mit so einem Wagen so der tolle Mann sein kann.

Schülerin: Na, ich fand, in dem Titel steckt schon so 'ne gewisse Ironie, das Traumauto, das hört man irgendwie – finde ich – schon raus, daß da ein bißchen mehr dahintersteckt als der wahre Traum.

Schüler: Ich hätte gedacht, das wäre so ein längerer sachlicher Werbespot, daß die einfach so ein neues Auto vorstellen oder sowas, an Film habe ich – ehrlich gesagt – überhaupt nicht gedacht.

Schülerin: Das war dann entäuschend, oder?

(...)

Die Anmachszene

Schülerin: Ich hab' das Gefühl gehabt, die haben die Sängerin wie so 'ne Sache behandelt am Anfang, ja die mach' ich jetzt mal an, sozusagen, was sie denkt oder fühlt, das ist eigentlich total egal.

Schülerin: Und wie sie sich da im Halbkreis aufgestellt haben. Das war ja unmöglich. Also, wenn ich da die Sängerin gewesen wäre, ich hätte gedacht: Leute, ihr könnt mich mal und wäre da rausgegangen. Das fand ich ja wohl ziemlich blöd.

(...)

Ein interessanter Film?

Schülerin: Nochmal zu dem Film allgemein, ich fand ihn insgesamt eigentlich zu oberflächlich, sicher, für einen reinen Unterhaltungsfilm eigentlich zu wenig lustig, weil, er sollte eigentlich – glaube ich – in die Richtung gehen, ein bißchen mehr Komik, und mir fehlt da irgendwie was, was den Film interessant macht, ihn zu sehen. So Filme gibt's – wie gesagt – Tausende und – ich weiß nicht – hat mich nicht angesprochen.

Schülerin: Ich hab' am Anfang den Zusammenhang überhaupt nicht mitgekriegt, ich hab' mir gedacht, was hat jetzt das eine mit dem anderen zu tun, und ich bin da wirklich erst nach 10 Minuten reingekommen, weil, da war irgendwie alles durcheinandergebracht.

Schülerin: Die Susi und die Sängerin waren ja eigentlich ganz verschieden beide, sie sozusagen als Automechanikerin, was man eigentlich normalerweise von einer Frau nicht vermutet, und die andere als verwöhnte Sängerin; und das fand ich auch gut, daß da sozusagen der Unterschied rausgebracht wurde, die zwei verschiedenen Typen.

Schülerin: Nee, das fand ich grad nicht so gut, weil, das war dann irgendwie so ein Schwarz-Weiß-Muster, die Sängerin wurde zu negativ dargestellt und die Susi zu positiv, das war irgendwie so wirklich schwarz-weiß, ganz komisch, wirklich wieder unrealistisch.

Arnsdorf u. a. (1990 a), 39f.

2. *Lesen Sie nun die folgenden Stichwörter zu der Diskussion. Suchen Sie im Text, welche Begründung es jeweils für die geäußerte Meinung gibt.*

   a) Handlung: Voraussehbar, weil ______________________

   b) Film insgesamt nicht so toll, weil ______________________

   ____

   c) Die beiden Frauentypen: gut, weil ______________________

   schlecht, weil ______________________

   d) Anmachszene: Sängerin ______________________

   Verhalten der Gruppe ______________________

3. *Welche Assoziationen hat der Filmtitel „Das Traumauto" ausgelöst?*

   ____

4. *Unterstreichen Sie in den Transkriptionen die Textteile, die Ihrer eigenen Meinung am nächsten kommen.*

Wir haben Ihnen eine Reihe von Beispielen zu Aktivitäten nach dem Sehen einer Videosequenz vorgestellt. Sie haben feststellen können, daß in den Übungen sehr viel Spracharbeit gemacht wird, ohne daß Grammatik losgelöst vom Film geübt wird. Die Spracharbeit ist immer mitteilungsbezogen. In dem folgenden Arbeitsblatt 12 können Sie die unterschiedlichen Möglichkeiten noch einmal Revue passieren lassen und zusammenfassen. In dem nächsten Kapitel stellen wir Ihnen dann zwei Beispiele vor, die alle Schritte zur Arbeit mit Video vor, während und nach dem Sehen miteinander verbinden.

Aufgabe 70

Arbeitsblatt 12

Aktivitäten nach dem Sehen

Erinnern Sie sich an die einzelnen Aufgaben: Welche verschiedenen Möglichkeiten haben Sie kennengelernt, um die einzelnen Aktivitäten zu differenzieren? Füllen Sie bitte die rechte Spalte (Beispiele) aus und geben Sie die entspechende Aufgabennummer (A …) an.

Lerneraktivitäten	**Beispiele**
1. eine Filmfortsetzung schreiben	*über die Zukunft der Hauptperson des Films: z. B.: Wird sich in ihrem Leben etwas ändern? (A 58)*
2. einen Fragebogen zur Hauptperson im Film ausfüllen	a) *aus vorgebenen Antworten eine zutreffende Antwort auswählen (A 59)* b) vorgegebene Antworten begründen c) " Fragen in Stichworten beantworten
3. eine Filmkritik verfassen	a) *Ankreuzen einer Notenskala (A 63/64)* b) Bewertung durch Piktogramme c) Wortvorgaben zur Charakteris. der HP. ankreuzen d) sprachliche Wortvorgaben: Meinungsäußerungen ankreuzen e) vorgegebene Stichpkte schriftl. ausführen
4. sich zu einer Filmkritik äußern	a) *Kritik lesen und verstehen (A 69 [1])* b) Begründung zu Stichwö. schreiben c) Assoziationen zum Titel begründen aus Kritik heraussuchen notieren d) ~~Textteile unterstreichen~~ die der eigenen Meinung entsprechen

Aufgabe 71

> 1. *Welche Aktivität nach dem Sehen gefällt Ihnen gut?*
> 2. *Für welches Niveau würden Sie die einzelnen Beispiele der Lerneraktivitäten vorsehen?*

3.4 Synthese der Schritte vor – während – nach dem Sehen: zwei Unterrichtsbeispiele

In einer Reihe von Beispielen haben wir Ihnen bisher Übungstypen für die drei Phasen vor dem Sehen, während des Sehens und nach dem Sehen isoliert vorgestellt.

Anhand von zwei Beispielen möchten wir nun aufzeigen, wie diese drei Phasen miteinander verknüpft werden können.

3.4.1 Beispiel 1: Folge 2 des Fernsehsprachkurses *Alles Gute*

Hinweise zum Film

➤ 1. Eine Inhaltsangabe zu der Fernsehserie finden Sie in Kapitel 7 (S. 130) unter *Alles Gute* (1988).

➤ 2. Ein Transkript der Sequenz 33 b finden Sie in Kapitel 6 (S. 122).

Der zweite Teil der Folge spielt am frühen Morgen in einer deutschen Stadt. Bevor Sie die Sequenz sehen, lösen Sie bitte den ersten Teil von Aufgabe 72.

Aufgabe 72

> 1. *Was passiert in einer Stadt am frühen Morgen?*
> *Tragen Sie in Stichworten in die linke Spalte ein, was Ihnen dazu einfällt.*

Was Ihnen dazu einfällt:	***Was der Film zeigt:***
______________	______________
______________	______________
______________	______________
______________	______________
______________	______________
______________	______________
______________	______________

Sequenz 32
(Bild und Ton)
Eine Stadt am Morgen

> 2. *Sehen Sie sich jetzt den Anfang von Sequenz 32 an, und notieren Sie in der rechten Spalte, was am Morgen in der Stadt geschieht.*
> 3. *Was ist in Ihrem Land ähnlich, gleich oder anders?*

Aufgabe 73
Sequenz 33 a
(Bild ohne Ton)
Ein ganz normaler Morgen

> *Sehen Sie sich nun die Sequenz 33 a, die Fortsetzung von Sequenz 32, ohne Ton an. Machen Sie sich Notizen zu den Punkten.*
>
> *Wenn erforderlich, stoppen Sie die Sequenz mit der Pausentaste Ihres Videogeräts.*
>
> 1. *Was passiert im Film? Was tun die Personen?*
>
> *Der Wecker klingelt. Es ist 6 Uhr 15.*
>
> *Sie schläft wieder ein.*

2. *Was könnten die Personen in den folgenden Situationen sagen?*
   Es ist 6 Uhr 30.

   Sie schläft noch immer. Er ruft.

   Sie frühstücken zusammen.

   Sie schaut auf ihre Uhr.

   Sie sitzt im Auto. Er macht die Tür auf.

3. *Wie geht es jetzt weiter? Was glauben Sie?*
   Wer nimmt das Auto? Was kann der andere machen?

Aufgabe 74
Sequenz 33 b
(Bild und Ton)
Ein ganz normaler Morgen

1. *Sehen Sie sich nun die ganze Sequenz 33 b mit Ton an. Vergleichen Sie Ihre Notizen in Aufgabe 73 mit der Filmsequenz.*
2. *Notieren Sie Ihre eigenen Ideen zur Weiterarbeit nach dem Film. (Im Lösungsschlüssel finden Sie Vorschläge aus dem Lese- und Arbeitbuch zu „Alles Gute.")*

Typ. dt. Paar?
Rollenspiel Arbeitskollege
Persönliche Fragen stellen

3.4.2 Beispiel 2: Unterrichtsdokumentation zu dem Kurzspielfilm *Vis-à-vis*

Hinweise zum Film

➤ 1. Eine Zusammenfassung des Filminhalts finden Sie in Kapitel 7 (S. 140) unter Weißbarth (1986).

➤ 2. Sie haben bereits eine Sequenz (Sequenz 3) aus dem Film gesehen.

Das folgende Beispiel ist ein Zusammenschnitt einer 90minütigen Unterrichtseinheit, in der mit dem Kurzspielfilm *Vis-à-vis* gearbeitet wurde. Die Aufnahme wurde mit einer Mittelstufenklasse im Goethe-Institut München gemacht. Die Lerner kamen aus verschiedenen Ländern, aus Ungarn, aus der damaligen ČSFR, aus Spanien, aus Griechenland, aus der Türkei, aus den USA, aus China und Afghanistan. In der Unterrichtsdokumentation sehen Sie, wie der Kursleiter die Teilnehmer an den Film heranführt, was während der Vorführung des Films geschieht und welche Übungen sich daran anschließen.

Hinweis zur Arbeit mit der Unterrichts-dokumentation

Wir werden diese Unterrichtsdokumentation als ein Beispiel für den methodischen Ablauf der Arbeit mit einem Film bearbeiten. Sie werden sich näher beschäftigen

- mit den einzelnen Unterrichtsschritten,
- mit dem, was der Lehrer tut und mit seiner Unterrichtssprache,
- mit den Lerneraktivitäten,
- mit den Kriterien, nach denen der Lehrer den Film in einzelne Sequenzen unterteilt hat.

Dazu werden Sie die Dokumentation mehrmals ansehen und sie Schritt für Schritt analysieren. Dadurch erhalten Sie ein Modell, das Ihnen dann für die Arbeit mit anderen Filmen zur Verfügung steht.

Um einen Überblick über die Dokumentation zu bekommen, bitten wir Sie, sie zuerst einmal ganz anzusehen.

Aufgabe 75
Sequenz 34
(Bild und Ton)
Unterrichts-dokumentation (UDO) zu *Vis-à-vis*

1. Sehen Sie sich die Unterrichtsdokumentation (Sequenz 34) zunächst einmal ganz an.

2. Notieren Sie beim Sehen der Dokumentation in Stichpunkten:

a) Welche Unterichtsschritte erkennen Sie?

____

____

____

____

____

____

b) Was fällt Ihnen im Verhalten des Kursleiters und der Teilnehmer besonders auf?

____

____

____

____

____

Im zweiten Durchgang beschäftigen wir uns näher mit der Dokumentation – und zwar auf zwei Ebenen: Einerseits bitten wir Sie, die Aufgaben zu lösen, die für die Lerner gedacht sind – Sie simulieren also die Lernerrolle. Andererseits sollen Sie den methodischen Aufbau der Unterrichtsdokumentation und das Verhalten des Lehrers und der Lerner beobachten und reflektieren. Das Lösen der folgenden Aufgaben wird etwas mehr Zeit in Anspruch nehmen. Wenn Sie diese Studieneinheit in einer Gruppe bearbeiten, so können Sie untereinander aufteilen, wer von Ihnen welchen Aspekt notiert.

Aufgabe 76
Sequenz 34, Teil 1
(Bild und Ton)
UDO *Vis-à-vis*

Sehen Sie sich den ersten Teil der Unterrichtsdokumentation (Sequenz 34) noch einmal an, und tragen Sie Ihre Beobachtungen in das Raster ein.

Was wird **vor** *der Arbeit mit dem Film gemacht?*

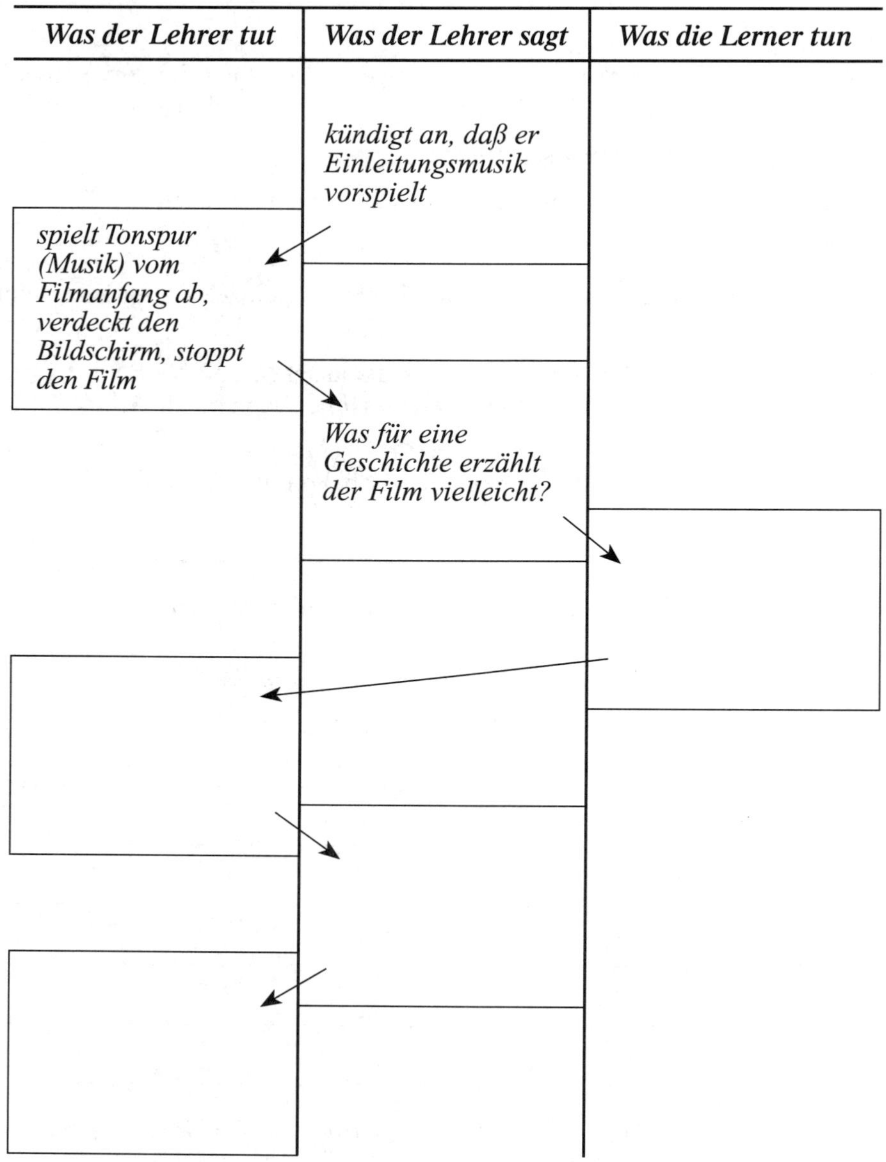

Aufgabe 77
Sequenz 34, Teil 2
(Bild und Ton)
UDO *Vis-à-vis*

Sehen Sie sich den zweiten Teil der Unterrichtsdokumentation (Sequenz 34) noch einmal an, und tragen Sie Ihre Beobachtungen in das Raster ein.

1. *Halten Sie das Videogerät jedesmal an, wenn die Sequenz aus dem Film „Vis-à-vis" in der Unterrichtsdokumentation gestoppt wird.*

   Tragen Sie zuerst ein, bis zu welcher Stelle die jeweilige Filmsequenz gezeigt wird.

2. *Sehen Sie sich erst jetzt an, was auf der Kassette über den Unterricht gezeigt wird: was der Lehrer tut/sagt, was die Lerner tun.*

Was wird **während** *der Arbeit mit dem Film gemacht?*

Was der Lehrer tut	***Was der Lehrer sagt***	***Was die Lerner tun***
Film in 5 Etappen zeigen		
	kündigt an, daß er den Anfang vorspielt	
spielt 1. Etappe vor bis: ____________ ____________ *Stoppt den Film.*		
spielt 2. Etappe vor bis: ____________ ____________ *Stoppt den Film.*		
Korrektur: ____________ ____________		
spielt 3. Etappe vor bis: ____________ ____________ *Stoppt den Film.*		
spielt 4. Etappe vor bis: ____________ ____________ *Stoppt den Film.*		
spielt 5. Etappe vor bis: ____________ *Stoppt den Film.*		

Im folgenden interessieren uns besonders die Übungen, die von dem Kursleiter mit den Kursteilnehmern im Anschluß an die Filmvorführung gemacht wurden. Da Sie sie im Film nur ansatzweise gesehen haben, erläutern wir sie hier noch einmal anhand der Arbeitsblätter, die den Lernern in der Unterrichtsdokumentation vorlagen.

Aufgabe 78

Arbeitsblatt 13

Übung 1: Schriftliche Vorgaben zum Film in die richtige Reihenfolge bringen

1. *Bringen Sie die Satzstreifen in die Reihenfolge, die dem Filmablauf entspricht. Schreiben Sie dazu Zahlen vor die einzelnen Streifen.*

Der neue Nachbar kommt mit Blumen.

Beim Frühstück sieht er das Schild und lächelt.

Die Frau möchte wissen, wie er heißt, und sieht an seiner Tür nach.

Sie fährt mit dem Einkaufswagen einen Berg Dosen um und läuft schnell weg.

Eine alte Frau steht auf ihrem Balkon und beobachtet etwas mit einem Fernglas.

Es klingelt, aber sie öffnet nicht.

Sie geht zum Friseur und kauft sich ein neues Kleid.

Gegenüber zieht ein neuer Nachbar ein.

Langsam öffnet sie die Tür. Er kommt zurück.

Dann schreibt sie ein Schild „Guten Morgen".

Sie begegnen sich im Supermarkt.

Beide lächeln.

In neuer Eleganz putzt sie die Fenster. Aber es beginnt zu regnen.

Er will wieder gehen.

Sie ist aufgeregt. Schnell macht sie Ordnung.

2. *Erzählen Sie die Filmgeschichte jetzt noch einmal.*

Perlmann (1989), 8

Variante

Als Unterrichtende machen Sie mehrere Kopien des Arbeitsblattes. Sie schneiden jede Kopie in 15 einzelne Satzstreifen. Jede Gruppe erhält diese 15 Streifen und legt sie in die richtige Reihenfolge. Abschließend wird die richtige Reihenfolge am Tageslichtprojektor festgelegt. Diese Variante haben Sie in der Unterrichtsdokumentation gesehen.

In Übung 1 (Arbeitsblatt 13) wurde die Filmhandlung über vorgegebene Textteile rekonstruiert und erzählt. In Übung 2 (Arbeitsblatt 14) ist die Handlung des Films in 6 Etappen aufgezeichnet, die die wichtigsten Situationen des Films darstellen.

Arbeitsblatt 14

Übung 2: Innere Monologe zu Situationen im Film finden lassen

Was könnten die Frau und der Mann denken? Geben Sie den Gedanken Worte.

	1) 	
	2) 	
	3) 	
	4) 	
	5) 	
	6) 	

nach Perlmann (1989), 9f.

Variante

Als Unterrichtende sollten Sie zusätzlich zum Arbeitsblatt eine Folie mit den Zeichnungen machen. Sammeln Sie zunächst einige Äußerungen Ihrer Lerner, und schreiben Sie dann die originellsten Äußerungen auf die Folie. Geben Sie erst dann Arbeitsblatt 14 an die Kleingruppen.

Übung 3: Gesteuerte Übung zum Argumentieren

Aufgabe 80

Überlegen Sie, ob die beiden Hauptpersonen des Films zusammenbleiben oder nicht, und begründen Sie Ihre Meinung.

Die beiden werden ein Paar, weil ...

Die beiden werden kein Paar, weil ...

Abschließend beschäftigen Sie sich noch einmal mit der Hauptperson oder den Hauptpersonen und denken sich eine Biographie der Person(en) aus.

Aufgabe 81

Arbeitsblatt 15 (Mittelstufe)

Übung 4: Für die Hauptperson im Film eine Biographie erfinden

Erfinden Sie eine Biographie für die Frau aus dem Film.

Erna K. wurde am ______________ in ______________ geboren.

____

____

____

____

____

____

____

____

____

Perlmann (1989), 19

Reflexion
Übung 1/
Arbeitsblatt 13

Das Vorgehen in Übung 1 (Arbeitsblatt 13) hat den Vorteil, daß den Lernern das Sprachmaterial, das zum Sprechen über den Film notwendig ist, vorgegeben wird. Das Arbeitsblatt kann von Ihnen entsprechend dem Kenntnisstand Ihrer Lerner selber erstellt werden. Der Lerner hat so die Möglichkeit, nur die Strukturen und Wörter zu verwenden, die bereits bekannt sind. In dieser Übung vollzieht der Lerner noch einmal in der Zielsprache die verschiedenen Etappen des Films nach. Visuelle Erinnerung und Lexik treffen sinnvoll zusammen.

In der Übung werden Leseverstehen und mündliche Sprachproduktion gefördert, zusätzlich wird geübt, logische Verbindungen herzustellen.

Ein solches Vorgehen der Textrekonstruktion ist immer dann angebracht, wenn der Handlungsstrang im Film klar erkennbar ist und wenn der Film eine Länge von 15 Minuten nicht überschreitet.

Die Übung 2 (Arbeitsblatt 14) ist freier als Übung 1, da die Filmhandlung nicht mehr über vorgegebene Textteile rekonstruiert wird. Anhand der Zeichnungen sollen die Lerner frei sprechen und sich dabei in die Personen hineinversetzen. Solche inneren Monologe führen zum kreativen Sprechen. Sie sind besonders für Stummfilme geeignet.

Übung 2/
Arbeitsblatt 14

In Übung 3 sollten die Lerner in Partnerarbeit Gründe dafür finden, ob die beiden Personen zusammenbleiben oder nicht. Diese Übung verlangt von den Schülern schon sehr viel mehr an eigener sprachlicher Produktion. Sie ist auch ein gutes Beispiel dafür, wie bei der Arbeit mit Video mitteilungsbezogen bestimmte grammatische Phänomene geübt werden, ohne daß dies jedoch ausdrücklich als Lernstoff bezeichnet wird.

Übung 3

Die Erfindung einer Biographie für die Hauptperson(en) (Übung 4/Arbeitsblatt 15) ist die am wenigsten gesteuerte Übung im Übungsaufbau: Sie erfordert Phantasie und ein gewisses sprachliches Niveau und übt das kreative Schreiben.

Übung 4/
Arbeitsblatt 15

Sie haben nun die Aufgaben nach der Arbeit mit einem Film besser kennengelernt, als dies in der Unterrichtsdokumentation möglich war. Mit diesem Wissen bitten wir Sie, sich den dritten Teil der Unterrichtsdokumentation noch einmal anzusehen und das Raster – Aufgaben **nach** der Arbeit mit einem Videofilm – auszufüllen.

Aufgabe 82
Sequenz 34, Teil 3
(Bild und Ton)
UDO *Vis-à-vis*

Sehen Sie sich den dritten Teil der Unterrichtsdokumentation (Sequenz 34) noch einmal an, und tragen Sie in das Raster ein, was die Lerner tun.

*Was wird **nach** der Arbeit mit dem Film gemacht?*

Was der Lehrer tut	***Was die Lerner tun***
1. ruft einzelne Szenen noch einmal in Erinnerung: teilt gepuzzelte Wortkarten aus *vergleicht die eigene Reihenfolge der Sätze mit der Reihenfolge der Lerner*	
2. teilt Blatt mit Zeichnungen aus: fragt nach den Gedanken der beteiligten Personen *notiert Äußerungen auf Folie*	
3. fragt nach der Zukunft der beiden Personen	
4. (Nicht im Film zu sehen): teilt Arbeitblatt (15) aus	

Sie haben nun die Arbeitsblätter vollständig ausgefüllt. Abschließend bitten wir Sie, noch einmal zwei Aspekte gesondert zu reflektieren, da sie allgemein für die Arbeit mit Video gültig sind. Sie müssen selbst entscheiden, ob Sie dazu die Unterrichtsdokumentation noch einmal ansehen müssen.

Aufgabe 83

1. *An welchen Stellen der Unterrichtsdokumentation wurde die Vorführung des Films „Vis-à-vis" unterbrochen? Welche auf andere Beispiele übertragbare Schlußfolgerung können Sie daraus ziehen?*
2. *Welche Rolle spielt der Lehrer? Achten Sie besonders auf seine Sprache und den Anteil, den seine sprachlichen Äußerungen im Vergleich zu den Äußerungen der Lerner haben.*

4 Zur Arbeit mit Spielfilmen

Alle Übungsformen und Techniken, die wir Ihnen bisher vorgestellt haben, finden auch im Spielfilmbereich ihre Anwendung. Spielfilme sind dem fiktionalen Bereich zuzuordnen, es handelt sich um erfundende Geschichten, die möglichst wirkungsvoll inszeniert werden sollen. Unsere vorhergehenden Beispiele waren zum größten Teil Spielfilmen entnommen, an denen methodische Möglichkeiten für den Einstieg in einen Film, für Aktivitäten während der Vorführung und für die Verarbeitung des Films nach dem Sehen aufgezeigt wurden.

Überblick

Anhand von zwei Beispielen möchten wir Ihnen allgemeine Vorgehensweisen für die Unterrichtsarbeit mit Spielfilmen vorschlagen. Wir haben die Spielfilme *Dagmar* und *Moritz, lieber Moritz* ausgewählt. Abschließend sollen Sie sich selbst einen Spielfilm auswählen und überlegen, wie Sie mit ihm im Unterricht arbeiten möchten.

4.1 Vorüberlegungen

Was das didaktische Arbeiten mit Spielfilmen erschwert, ist ihre Länge. Spielfilme dauern in der Regel zwischen 90 und 130 Minuten. Ein Film wie *Fitzcarraldo* von Werner Herzog dauert sogar 158 Minuten. Daraus wird sofort ersichtlich, daß die Arbeit mit dem Medium *Video*, so wie wir sie Ihnen vorgestellt haben, bei einem Spielfilm viel Zeit erfordert.

Wir möchten jedoch der immer noch gängigen Vorstellung widersprechen, wonach das Arbeiten mit dem Medium *Video* im Fremdsprachenunterricht bedeutet: Man setzt die Lerner vor den Fernseher, legt den Spielfilm ein, läßt ihn ohne Unterbrechung laufen und entläßt dann die Lerner in der Hoffnung, daß sie soviel wie möglich verstanden haben und daß man ihnen ja – und das legitimiert das Ganze – etwas aus der Kultur der Zielsprache, des Ziellandes vorgesetzt habe.

Sie müssen also für das didaktisch kleinschrittige Arbeiten mit einem Spielfilm ideale Zeit- und Kursbedingungen haben. Gute Bedingungen findet man häufig in der Erwachsenenbildung, u. a. in den Goethe-Instituten, wo sowohl die Dauer der Unterrichtsstunde (90 min) günstig für den Einsatz von Spielfilmen ist als auch Kurse stattfinden können, in denen Video einziges kurstragendes Material ist. Interessante Unterrichtsmodelle hierzu finden Sie bei Bechtold/Gericke-Schönhagen (1991) und bei Schott/Schott-Bréchet, (1988–1995; Sequenz 1–8). Die Reihe wird fortgesetzt.

Aber selbst bei extrem günstigen Bedingungen ist es kaum denkbar, jede einzelne Sequenz eines Spielfilmes zu didaktisieren und mit entsprechenden Aufgaben zum Sehen und Hören zu versehen. Wenn Sie als Lehrer im Sekundarbereich tätig sind, haben Sie oft nur maximal 55 Minuten pro Unterrichtsstunde. Die Einschränkungen liegen also auf der Hand, selbst wenn die technische Ausrüstung vorhanden ist und von Ihnen selbst bedient werden kann.

Es wäre dennoch bedauerlich, sollten die zeitlichen Begrenzungen das Einsetzen von Spielfilmen im Unterricht gänzlich unmöglich machen. Auf Fortbildungsveranstaltungen beklagen die Lehrer oft die ungünstigen materiellen Vorausetzungen, sind sich aber bewußt, wie attraktiv Spielfilme für den Unterricht sind. Der Reiz der Spielfilme von bekannten deutschen Filmemachern liegt ja gerade in ihrer Qualität. Sie vermitteln in unterschiedlicher künstlerischer Form kulturelle, soziologische und historische Inhalte, die eine Realität repräsentieren, die zum festen Bestandteil unserer Kultur geworden ist. Wir sollten sie also nicht aus dem Unterricht ausklammern.

Kurzspielfilme und einzelne Filmsequenzen, die aus dem Film herausgelöst sind, stellen primär Übungsmaterial zum Trainieren des Seh- und Hörverstehens dar – ein Steinbruch, aus dem Sie je nach Niveau und Lernziel das herausholen können, was Ihnen für Ihre Lerner wichtig erscheint, vor allem, um freies, authentisches Sprechen auszulösen. Was die Arbeit mit Spielfilmen von der Arbeit mit Kurzspielfilmen oder Sequenzen aus Filmen unterscheidet, ist das damit verbundene kulturelle Anliegen. Man kann den Lernern über den Spielfilm einen zusätzlichen Zugang zur Kultur des

Ziellandes auf zwei Ebenen verschaffen: Auf der sprachlichen Ebene soll das Verstehen soweit wie möglich erleichtert werden, auf der inhaltlich-kulturellen Ebene sollen Spielfilme als künstlerische Ausdrucksform kennengelernt und beurteilt werden.

Methodisches Vorgehen

Wir möchten Ihnen für die Arbeit mit Spielfilmen folgendes Verfahren vorschlagen:

1. Sehen Sie sich zunächst den ganzen Film an.
2. Wählen Sie dann eine oder mehrere Schlüsselszenen aus, die jeweils eine in sich abgeschlossene Einheit darstellen. Eine Sequenz ist dann eine Schlüsselszene, wenn sie einen wesentlichen thematischen Aspekt des Films beleuchtet und wenn die Hauptpersonen des Films darin erscheinen. Die Auswahl der Schlüsselszenen muß also nicht der Chronologie des Filmablaufs entsprechen.
3. Arbeiten Sie mit den Lernern anhand der von Ihnen ausgewählten Szene(n) die wichtigsten thematischen Aspekte des Films heraus (Leitfrage: *Welche Schlüsse läßt die Szene auf den ganzen Film zu – in bezug auf die Hauptperson(en), die Thematik und Problematik?*).
4. Nach der kleinschrittigen didaktischen Arbeit mit einer oder mehreren Schlüsselszenen kann der Film entweder in der Klasse oder außerhalb des Unterrichts im ganzen gezeigt werden.

Wenn Sie so vorgehen, schlagen Sie unserer Meinung nach einen praktikablen Weg ein. Sie beugen einer passiven Konsumhaltung vor, stimmen die Lerner auf die Thematik und den möglichen Handlungsablauf ein und können so davon ausgehen, daß sie den Film besser verstehen werden, als wenn sie ihn ohne jede Vorbereitung gesehen hätten.

Wenn Sie diese Studieneinheit von Anfang an durchgearbeitet haben, werden Sie einige der in den folgenden beiden Beispielen ausgewählten Szenen bereits kennen. Sie haben sie mit einer bestimmten Zielsetzung kennengelernt: Sie dienten zur Illustration bestimmter isolierter Übungstypen. Im folgenden nun möchten wir im Zusammenhang zeigen, wie bei einem Spielfilm langsam ein differenziertes Bild der Person(en) und der Thematik im Kopf des Betrachters entstehen kann – durch die Auswahl von Schlüsselszenen.

In Kapitel 4.2 und 4.3 müssen Sie also **selbst entscheiden**, ob Sie die Aufgaben lösen – und damit die Lernerrolle einnehmen – oder ob Sie die Aufgaben nur als Vorschlag für Ihre Lerner ansehen, also sie nicht selber lösen – und damit auf der Ebene der Lehrenden bleiben.

4.2 Spielfilmbeispiel 1: *Dagmar*

Hinweise zum Film

➤ 1. Eine Inhaltsangabe des gesamten Films finden Sie in Kapitel 7 (S. 139) unter Scheibler/Strecker (1986).

➤ 2. Sie haben aus diesem Film bereits Sequenz 2 (*Die Mathearbeit*), Sequenz 20 (*In der Klasse*) und Sequenz 29 (*Auf dem Schulhof*) ohne Ton und die Sequenz 25 (*In der Küche*) mit Ton gesehen.

➤ 3. Eine Transkription der Szenen mit Ton finden Sie in Kapitel 6.

Erste Schlüsselszene: *Die Klavierstunde*

Aufgabe 84
Sequenz 35
(Bild und Ton)
Die Klavierstunde

Sehen Sie sich die Schlüsselszene 1 (Sequenz 35) an, und notieren Sie:
Wie alt könnte das Mädchen sein?

____

Womit beschäftigt es sich gedanklich?

____

____

____

____

Zweite Schlüsselszene: ***Dagmar und Florian***

Aufgabe 85
Sequenz 36 a
(Bild ohne Ton)
Dagmar und Florian

Sehen Sie sich die Schlüsselszene 2 (Sequenz 36 a) ohne Ton an. Kreuzen Sie an, was Ihrer Meinung nach zutrifft, und begründen Sie Ihre Meinung.

a) Sind die beiden:

- ☐ *locker befreundet?*
- ☐ *eng befreundet?*
- ☐ *verliebt ineinander?*

b) Wie sehen Sie Dagmar?

- ☐ *selbstsicher*
- ☐ *schüchtern*
- ☐ *frei von Tabus*
- ☐ *frech*
- ☐ *dominierend*
- ☐ *nicht sehr weiblich*

Aufgabe 86
Sequenz 36 b
(Bild und Ton)
Dagmar und Florian

1. Sehen Sie sich jetzt die Schlüsselszene 2 (Sequenz 36 b) mit Ton an.

Es geht um drei Themenbereiche: Musik, Militär und Schmusen (zärtlich sein). Kreuzen Sie an, welche Aussage richtig ist.

Musik: *a) Die Musik gefällt Dagmar, weil sie den Text versteht.*
b) Die Musik gefällt Dagmar.
c) Florian gefällt die Musik auch.

Militär: *a) Florian wird zum Militärdienst gehen.*
b) Florian wird den Militärdienst verweigern.
c) Florian glaubt, daß er nicht zum Militärdienst muß, weil er nicht eingezogen wird.

Schmusen: *a) Florian will schmusen.*
b) Florian ist verärgert. Er behauptet, Dagmar habe erst so getan, als wollte sie schmusen. Dann habe sie ihn abgelehnt.
c) Dagmar will auch schmusen.

2. Würden Sie jetzt, nachdem Sie die Sequenz mit Ton gesehen haben, Dagmar anders charakterisieren? Wenn ja, wie?

____

____

Dritte Schlüsselszene: *Die Jutetasche*

Aufgabe 87
Sequenz 37
(Bild und Ton)
Die Jutetasche

Sehen Sie sich die Schlüsselszene 3 (Sequenz 37) an, und beantworten Sie folgende Fragen:

1. *Wie beurteilen Sie die Beziehung zwischen Dagmar und dem Mathematiklehrer?*

   ____

   ____

2. *Wäre eine solche Szene in Ihrem Land vorstellbar?*

   ____

   ____

3. *Welche neuen Aspekte bringt diese Szene in bezug auf Dagmars Profil?*

   ____

   ____

Vierte Schlüsselszene: *In der Küche*

Aufgabe 88

Sie haben jetzt sicher schon eine bestimmte Vorstellung von Dagmar.

Notieren Sie:

1. *Wie stellen Sie sich Dagmars Eltern vor? (Alter, Verhalten gegenüber Dagmar, soziale Position, ...)*

   ____

   ____

   ____

2. *Wie stellen Sie sich die Wohnverhältnisse vor?*

   ____

   ____

Sequenz 38
(Bild und Ton)
In der Küche

3. *Sehen Sie sich jetzt die Sequenz 38 (=Sequenz 25) an, und machen Sie zu folgenden Punkten Notizen:*

   a) *Wer sind die Personen?* ______________________________

   ____

   b) *Wie ist das Milieu?* ______________________________

   c) *Welche Themen werden angesprochen? (private, berufliche, politische, ...)*

   ____

   ____

   ____

d) Wie empfinden Sie den Umgangston der Personen untereinander? (distanziert, respektvoll, locker, salopp, familiär, partnerschaftlich, angenehm, aggressiv, ...)

____

____

e) Wie beurteilen Sie Dagmars Verhalten in der Familie? (angepaßt, selbstbewußt, zurückhaltend, dominierend, aggressiv, engagiert, desinteressiert, lustlos, ...)

____

____

Aufgabe 89

1. *Sehen Sie sich die vier Schlüsselszenen (Sequenz 35-38) noch einmal zusammenhängend an. Erstellen Sie danach ein Profil von Dagmar.*

____

____

____

2. *Überlegen Sie – wenn Sie die Möglichkeit haben, gemeinsam mit Ihren Kolleginnen und Kollegen – welche Themen im Film wohl eine zentrale Rolle spielen werden.*

____

____

4.3 Spielfilmbeispiel 2: *Moritz, lieber Moritz*

Wir haben vier Schlüsselszenen aus dem Spielfilm ausgewählt. Eine Szene – *Der Sturz vom Fahrrad* – aus dem Film kennen Sie bereits aus Sequenz 27, in der die Kameraführung analysiert wurde. Hier zeigen wir Ihnen nun weitere Möglichkeiten zur Arbeit mit dem ganzen Film. Der folgende Unterrichtsvorschlag ist leicht abgeändert d'Alessio/Helmling (1991) entnommen.

Hinweise zum Film

➤ 1. Eine Zusammenfassung des Filminhalts finden Sie in Kapitel 7 (S. 132) unter Bohm (1977).

➤ 2. Eine Transkription der Szenen finden Sie in Kapitel 6 (S. 123f.).

Erste Schlüsselszene: *Moritz und das Mädchen*

Aufgabe 90
Sequenz 39
(Bild und Ton)
Moritz und das Mädchen

Schauen Sie sich die Sequenz 39 an, und notieren Sie Ihre ersten Eindrücke und Vermutungen über Moritz, die Hauptperson des Spielfilms. (Alter, Kleidung, soziales Milieu, die Begegnung)

____

____

____

Zweite Schlüsselszene: *Moritz und seine Eltern*

Aufgabe 91
Sequenz 40
(Bild und Ton)
Moritz und seine Eltern

Sehen Sie sich die Sequenz 40 an, und beantworten Sie stichpunktartig die folgenden Fragen:

1. *In was für einem Milieu spielt die Szene?*

___

___

2. *Wie empfinden Sie die Atmosphäre und das Verhalten der Eltern?*

___

___

___

3. *Worüber spricht Moritz mit seinen Eltern?*

___

___

___

4. *Wie wird die Distanz zwischen den Eltern und die Distanz zwischen Moritz und seinen Eltern konkret in dieser Szene dargestellt?*

___

___

___

Aufgabe 92

Lesen Sie, was Moritz in dem Gespräch mit seinen Eltern in der zweiten Schlüsselszene zu seinen Eltern sagt. Nehmen Sie dazu Stellung.

> *„Es ist vollkommen zwecklos, wenn ich mehr arbeite. Ich versteh' die komischen mathematischen Bruchstücke sowieso nicht. Neulich flog 'n Flugzeug am Fenster vorbei, und der Lehrer stand an der Tafel. Da hab' ich gedacht: das ganze Flugzeug steckt voller Mathematik. Und der Typ da vorn an der Tafel kann einem überhaupt nicht klarmachen, was sein Quatsch da mit dem Flugzeug zu tun hat."*
>
> *Seine Mutter antwortet:*
>
> *„Versteh' ich auch nicht. Was soll ein Flugzeug mit dem Mathematikunterricht zu tun haben?"*

Wo liegt das Problem für Moritz?

___

___

___

___

___

Dritte Schlüsselszene: *Moritz und die Schule*

Schauen Sie sich die Szene (Sequenz 41 a) an, beschreiben und interpretieren Sie die Situation von Moritz in bezug auf die Klasse und den Lehrer.

____

____

____

Aufgabe 93
Sequenz 41 a
(Bild ohne Ton)
Moritz und die Schule

Sehen Sie sich die Szene (Sequenz 41 b) nun mit Ton an, und machen Sie zu folgenden Fragen Notizen:

1. *Der Lehrer wird plötzlich wütend. Wodurch wird diese Reaktion provoziert?*

   ____

2. *Moritz redet wütend auf seine Klassenkameraden ein.*
   Was wirft er ihnen vor?

   ____

3. *Moritz prügelt sich mit einem Klassenkameraden.*
   Wodurch wird die Prügelei ausgelöst?

   ____

   ____

Aufgabe 94
Sequenz 41 b
(Bild und Ton)
Moritz und die Schule

Vierte Schlüsselszene: *Moritz und die Rocker*

1. *Sehen Sie sich den ersten Teil der Sequenz 42 an – bis zu dem Punkt, wo die Jungen mit Moritz in das Haus gehen. (Dort ist im Film ein Einschnitt.)*
   Was meinen Sie:
   Aus welchen Gründen holen die Jungen wohl Moritz in das Haus herein?

   ____

   ____

2. *Beschreiben Sie genau, wie es zu der Begegnung zwischen Moritz und dem Skateboardfahrer und zwischen Moritz und den Jungen kommt.*
3. *Welche Unterschiede gibt es zwischen Moritz und den anderen Jungen?*

	Moritz	**die Jungen**
Aussehen		
Kleidung		
Verhalten		
Sprache		

Aufgabe 95
Sequenz 42
(Bild und Ton)
Moritz und die Rocker

4. *Überlegen Sie, was die Jungen damit ausdrücken wollen, wenn Sie Moritz*
   - *einen „Schmarotzer" (einen Parasiten) nennen,*
   - *mit „Herr Doktor" anreden,*
   - *nachahmen.*
5. *Die Jungen und Moritz haben eine unterschiedliche Einstellung zur Musik. Wo hören Sie das im Dialog?*
6. *Glauben Sie daß Moritz in die Gruppe aufgenommen wird? Was spricht dafür, was dagegen?*

d'Alessio/Helmling (1991), 49/51

Aufgabe 96
Sequenz 42
(Bild und Ton)
Moritz und die Rocker

Sehen Sie sich nun die Fortsetzung der Szene (Sequenz 42, nach dem Einschnitt) an.

Werden Ihre Erwartungen bestätigt?

Sie haben jetzt Moritz in vier verschiedenen Szenen mit jeweils anderen Bezugspersonen kennengelernt. Sie werden eine bestimmte Vorstellung von ihm entwickelt haben. Die bitten wir Sie zum Abschluß aufzuschreiben.

Aufgabe 97

Schreiben Sie einen kleinen Text über Moritz, so wie Sie ihn sehen.

4.4 Zusammenfassung

Zusammenfassung

An den beiden Spielfilmbeispielen haben Sie sehen können, wie sich über Puzzlestücke aus einem Film ein Bild der Hauptperson des Films (Dagmar/Moritz) zusammenfügt – über ihren Alltag, ihre Probleme und Beschäftigungen, ihre Familie, ihr Schulverhalten, ihre Beziehungen ...

Wenn Sie das gezeigte Modell übertragen wollen, ist Ihre erste Aufgabe die Auswahl von Schlüsselsequenzen. Das setzt natürlich voraus, daß Sie sich selbst im Sehen ein wenig schulen: Sie werden aber feststellen, daß Sie schnell eine relative Sicherheit in der Auswahl von solchen Sequenzen gewinnen werden. Wir erinnern in diesem Zusammenhang noch einmal an die Möglichkeit, sich selbst zu testen, indem Sie eine Sequenz ohne Ton abspielen und sich fragen, inwieweit die Bildaussage „sprechend" ist oder nicht. Wenn ja, dann ist sie mit Sicherheit lernerfreundlich.

Die methodischen Vorgehensweisen konzentrierten sich auf folgende Aspekte:

a) Hypothesenbildung über die Hauptperson, ihr Alter, ihre Interessen, ihre Beziehungen zu anderen Menschen, das Milieu, dem sie angehört,

b) Beurteilung von Verhaltensweisen (normal, ungewöhnlich, aggressiv ...),

c) aus vorgegebenen Auswahlantworten die Ihrer Meinung nach zutreffendste bzw. richtige Antwort ankreuzen,

d) sprachliche Aspekte analysieren.

e) situative Aspekte genau beobachten, Ursache und Wirkung erklären,

f) Vergleich zum eigenen Land: Wären dort ähnliche Szenen vorstellbar?

g) Erstellung eines Persönlichkeitsprofils der Hauptpersonen.

Mit den vorgestellten Beispielen sollte aufgezeigt werden, wie Sie mit Spielfilmen Ihrer eigenen Wahl verfahren können. Das folgende Arbeitsblatt ist immer wieder verwendbar – Sie wählen sich einen Film aus, beschreiben, wie Sie mit dem Film gearbeitet haben, welche Erfahrungen Sie gemacht haben etc. Sie können ausgefüllte Arbeitsblätter untereinander austauschen – und erhalten so eine Sammlung von erprobten Spielfilmen.

Aufgabe 98

Arbeitsblatt 16

Arbeit mit Spielfilmen

Füllen Sie das Arbeitsblatt anhand eines Spielfilms Ihrer Wahl aus.

1. Informationen zu dem Film

Filmtitel: ______________________________

Filmlänge: ______________________________

Einsetzbar: ______________________________

2. Inhalt des gesamten Films

____

____

____

____

____

____

3. Ausgewählte Sequenzen

Nr.	Beschreibung	Aufgabenstellung

4. Ihre Erfahrungen/Was andere beachten sollten

____

____

____

5 Zur Arbeit mit dokumentarischen Filmen

Überblick

Das Ziel dieses Kapitels ist es, ein Unterrichtsmodell für die Arbeit mit dokumentarischen Filmen zu erarbeiten. Besonderer Wert wird auf filmspezifische Aspekte gelegt – etwa Schnittfolgen, Länge der Kameraeinstellungen, das Verhältnis von Bild und Ton – und damit auf filmimmanente Wertungen. Ebenso wichtig sind Erwartungen und Interessen sowie die Rezeption der Filme durch die Betrachter: „Der ‚Wirklichkeit des Films' muß also die ‚Wirklichkeit der Rezipierenden' gegenübergestellt werden." (Röllecke 1991, 409)

In Kapitel 5.1 beschäftigen Sie sich mit der Textsorte *dokumentarischer Film*. Auch diese Filme sind keine wahrheitsgetreuen Abbildungen der Wirklichkeit – mehr dazu erfahren Sie in Kapitel 5.2. Das interessante Verhältnis von Bild und Ton steht im Mittelpunkt von Kapitel 5.3. Es folgen zwei Unterrichtsbeispiele zur Arbeit mit dokumentarischen Filmen (Kapitel 5.4) und das oben angesprochene Modell zur Arbeit mit dokumentarischen Filmen (Kapitel 5.5).

5.1 Was ist ein dokumentarischer Film?

Aufgabe 99

1. *Welche Erwartungen haben Sie an einen Dokumentarfilm?*
2. *Wie würden Sie Dokumentarfilme charakterisieren?*
3. *Welche Vorteile und welche Nachteile haben Dokumentarfilme Ihrer Meinung nach für den Einsatz im Fremdsprachenunterricht?*
4. *Tauschen Sie Ihre Ansichten mit Ihren Kolleginnen und Kollegen aus, wenn Sie dazu eine Möglichkeit haben.*

X LS

LS

Sie werden gemerkt haben, daß die Vorstellungen, die sich mit dem Begriff *Dokumentarfilm** verbinden, sehr verschieden sind. Das ist nicht verwunderlich, zählen zu diesem Oberbegriff so unterschiedliche Filme wie Reportagen, Porträts, Essays und auch Fernsehnachrichten.

R. Röllecke (1991) unterscheidet zwischen *Dokumentarfilmen* und *dokumentarischen Filmen*: *Dokumentarfilme* sind für sie „in sich abgeschlossene Filme, die ‚Gefundenes' abbilden – also Ereignisse, die auch ohne die Anwesenheit der Kamera geschehen wären" (Röllecke 1991, 409f.). Unter den Begriff *dokumentarische Filme* fallen alle Filme, „die reale Geschehnisse und real existierende Personen als Grundlage haben" (ibid). Es handelt sich in beiden Fällen um nichtfiktionale Filme als Abgrenzung zum fiktionalen Bereich, d. h. um erfundene Geschichten in Kurzspielfilm- oder Spielfilmform. Dokumentarische Filme charakterisiert, daß eine vorgefundene Realität gefilmt wird, um sie anderen über Bild und Ton zugänglich zu machen. Es kann sich um eine Landschaft handeln, um lokale Besonderheiten, um Städte und Baudenkmäler oder um Menschen in einem bestimmten geographischen und kulturellen Umfeld.

Dokumentarische Filme, in denen der Zuschauer etwas über Land, Leute, Geschichte und Alltag erfährt, sind begehrtes landeskundliches Material im Fremdsprachenunterricht, werden aber immer als schwer empfunden.

5.2 Gefilterte Wirklichkeit

Die Definition von dokumentarischen Filmen legt nahe, daß es sich um eine objektive Wiedergabe von vorgefundenen Realitäten handelt, um Informationen, die wahr sind, die unverfälscht zeigen „So – und nicht anders – ist es". Dabei handelt es sich jedoch um den „Mythos einer wertfreien Dokumentation" (Wember 1972, 9). Objektivität scheint kaum möglich zu sein, wenn man bedenkt, daß aus der Fülle der vorhandenen

Realitäten nur Teilaspekte ausgewählt werden, da ja nicht alles gezeigt werden kann. Diese bereits ausgewählte Realität unterliegt ihrerseits der filmischen Bearbeitung, um am Schluß vom Rezipienten subjektiv aufgenommen und beurteilt zu werden. Wir können also von subjektiver Wirklichkeit sprechen, selbst wenn bei landeskundlich orientierten Filmen ein Grundschema existiert, nach dem ausgewählt und gefilmt wird, nämlich nach der Übermittlung historischer, geographischer und kultureller Daten. Wir können auch von einer **gefilterten Wirklichkeit** sprechen, sogar einer mehrfach gefilterten, angefangen von der Auswahl, die der Autor trifft, über die filmische Bearbeitung bis hin zur subjektiven Wahrnehmung des Rezipienten.

Mehr zu Fragen der objektiven Widerspiegelung der Realität finden Sie in der Fernstudieneinheit *Bilder in der Landeskunde.*

Mehr zu Fragen der individuell und kulturell geprägten Rezeption von Informationen finden Sie in den landeskundlichen Studieneinheiten, etwa *Kontakte knüpfen*, *Routinen und Rituale in der Alltagskommunikation* und *Wortschatzarbeit und Bedeutungsvermittlung.*

Sehen Sie nun ein Beispiel aus dem dokumentarischen Film *Ungebahnte Wege.*

Hinweise zum Film

➤ 1. Eine Inhaltsangabe des gesamten Films finden Sie in Kapitel 7 (S. 134f.) unter Fischer/Syring (1991).

➤ 2. Eine Transkription der Sequenz finden Sie in Kapitel 6 (S. 124f.).

Aufgabe 100
Sequenz 43 a
(Bild ohne Ton)
Volker Ehrlich

Sehen Sie sich die Sequenz 43 a an, und beantworten Sie die Fragen.

(Es handelt sich um einen jungen Bürger aus der ehemaligen DDR.)

1. *Ist Ihnen die Person in der Sequenz sympathisch oder nicht? Begründen Sie Ihre Antwort mit Indizien aus dem Film.*

2. *Welche Intention könnte der Autor des Films bei dieser Person gehabt haben?*

Reflexion

Sie haben sich beim Anschauen der Sequenz unwillkürlich eine Meinung über den jungen Mann gebildet. Er war Ihnen sympathisch oder unsympathisch – oder er hat Sie unbeteiligt gelassen. Dieser Eindruck ist ganz subjektiv. Wissen Sie wirklich etwas über den Charakter des jungen Mannes, über die Art des Umgangs mit seinen Mitmenschen?

5.3 Die Bild-Ton-Schere

Wir möchten nun Ihre Aufmerksamkeit auf einen wichtigen filmischen Aspekt lenken, nämlich das Verhältnis von Bild und Ton.

In Kapitel 2.2 hatten wir Sie auf die Möglichkeit des getrennten Arbeitens mit dem Bild- und Tonkanal in zwei verschiedenen Räumen hingewiesen (siehe S. 16). Bei den folgenden Beispielen könnten Sie diese Möglichkeit als Variante zu den folgenden Aufgaben ausprobieren.

Bevor Sie die folgende Sequenz 44 mit Ton sehen, sollen Sie überlegen, welche sprachlichen Informationen zu den Bildern gegeben werden könnten. Die Hypothesenbildung zu Filmsequenzen, die Sie ohne Ton gesehen haben, kennen Sie bereits aus der Arbeit mit Spielfilmen. Hier – auf Arbeitsblatt 17 – fügen wir jedoch einen neuen filmspezifischen Aspekt hinzu: Ihre inhaltlichen Stichpunkte werden den einzelnen Sequenzen zugeordnet. Sie erinnern sich: Sequenzen sind die Einheiten, die durch Schnitte begrenzt werden.

Aufgabe 101
Sequenz 43 a, *Volker Ehrlich*

Arbeitsblatt 17

zu Sequenz 43: „Volker Ehrlich"

Sehen Sie sich Sequenz 43 a noch einmal an. Tragen Sie in die Spalte „Ton" in Stichpunkten ein, welche sprachlichen Informationen sie zu den jeweiligen Bildern erwarten (S = Sequenz).

S	Bild	Ton (Volker E.)
1	Frühstück im Stehen, kärglicher Raum.	
Schnitt		
2	Geht in anderes Zimmer, packt Aktentasche.	
Schnitt		
3	Steht vor Spiegel, bindet Krawatte um.	
Schnitt		
4	Fährt im Auto.	
Schnitt		
5	Fährt Straße entlang, Auto von vorne und hinten.	
Schnitt		
6	Kommt am Arbeitsplatz an, geht ins Haus.	
Schnitt		
7	Im Büro: geht zu seinem Fach, begrüßt Mitarbeiter.	
Schnitt		
8	Am Schreibtisch: nachdenklich.	

Aufgabe 102
Sequenz 43 b
(Bild und Ton)
Volker Ehrlich

Sehen Sie sich nun die gleiche Sequenz mit Ton an.

1. *Welche Textsorten kommen in der Sequenz vor? Kreuzen Sie an.*

   - ☐ *Ansage*
   - ☐ *Kommentar von einem Sprecher, den man nicht sieht (im Off)*
   - ☐ *Aussagen der Person aus dem Film über sich selbst (im Off)*
   - ☐ *Diskussion*
   - ☐ *Live-Aufnahme mit Geräuschen und Sprache vor Ort*
   - ☐ *Interview*

2. *Wie beurteilen Sie das Verhältnis von Bild und Ton? Über welchen Kanal haben Sie die meisten Informationen erhalten? (Sie können dazu den Lösungsschlüssel zu Aufgabe 101/Arbeitsblatt 17 hinzuziehen und auch das ausführliche Transkript in Kapitel 6, S. 124f.)*

Reflexion

Die unterschiedlichen Textsorten sind von unterschiedlicher sprachlicher Schwierigkeit. Kommentare sind am schwersten zu verstehen. Sie existieren aber, weil wichtige Informationen nicht über das Bild, sondern nur über die Sprache transportiert werden können. Ein Gesicht ist keine Biographie, deshalb muß Text hinterlegt werden. Also Mißbrauch des Mediums? Die Frage müßte bejaht werden, wollte man streng nach den Prinzipien der Bild-Ton-Entsprechung verfahren. Je enger Bild und Ton zusammengehen, desto leichter wird die zu übermittelnde Botschaft verstanden. In den dokumentarischen Filmen klafft jedoch oft die Bild-Ton-Schere stark auseinander. Warum ist das so? Die vorgefundene, gefilmte Realität ist in den seltensten Fällen aussagekräftig genug, um auf erläuternde Kommentare verzichten zu können. Eine flache oder sehr abstrakte Realität wird daher mit filmischen und sprachlichen Mitteln künstlich aufgeblasen und zu einer komplexen Botschaft hochgestylt, um den Forderungen nach lebendiger und dichter Informationsvermittlung gerecht zu werden.

Gerade die Arbeiten von Bernward Wember haben versucht, die Bild-Ton-Schere zu untersuchen und Möglichkeiten der besseren Zuordnung von Text und Bild aufzuzeigen. Das wurde vom Bild her oft als langweilig gefunden. Manche Filmemacher versuchen, die Diskrepanz von Bild und Ton in ihren Dokumentararbeiten zu verringern.

In den nächsten Beispielen geht es um die Beobachtung von Schnitten, von Einstellungslängen und um die Zuordnung von Bildern zu einem vorhandenen Text. Während wir uns im Beispiel von *Volker Ehrlich* mit der Sprache, die Bildern zugeordnet werden kann, beschäftigt haben, schlagen wir jetzt den umgekehrten Weg ein.

Bei dem ersten Beispiel geht es um Wahlkampf in der ehemaligen DDR im Jahr 1990, also kurz nach der Öffnung der Grenzen.

Hinweise zum Film

➤ 1. Mehr Informationen zu der Videoserie *Bildschirm*, aus der das Beispiel stammt, finden Sie in Kapitel 7 (S. 132) unter Boom van den (1991 a).

➤ 2. Der Text in Aufgabe 104 entspricht dem Filmtranskript, das Sie in Kapitel 6 (S. 125) nachlesen können.

Aufgabe 103
Sequenz 44 a
(Bild ohne Ton)
Wahlkampf

Sehen Sie sich die Sequenz 44 zunächst ohne Ton an.

Notieren Sie:

1. *Wie viele Schnitte (abrupter Wechsel von einem Bild zum anderen) werden gemacht?*

____

____

____

2. *Wie viele verschiedene Orte werden gezeigt?*

____

____

3. *Wie haben Sie auf die Sequenz reagiert? Welche Informationen haben Sie über die Bildaussage erhalten?*

Aufgabe 104
Sequenz 44 b
(Bild und Ton)
Wahlkampf

Sehen Sie sich jetzt die gleiche Sequenz mit Ton an.

Beobachten Sie, ob die Informationen zu den gezeigten Bildern passen.

1. *Lesen Sie dazu die Textspalte (= Transkript der Sequenz), und notieren Sie in der rechten Spalte einige Bilder (Schauen Sie sich, wenn nötig, die Sequenz mehrmals an.).*

Text	***Bild***
Samstagvormittag. Als einzige Partei übt sich die SPD-Ost im aktiven Straßenwahlkampf. Die Genossen-West	
haben vom Bus bis zur Kaffeekanne alles Nötige mitgebracht.	
Besonders mit kommunalen Problemen, beispielsweise der Wohnungsnot,	
soll das Interesse für Politik	
neu belebt und Lethargie und Mißtrauen	
abgebaut werden – ein schwieriges Geschäft.	
In den Gesichtern der Menschen immer wieder Scheu und Ratlosigkeit.	
Wahlkampf. Bundesprominenz wie Brandt, Blüm, Momper,	
kommt sogar hierhin, „in den hintersten Winkel“, wie die Frankfurter selbst sagen.	
Wie überall in der DDR fehlen auch hier noch zwei Drittel der dringend benötigten Wahlvorstände für den 18. März,	
ein Amt, das durch die Manipulationen bei früheren Wahlen in Verruf geraten ist.	

Transkript, aus: Bildschirm 5, Wahlkampf in der DDR (18.3.1990)

2. *Was stellen Sie fest? Wie verhalten sich Bild und Ton zueinander?*

3. *Sehen Sie sich jetzt die Sequenz noch einmal unter dem Aspekt der Länge der Einstellungen an. Notieren Sie die Anzahl der Sekunden pro Einstellung.*

S 1: Sekunden: ____________
Samstagvormittag: Als einzige Partei übt sich die SPD Ost im aktiven Straßenwahlkampf. Die Genossen-West

S 2: Sekunden: ____________
haben vom Bus bis zur Kaffeekanne alles Nötige mitgebracht.

S 3: Sekunden: ____________
Besonders mit kommunalen Problemen, beispielsweise der Wohnungsnot,

S 4: Sekunden: ____________
soll das Interesse für Politik

S 5: Sekunden: ____________
neu belebt und Lethargie und Mißtrauen

S 6: Sekunden: ____________
abgebaut werden – ein schwieriges Geschäft.

S 7: Sekunden: ____________
In den Gesichtern der Menschen immer wieder Scheu und Ratlosigkeit.

S 8: Sekunden: ____________
Wahlkampf, Bundesprominenz wie Brandt, Blüm, Momper,

S 9: Sekunden: ____________
kommt sogar hierhin, „in den hintersten Winkel", wie die Frankfurter selbst sagen.

S 10: Sekunden: ____________
Wie überall in der DDR fehlen auch hier noch zwei Drittel der dringend benötigten Wahlvorstände für den 18 März,

S 11: Sekunden: ____________
ein Amt, das durch die Manipulationen bei früheren Wahlen in Verruf geraten ist.

4. *Welcher Eindruck soll durch die Länge bzw. Kürze der Einstellungen vermittelt werden?*

Reflexion

Durch die künstlich erzeugte Bewegung (schnelle Schnitte) bleibt das Auge am Bildschirm, damit dem Ohr die Information vermittelt werden kann. Aber was nimmt das Ohr wirklich auf? Die hier vorgestellte Sequenz ist ein Beispiel unter zahllosen anderen und zeigt, wie durch die häufigen Schnitte sehr kurze Sequenzen von drei bis vier Sekunden Dauer geschaffen werden, in denen der Zuschauer kaum Zeit hat, das Gesehene innerlich zu benennen. Untersuchungen zeigen, daß ein Zuschauer etwa acht Sekunden braucht, um sich einen Begriff von etwas Gesehenem machen zu können. Wird diese Mindestzeit unterschritten, und das ist häufig der Fall, wird das Verstehen behindert. Die Konzentration wird von den sich in rascher Folge abwechselnden Bildern aufgesogen. Das Mitverstehen des komplexen Textes ist schwer, wenn nicht unmöglich.

Bei der letzten Aufgabe zum Verhältnis von Bild und Text bitten wir Sie, sich selbst Bilder auszudenken. Auf Grund des bisher Gesagten können Sie ja einmal probieren, die Schere zwischen Bild und Text so klein wie möglich zu halten.

Da Porträts eine oft vorkommende Form von Dokumentarfilmen sind, haben wir zwei Sequenzen ausgewählt, die aus zwei verschiedenen dokumentarischen Filmen stammen. Beide Filme haben jedoch den gleichen Inhalt: Sie porträtieren den Jugendbuchschriftsteller Willi Fährmann. Wir haben bewußt jeweils eine Sequenz ausgewählt, in der Willi Fährmann aus einem seiner Bücher vorliest.

Das erste Beispiel (Sequenz 45 a) stammt aus dem Film *Willi Fährmann. Literarische Porträts.*

➤ 1. Eine Inhaltsangabe des Films finden Sie in Kapitel 7 (S. 141) unter *Willi Fährmann.* Literarische Porträts (1989).

➤ 2. Die Transkription der Sequenz ist auf Arbeitsblatt 18 enthalten. Sie finden Sie auch in Kapitel 6 (S. 125).

Hinweise zum Film

Aufgabe 105
Sequenz 45 a, *Lillimaus*

Arbeitsblatt 18

zu dem Film „Willi Fährmann“

Information: In dem in Sequenz 45 a vorgestellten Ausschnitt geht es um eine Mäusegeschichte von Willi Fährmann mit dem Titel *Der überaus starke Willibald*. Fährmann möchte mit seinen Büchern Freude am Lesen wecken. In dem Ausschnitt berichtet *Lillimaus* ihrer Freundin *Mäusefriederike* von ihrer Entdeckung: Sie kann nämlich lesen.

Hören Sie sich die Sequenz 45 a an. Lesen Sie dann das folgende Transkript des Textes. Notieren Sie in der rechten Spalte, welche Bilder Sie zu dem Text in einem Film zeigen würden. Natürlich können einer Äußerung mehrere Bilder zugeordnet werden, d. h., Sie können Schnitte machen.

Transkript	Ihre Bilder
„Ich will dir ein großes Geheimnis anvertrauen. Denk' dir, ich kann lesen.“	Fährmann als Schuljunge
„Was ist das lesen?“ fragte Mäusefriederike ratlos. „Ist das etwas, was du fressen kannst?“	Schullaufbahn
„Nein, nein“, antwortete Lillimaus und lachte. „Lesen, das ist wie fliegen, fliegen aus unserer Küchentür hinaus hoch über die Bäume im Garten hin und weiter, immer weiter, in fremde Länder und ferne Welten.“	Berufslaufbahn bis
„Wie fliegen ist das, Lillimaus?“ staunte Mäusefriederike. „Du kannst wirklich und wahrhaftig fliegen, wie die Menschenköchin es immer erzählt von den fliegenden Fischen, oder etwa so geschickt wie eine Fledermaus?“ (...)	
„Nicht so, liebe Freundin. Lesen, das ist wie segeln, segeln den Bach hinter dem Garten hinab und weiter, immer weiter durch reißende Ströme und endlose Meere.“	
„Du segelst, Lillimaus? Mit einem richtigen Segelboot, so wie der kleine Menschenriese in der Badewanne eines schwimmen läßt, mit so einem Boot wagst du dich aufs Wasser?“	
„So wohl nicht, Friederike. Wie soll ich dir das nur verständlich machen?	
Lesen, ja, das ist wie sehen mit anderen Augen.“	

Fährmann (1983), 67ff.

Das zweite Beispiel (Sequenz 46 a) stammt aus dem Film *Willi, erzähl!* – ebenfalls ein Porträt des Schriftstellers.

Hinweise zum Film

➤ 1. Eine Inhaltsangabe finden Sie in Kapitel 7 (S. 139) unter Schnatmann (1992).

➤ 2. Die Transkription der Szene ist auf Arbeitsblatt 19 enthalten. Sie finden Sie auch in Kapitel 6 (S. 125f.).

Aufgabe 106
Sequenz 46 a, *Der Friedhof*

Arbeitsblatt 19

zu dem Film „Willi, erzähl!"

Information: In dem in Sequenz 46 a gezeigten Ausschnitt verstecken sich Karl und Sigi, sein jüdischer Freund, vor einem Gewitter auf dem Judenfriedhof.

Hören Sie sich die Sequenz 46 a an. Lesen Sie dann das folgende Transkript des Textes. Notieren Sie in die rechte Spalte, welche Bilder Sie zu dem Text in einem Film zeigen würden. Natürlich können einer Äußerung mehrere Bilder zugeordnet werden, d. h. Sie können Schnitte machen.

Transkript	**Ihre Bilder**
Die Jungen waren noch inmitten der Kornfelder, weit vor der Stadt, als die ersten Tropfen schwer herniederschlugen.	
„Wir schaffen es nicht mehr", keuchte Sigi. „Komm, wir laufen dort auf unseren Friedhof. Da weiß ich einen trockenen Platz." Einen Augenblick zauderte Karl. Zum Judenfriedhof? Ihm fielen die grausigen Geschichten ein, die ihm sein Onkel Bartel von den Gespenstern dort und vom ewigen Juden erzählt hatte. Aber Sigi schien keine Angst zu haben. Wenn Sigi keine Angst hatte, dann konnte es nicht so schlimm sein.	
„Hier ist ein Durchschlupf". Er schob die Blätter auseinander. Karl erkannte, daß ein Weg innerhalb des Friedhofs rundum führte. Doch Sigi überquerte den Weg und auch einen zweiten Wegkreis, wich einigen Grabsteinen aus und strebte dem Baumriesen zu, der genau die Mitte des kreisrunden Totenackers bildete.	
„Hier hinein", sagte er. Der Stamm war aufgerissen und hohl. Karl zwängte sich durch den Spalt. Der Innenraum war größer, als er vermutet hatte. Schon drängte Sigi nach. Es wurde eng. Aber als sie sich zurechtgesetzt hatten, reichte der Platz für zwei.	
Jedesmal wenn ein Blitz aufzuckte, sah Karl durch den Spalt einen Grabstein. Seltsame Zeichen zeigte der Stein. Eine gespreizte Hand erkannte er. Karl versuchte, seine Hand auch so zu halten: Daumen, Zeigefinger und Mittelfinger beieinander und Ringfinger und kleiner Finger eng zusammen, aber weit abgespreizt von den anderen. Er versuchte es vergeblich. Sigi sah es und machte es ihm vor. Für ihn schien es leicht zu sein. Karls Finger gehorchten nicht.	
„Bei euch ist alles anders", sagte er. „Ihr habt eine eigene Schrift, eure Toten beerdigt ihr abseits der Stadt, die Gräber sind düster, ohne Blumen, am Samstag haltet ihr euren Sonntag. Warum ist das eigentlich so?" „Wir glauben eben anders", antwortete Sigi.	

Fährmann (1968/1995), 15f.

Wenn Sie mit Ihren Lernern arbeiten oder in einem Seminar, können Sie die gesamte Gruppe in zwei Gruppen A und B teilen: Gruppe A füllt Arbeitsblatt 18 aus, Gruppe B füllt Arbeitsblatt 19 aus. Die Gruppen A und B werden wieder in kleinere Gruppen unterteilt, so daß mehrere Filme (zumindest im Kopf) entstehen. Die Ergebnisse werden untereinander ausgetauscht.

Aufgabe 107
Sequenz 45 b/46 b
(Ton und Bild)
Lillimaus/Der Friedhof

Schauen Sie nun die beiden Beispiele (Sequenz 45 b u. 46 b) mit Bild an.

1. *Achten Sie auf Ihre spontane Reaktion: Sind Sie von den Filmbildern enttäuscht/begeistert ... ?*
2. *Vergleichen Sie die Bilder, die Sie sich vorgestellt haben, mit den Filmbildern. Welche Unterschiede stellen Sie fest?*

____

____

3. *Achten Sie genau auf die Zuordnung von Text und Bild (Bild-Ton-Schere) in Ihren eigenen Bildern und in den Filmbildern (Dazu müssen Sie die Sequenz vielleicht noch einmal ansehen.): Welche Bilder gefallen Ihnen am besten? Welche Version ist für den Fremdsprachenunterricht am besten geeignet? Begründen Sie Ihre Meinung.*

____

____

____

Reflexion

Auch in Dokumentarfilmen und dokumentarischen Filmen ist die Realität bearbeitet und wird subjektiv widergespiegelt, sie ist gefiltert. Es werden Meinungen und Beobachtungen gezeigt, die Ausdruck der Einstellungen der Filmemacher sind. Hinzu kommen die unterschiedlichen Rezeptionsmöglichkeiten durch die Betrachter.

Die Bild-Ton-Schere kann unterschiedliche Formen annehmen. Texte und Bilder können parallel angeordnet sein: Das, was gesagt wird, wird auch gezeigt. Sie können redundant sein: Die Bilder vertiefen das Gesagte und umgekehrt. Sie können willkürlich sein: Bilder und Text haben nichts miteinander zu tun, sind nicht zwingend, sondern eher zufällig. Sie können kontrastiv sein: Bilder und Texte machen unterschiedliche Aussagen, sind sozusagen autonom.

Hinweis

Für Fremdsprachenlerner ist die parallele oder redundante Zuordnung von Text und Bild einfacher zu rezipieren als eine willkürliche oder kontrastive Text-Bild-Beziehung. Die Folgerungen, die daraus für den Unterricht zu ziehen sind, werden wir noch ausführlich in Kapitel 5.5 behandeln. Vorher möchten wir Ihnen im nächsten Kapitel zwei Unterrichtsbeispiele für die Arbeit mit dokumentarischen Filmen zeigen.

5.4 Zwei Unterrichtsbeispiele

5.4.1 Beispiel 1: *Thüringen*

Unser erstes Beispiel stammt aus dem Film *Die fünf neuen Bundesländer*. In diesem Film, der für den Einsatz an Schulen gedreht wurde, werden nacheinander die Bundesländer vorgestellt, die 1990, nach dem Zusammenschluß von Ost- und Westdeutschland, Teil der Bundesrepublik Deutschland wurden: Brandenburg, Mecklenburg-Vorpommern, Sachsen, Sachsen-Anhalt und Thüringen. Die Sequenzen zu den jeweiligen Bundesländern haben eine Durchschnittsdauer von 13,5 Minuten. Wir haben Thüringen ausgewählt und zeigen Ihnen in einzelnen Schritten, wie man mit so einem primär landeskundlich interessanten Film arbeiten kann.

Hinweise zum Film

- 1. Weitere Informationen zum Film finden Sie in Kapitel 7 (S. 139) unter Perraudin u. a. (1990).
- 2. Das Transkript der Sequenz finden Sie auf Arbeitsblatt 23 (Aufgabe 115, S. 103ff.) und in Kapitel 6 (S. 126f.).

Schritt 1: Vorwissen aktivieren

Aufgabe 108

1. *Wie heißen die fünf neuen Bundesländer?*

____

____

____

2. *Was wissen Sie über diese Länder?*

   a) *Städte:*

   ____

   ____

   b) *historische/zeitgenössische Persönlichkeiten:*

   ____

   ____

   c) *Landschaften:*

   ____

   ____

   d) *Industrie und Wirtschaft:*

   ____

   ____

   e) *Umweltprobleme/Umweltschutz:*

   ____

   ____

   f) *regionale Spezialitäten:*

   ____

   ____

   g) *Dialekte:*

   ____

   ____

   h) *Sonstiges:*

   ____

Schritt 2: Erwartungen an den Film formulieren

Aufgabe 109

Notieren Sie:

1. Welche Erwartungen haben Sie an einen Dokumentarfilm?

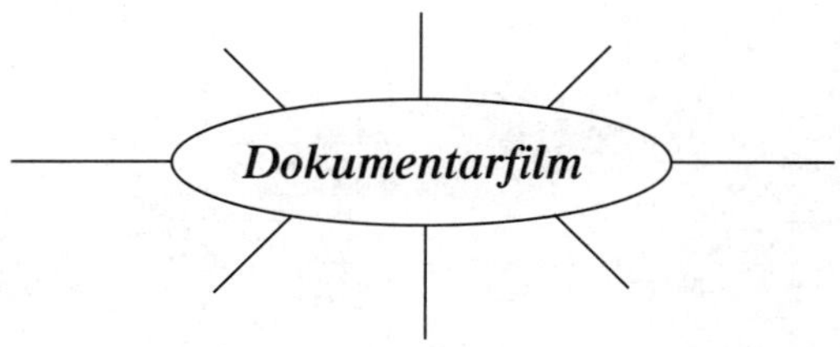

2. Was erwarten Sie von einem Film über ein Bundesland der Bundesrepublik Deutschland?

Reflexion

Im ersten Schritt werden Sie zum Thema hingeführt. Sie überlegen sich, welche Kenntnisse Sie bereits zu dem Thema haben – vielleicht haben Sie etwas gelesen, gehört oder im Fernsehen gesehen. In der Unterrichtssituation wird die Aufgabe in Gruppen gelöst und anschließend das Vorwissen zusammengetragen. Der zweite Schritt macht Ihnen (und Ihren Lernern) bewußt, daß Sie bestimmte Erwartungen haben, eine Neugier, die Sie gern gestillt sehen würden.

Schritt 3: Vorentlastungen vor dem Sehen

Wir möchten Ihnen vier Möglichkeiten der Vorentlastung vorstellen, die Sie dann, je nach Thema und Lernergruppe, variieren oder neu entwickeln müssen.

1. Geographische Information

Es empfiehlt sich, zunächst eine geographische Orientierungsmöglicheit anzubieten, z. B. eine Landkarte wie auf Arbeitsblatt 20 (Aufgabe 110).

Arbeitsblatt 20

Thüringen

1. *Beschreiben Sie die Lage von Thüringen.*
2. *Welche Städtenamen haben Sie schon einmal gehört? Was verbinden Sie mit den Städtenamen?*

Auf schnellstem Weg mit **Bus** und **PKW** nach Erfurt:
Reach Erfurt easily and quickly by coach or car.

Berlin	293 km
Düsseldorf	364 km
Frankfurt/Main	259 km
Hamburg	354 km
Kopenhagen	597 km
London	766 km
Madrid	2084 km
Mailand	784 km
München	388 km
Paris	839 km
Prag	354 km
Rom	1298 km
Rotterdam	554 km

Bequem und zügig nach Erfurt:
Go to Erfurt conveniently and speedily by train.

Amsterdam	530 km
Berlin	298 km
Bonn	431 km
Bremen	402 km
Dortmund	376 km
Dresden	236 km
Düsseldorf	526 km
Essen	410 km
Hamburg	460 km
Köln	484 km
London	834 km
Mannheim	348 km
München	541 km
Stuttgart	454 km

In kürzester Zeit nach Erfurt:
Fly to Erfurt in next to no time.

Bonn/Hangelar	60 min.
Dortmund	55 min.
Dresden	45 min.
Düsseldorf	60 min.
Essen/Mühlheim	55 min.
Hamburg	75 min.
Köln/Bonn	50 min.
Leipzig	20 min.
London	120 min.
Mannheim	60 min.
München	50 min.

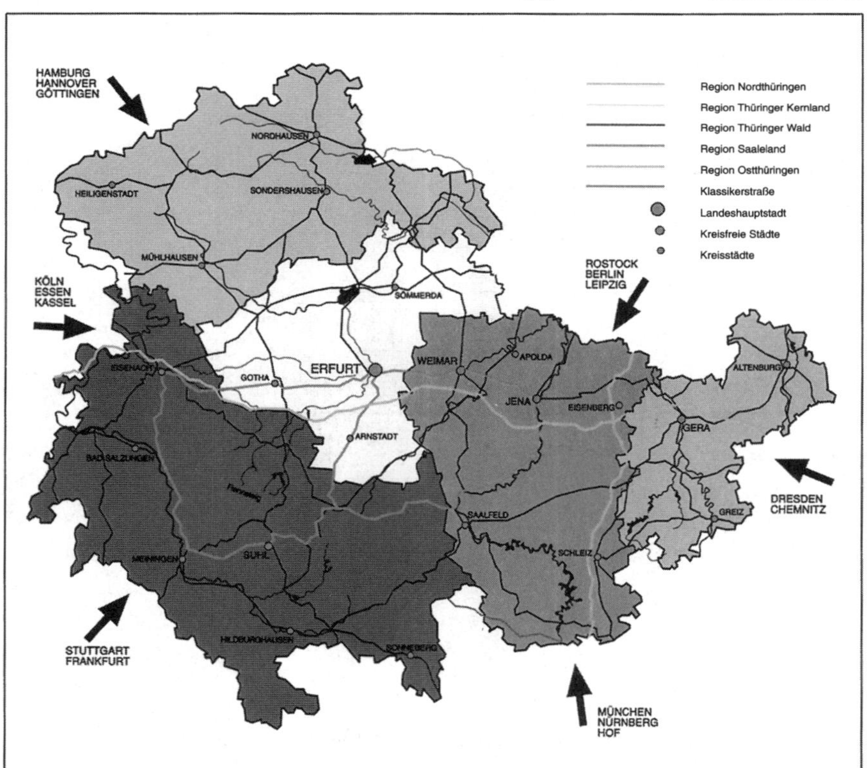

Thüringer Landesfremdenverkehrsverband e. V. (1994)

2. Vorentlastung durch einen selbst geschriebenen Paralleltext

Eine weitere Möglichkeit der Vorentlastung besteht darin, daß Sie selbst einen Paralleltext schreiben, der zentrale Informationen aus dem Film enthält. Dazu müssen Sie sich mit dem jeweiligen Thema vertraut machen (in unserem Fall mit dem Bundesland Thüringen) und vor dem Schreiben den ausgewählten Film ansehen. Ein Muster bietet Ihnen der folgende Text, der auf dem Transkript des Films (siehe Kapitel 7, S. 126f.) beruht.

Muster für einen Paralleltext

Thüringen liegt in der Mitte von Deutschland. Das Bundesland ist sehr waldreich. Die schöne Landschaft lädt zu Wanderungen ein – berühmt für Wanderungen ist der Rennsteig. Unterwegs kann man sich mit salzigem Wasser aus Mineralquellen stärken. Und im Winter gibt es viele Möglichkeiten für Wintersport.

Glas- und Spielzeugindustrie haben eine lange Tradition in Thüringen. Glas brauchte man nicht nur für die Herstellung von Puppenaugen, Glas war ein wichtiger Industriezweig in Jena: Bei der Firma Zeiss wurden und werden Brillen, Ferngläser und Vermessungsgeräte hergestellt.

Neben der Industrie besitzt Thüringen eine traditionsreiche Kultur: Weimar und Jena waren ein Zentrum von Künstlern: Goethe und Schiller lebten und arbeiteten hier, um nur zwei zu nennen.

Natürlich gibt es auch in Thüringen Schattenseiten aus der Vergangenheit und in der Gegenwart: In der Nähe von Weimar war das KZ (Konzentrationslager) Buchenwald, die Industrie kippt ihre giftigen Abwässer noch immer in die Saale.

Landeshauptstadt ist Erfurt. Die Altstadt von Erfurt soll restauriert werden, nicht nur die berühmte Krämerbrücke. Auf beiden Seiten stehen Häuser, was für eine Brücke sehr ungewöhnlich ist.

3. Vorentlastung durch einen Informationstext

Als Alternative zu einem selbstgeschriebenen Paralleltext bietet sich auch der Rückgriff auf schon vorhandene Informationstexte an. Dazu müßten Sie in Lehrbüchern, in der Bibliothek des Goethe-Instituts, bei Inter Nationes, in Zeitschriften etc. nachsehen, ob Sie einen geeigneten Text finden.

Literaturhinweise

Landeskundliche Informationen zur Bundesrepublik Deutschland finden Sie in:

1. *Tatsachen über Deutschland.* Frankfurt/M.: Societätsverlag. Erscheint im Ein- oder Mehrjahresrhythmus jeweils neu.

2. Luscher, R. (1994): *Deutschland nach der Wende.* Ismaning/München: Verlag für Deutsch.

3. Meese, H./Schnatmann, R. (1994): *So wie es ist, bleibt es nicht. Die fünf neuen Bundesländer 1992.* München: Goethe-Institut.

Die Titel 1. und 3. finden Sie vermutlich in Ihrem Goethe-Institut. Zu Titel 3 gehören zahlreiche Fotos in Postergröße, die für eine Ausstellung konzipiert sind.

Der folgende Informationstext zeigt Ihnen ein Beispiel für Thüringen.

Muster für einen Informationstext

Thüringen

Aus der Geschichte:

Im Mittelalter war Thüringen durch seine zentrale Lage Knotenpunkt wichtiger Handels- und Verkehrswege, die Städte waren wichtige Handelszentren. Im 18. Jahrhundert erlebte das Land seine Blütezeit. Herzog Carl August von Sachsen-Weimar holte Johann Wolfgang von Goethe und Friedrich Schiller nach Weimar, das zum geistigen Mittelpunkt wurde.

Wirtschaft:

Nach der Wende hat Opel in Eisenach das Automobilwerk übernommen, das langfristig eine größere Anzahl von Arbeitsplätzen entstehen läßt. Berühmte Werke wie Carl Zeiss Jena (feinmechanische und optische Industrie) konnten erhalten bleiben.

Thüringen hat auch touristisch viel zu bieten: Weimar, Jena und die Wartburg sind lohnende Ziele für alle kulturell interessierten Besucher.

Landschaft:

Zwischen Harz und Thüringer Wald erstrecken sich Erholungsgebiete, die zum Wandern und Skifahren einladen. Nachdenklich macht jedoch der jährlich veröffentlichte Waldschadensbericht, der die Hälfte der Bäume als deutlich geschädigt einstuft. Damit ist Thüringen von allen Bundesländern am stärksten vom Waldsterben betroffen. (...)

Städte:

Jena ist eine traditionsreiche Universitätsstadt. Ihre Geschichte spiegelt verschiedene Epochen deutschen Geisteslebens wider: Friedrich Schiller bekam 1789 durch die Vermittlung Johann Wolfgang von Goethes eine Professur. Hier lehrten auch die Philosophen Friedrich Hegel, Johann Gottlieb Fichte und Friedrich Schelling. Karl Marx studierte in Jena.

Auf der Wartburg bei Eisenach hielt sich 1521/22 Martin Luther versteckt und übersetzte die Bibel ins Deutsche. (Luthers Bibelübersetzung ist die Grundlage einer einheitlich deutschen Hochsprache.) Der Komponist Johann Sebastian Bach wurde in Eisenach geboren.

Mit Weimar assoziiert man vor allem die klassische deutsche Literatur, Johann Wolfgang von Goethe und Friedrich Schiller, ebenso Musik von Johann Sebastian Bach und Franz Liszt. Der Philosoph Friedrich Nietzsche verbrachte in Weimar seine letzten Lebensjahre. Auch Traditionen der Malerei – Lucas Cranach der Ältere – und der Architektur sind mit dem Namen Weimar verknüpft. (...)

Aber Weimar war nicht nur der Inbegriff der Kultur und des Schönen. An die dunkelsten Kapitel deutscher Geschichte erinnert die 1958 eingeweihte Mahn- und Gedenkstätte in Buchenwald. Auf dem Ettersberg nahe der Stadt befand sich ein Konzentrations- und Internierungslager – Symbol menschlicher Perversion und mutigen Widerstands.

Luscher (1994), 45f.

4. Vorentlastung durch eine Collage

Für diese Form der Vorentlastung müßten Sie an ein Fremdenverkehrsamt der Stadt oder des Bundeslandes, von dem der Film handelt, schreiben. Bitten Sie um Zusendung von Informationsmaterial. Verteilen Sie es an Ihre Lerner, und richten Sie eine Landeskunde-Ecke in Ihrem Klassenzimmer ein. Ihre Lerner machen aus dem Material eine Collage, auf der sie Bilder und Texte nach ihren eigenen Interessen zusammenstellen. Auf Seite 99 finden Sie ein Beispiel zum Land Thüringen.

Weitere Anregungen zu landeskundlichen Collagen und zur Einrichtung einer Landeskunde-Ecke finden Sie in der Fernstudieneinheit *Kontakte knüpfen*.

Aufgabe 111

Sie haben nun vier verschiedene Möglichkeiten der Vorentlastung kennengelernt. Welche würden Sie für Ihren Unterricht wählen? Begründen Sie Ihre Meinung.

Beispiel für eine Collage zu Thüringen

Sonneberg

Wartburg

Wintersport

Rennsteig

Optikindustrie

KZ-
Gedenkstätte
Buchenwald

Abwässer

Wachsenburg

Krämerbrücke

Thüringer Landesfremdenverkehrsverband e. V. (1994). Luscher (1994), 40, 46.
Tatsachen über Deutschland (1993), 66, 67. Merian (1990), 63, 93

Reflexion

Der selbst geschriebene Paralleltext sollte sich an den Informationen aus dem entsprechenden Film orientieren. Der aus anderen Quellen übernommene Informationstext wird immer Informationen enthalten, die über die Auswahl des im Film Gezeigten hinausgehen. Die Collage mit Bildmaterial wird ebenfalls mehr oder andere Beispiele enthalten, da ja Sie oder Ihre Lerner aus dem vorhandenen Material auswählen. Die letzten beiden Möglichkeiten bieten aber die methodische Chance, den Film daraufhin anzusehen, welche Informationen schon vorbereitet und damit bekannt sind und welche Informationen im Vergleich zum Film fehlen oder neu sind. Das rundet das Bild sehr schön ab.

Schritt 4: Während des Sehens – Globalverstehen

Bevor Sie das von uns ausgewählte Filmbeispiel sehen, sollten Sie Ihr eigenes Interesse festlegen: Was interessiert Sie besonders an dem Film? Während der Filmvorführung tragen Sie dann nur die Information in die Arbeitsblätter 21 und 22 ein, auf die Sie sich vorher festgelegt haben. Die beiden Arbeitsblätter zeigen alternative Möglichkeiten zum Globalverstehen auf:

Arbeitsblatt 21 orientiert sich an Städtenamen bzw. landschaftlichen Besonderheiten, Arbeitsblatt 22 orientiert sich an inhaltlichen Kategorien (Geographie, Kultur ...)

Wenn Sie in einer Gruppe oder mit Ihren Lernern arbeiten, ist es sinnvoll, die einzelnen Aspekte in Partner- oder Gruppenarbeit zu bearbeiten und die Informationen dann auszutauschen. Dazu muß vor dem Sehen festgelegt werden, wer welchen Aspekt bearbeitet.

Aufgabe 112
Sequenz 47
(Bild und Ton)
Thüringen

1. *Sehen Sie sich die Arbeitsblätter 21 und 22 auf den nächsten beiden Seiten an. Entscheiden Sie sich, auf welche Information Sie während der Filmvorführung achten möchten (zum Beispiel „Jena" oder „Landschaft").*
2. *Sehen Sie sich dann die Sequenz 47 an, und tragen Sie Ihre Informationen in das Arbeitsblatt 21 ein.*
3. *Sehen Sie sich die Sequenz 47 noch einmal an, und tragen Sie Ihre Informationen in das Arbeitsblatt 22 ein.*
4. *Tauschen Sie Ihre Eintragungen aus, und ergänzen Sie Ihre Arbeitsblätter – wenn Sie dazu die Möglichkeit haben.*
5. *Diskutieren Sie aus der Sicht Ihrer Lerner den Schwierigkeitsgrad der Arbeitsblätter 21 und 22.*

Hinweis:

In der Seminar- oder Klassensituation teilen Sie bitte alle Aspekte untereinander bzw. unter Ihren Lernern auf.

6. *Ergänzen Sie die Arbeitsblätter um die Kategorien, die aus Ihrer Sicht noch fehlen.*

Reflexion

Die beiden Arbeitsblätter 21 und 22 bieten Ihnen einen Fragenkatalog, den Sie immer wieder auf landeskundliche Filme anwenden können, die Informationen über eine Region vermitteln wollen. Die Namen auf Arbeitsblatt 21 müssen Sie natürlich entsprechend dem Film, den Sie zeigen möchten, abwandeln. Vor dem Austeilen sollten Sie erfragen, wer welchen Aspekt bearbeiten möchte. Das ermöglicht ein arbeitsteiliges Vorgehen und hat den Vorteil, daß die Aufmerksamkeit der Lerner auf Teilbereiche gelenkt wird.

Arbeitsblatt 21

Modell für einen landeskundlichen Film: Städtenamen ...

Hinweis: Möglichst in Partner- oder Gruppenarbeit zu bearbeiten. Legen Sie vor dem Sehen des Films fest, wer Informationen zu welchem Ort notiert.

1. *Suchen Sie sich einen Ort aus, und notieren Sie in Stichpunkten, welche Informationen zu dem Ort genannt werden.*

Oberhof	
Bad Liebenstein	
Sonneberg	
Lauscha	
Jena	
Weimar	
Ettersberg	
Erfurt	

2. *Was erfahren Sie über die beiden Flüsse?*

Werra	
Saale	

3. *Tauschen Sie Ihre Ergebnisse aus.*
4. *Ihre Ergänzungen*

Arbeitsblatt 22

Modell für einen landeskundlichen Film: Allgemeine Aspekte

Hinweis: Möglichst in Partner- oder Gruppenarbeit zu bearbeiten. Legen Sie vor dem Sehen des Films fest, wer Informationen zu welchem Aspekt notiert.

1. *Suchen Sie sich einen Aspekt aus, und notieren Sie in Stichpunkten, welche Informationen genannt werden.*

Informationen über:

a) Landschaft ______________________

____

b) Geographie ______________________

____

c) Geschichte ______________________

____

d) Kultur ______________________

____

e) Architektur ______________________

____

f) Persönlichkeiten: Schriftsteller, Maler, Musiker ...

____

____

g) Wirtschaft: Industrie und Handwerk

____

____

h) Probleme: Umweltverschmutzung, Arbeitslosigkeit ...

____

____

i) Menschen: Freizeit, Feste, Bräuche, Essen, Sprache ...

____

____

j) Besonderheiten/Ergänzungen

____

2. *Tauschen Sie Ihre Ergebnisse aus.*

Schritt 5: Während des Sehens – filmspezifische Aspekte analysieren

Bei den Spielfilmen und auch innerhalb dieses Kapitels zu dokumentarischen Filmen haben Sie bereits einige Techniken zur Filmanalyse kennengelernt. Am Beispiel des Films *Thüringen* möchten wir diese Techniken wiederholen, vertiefen, präzisieren – und vor allem auf Wertungen hinweisen, die filmimmanent sind. Schnitte, Einstellungsgrößen und die Länge der Einstellungen, Kameraperspektiven und das Verhältnis von Ton und Sprache sollen auf ihre Wirkung hin analysiert werden. Das ist ein bißchen aufwendig, aber sicher sehr spannend, hoffen wir.

Von einem Filmfachmann, Florian Schneider aus München, haben wir eine genaue Analyse des Films *Thüringen* machen lassen, die Sie auf Arbeitsblatt 23 finden: Wie lange dauert eine Einstellung, welche Bilder werden gezeigt, welcher Kommentar wird den Bildern zugeordnet?

Ihre erste Aufgabe zu Arbeitsblatt 23 ist, die Kameraeinstellung zu notieren. Das ist zwar zeitintensiv, jedoch für die Gesamtanalyse aufschlußreich. Sie müssen die Pausentaste Ihres Videorekorders drücken, um die Kameraeinstellungen notieren zu können. Notieren Sie die Kameraeinstellungen so lange, bis Sie selbst meinen, genug geübt zu haben. Die anderen Einstellungen können Sie vom Lösungsschlüssel übertragen und dann beim Sehen nachvollziehen.

Aufgabe 115
Sequenz 47, *Thüringen*

Arbeitsblatt 23

Filmspezifische Analyse

Tragen Sie die Kameraeinstellung unter „Kamera" ein – solange Sie üben möchten.

T = Totale; HT = Halbtotale; N = Nahe; HN = Halbnahe; G = Großaufnahme

Zeit (Sek.)	Einstellung/Bild	Kamera	Kommentar (= Transkript)
3"	Wegmarke		Da ist sie: die Markierung *R* für Deutschlands bekanntesten
12"	Wegabschnitt mit Wanderern		Wanderweg, den Rennsteig. Acht Tage brauchen die Wanderer, wenn sie auf ihm den Thüringer Wald in voller Länge genießen wollen.
2"	Baum mit Markierung		Im Mittelalter war der Rennsteig ein
3"	Weg und Wald		militärischer Geheimpfad, denn Boten und Truppen
5"	Wanderer im Wald		konnten in der damaligen Einöde die Städte Gotha, Erfurt und
10"	Wegweiser		Jena unbemerkt umgehen. So einsam ist er heute nicht mehr.
9"	Gruppe von Wanderern		(Wanderer singen: *Das Wandern ist des Müllers Lust*)
7"	Wanderer		
6"	Touristen vor Sportanlage		Die am Rennsteig gelegenen Wintersportanlagen ziehen selbst außerhalb der Saison viele
5"	Ortsansicht		Neugierige in den Luftkurort Oberhof.
4"	Glas im Wasserstrahl		Die Mineralquellen von Bad Liebenstein sind
4"	Brunnen mit Kurgästen		eigentlich nicht für vorbeiziehende Wanderer gedacht. Aber, was den Kurgästen

Zeit (Sek.)	Einstellung/Bild	Kamera	Kommentar (= Transkript)
6"	Glas im Wasserstrahl		hilft, kann dem durstigen Wanderer nicht schaden. Nun denn!
7"	Frau am Brunnen, Glas in der Hand		Brrr, schmeckt das salzig! (Frau im On:) *Na, schmeckt's?* (Off:) *Wenn man's mag.*
9"	Fördermaschine		Nicht weit entfernt, jedoch tausend Meter unter der Erdoberfläche, wird kristallines Salz abgebaut.
8"	Förderband		Diese Kalisalze werden zu einem hochwertigen Düngemittel verarbeitet. Der Dünger wird weltweit vermarktet.
8"	Fördergelände		Die bei der Herstellung anfallende Salzlauge wird sorglos in die Werra gepumpt.
6"	Flußlauf		Ab hier ist der Fluß ein totes Gewässer.
14"	Arbeiter mit Stoffhund		Entlang des Rennsteigs finden sich viele traditionsreiche Kleinbetriebe. Hier werden keine Hunde erwürgt, sondern Plüschtiere aller Größen zum Leben erweckt.
4"	Puppenglieder		
7"	Arbeiterin mit Puppengliedern		Seit dreihundert Jahren ist der Ort Sonneberg ein Zentrum der Spielzeugproduktion.
2"	Glasaugen		Zahlreiche Puppen erblicken hier zum ersten Mal
5"	Puppenkopf		das Licht der Welt.
21"	Hand mit Glasauge, Schachteln mit Glasaugen, Arbeiter mit Pinzette und Mikroskop		Glasaugen in allen Farbnuancen. Diesmal für Menschen. Die hohe Kunst der Herstellung von Augenprothesen ist in dem kleinen Ort Lauscha
3"	Hand mit Feinwerkzeug		entwickelt worden.
11"	Arbeiter mit Maschine und Glasblase		Seit über vierhundert Jahren dreht sich hier alles um Glas. Und lange Zeit konnte Lauscha ein Geheimnis bewahren: das der Herstellung von Christbaumkugeln, die
8"	Zwei Arbeiter		von hier aus in die ganze Welt verkauft wurden.
8"	Landschaft, Wanderer		Immer wieder bietet der Rennsteig dem Wanderer schöne Ausblicke.
4"	Landschaft		
4"	Dorf		Die Häuser sind in dieser Höhe
3"	Dach		fast alle mit Schiefer gedeckt. Kein Wunder,
3"	Schieferplatte		wir befinden uns ja auch im Schiefergebirge, wie der östliche Teil des Thüringer
4"	Felsbruch		Waldes genannt wird.
10"	Transportwagen mit Schieferplatten		Mit Dynamit und Meißel werden unter Tage große Schieferblöcke herausgebrochen und nach oben transportiert. Erst das Geschick der
17"	Arbeiter spaltet Schiefer(platte)		Spalter macht aus diesen zentnerschweren Brocken den nur fünf Millimeter starken Dachschiefer.
20"	Arbeiter beim Schieferspalten/ Förderband/ Arbeiter		

Zeit (Sek.)	Einstellung/Bild	Kamera	Kommentar (= Transkript)
10"	Flußbiegung		Nach 170 Kilometern endet der
8"	Boot auf Fluß		Rennsteig an der Saale, die sich kurvenreich durch das Gebirge windet. Genug gelaufen.
5"	Kinder auf Boot		
4"	Kinder/ weiteres Boot		Mehrere Talsperren bremsen den Lauf der oberen Saale so ab, daß auf dem angestauten
3"	Fahne		Wasser Motorschiffe fahren können.
5"	Flußufer mit Campingplätzen		Besonders im Sommer sind die Stauseen ein beliebtes Naherholungsgebiet.
8"	Talsperre/ Wasserkraftwerk		Die angestaute Kraft wird über die Turbinen in elektrischen Strom umgewandelt.
3"	Flußlauf		
10"	Flußlauf/ Kajakfahrer		Unterhalb der Talsperren ist das Wasser für Motorschiffe nicht mehr tief genug.
2"	Kajakfahrer		(Kajakfahrer im On:) *Willst'e mit?*
7"	Beine im Kajak/ Burg		(Off:) Das läßt man sich nicht zweimal sagen. Und gleich geht's los mit den berühmten Burgen und Schlössern an der Saale.
5"	Kajakfahrer, Fluß		
8"	Waldlandschaft		
6"	Stadtpanorama		
3"	Schloß am Horizont		
3"	Burg auf Berggipfel		
4"	Fluß		
4"	Rohre mit Abwasser am Ufer		Darüber steht nichts in den Reiseführern. Noch kippt die
3"	Fabrikgebäude		Industrie ihr Abwasser direkt in die Saale.
4"	Schaumkronen		Kentern will man hier lieber nicht.
5"	Wasseroberfläche/ Hochhaus/ Stadtpanorama		Die Saalestadt Jena.
3"	Marktplatz		
3"	Ratsgebäude		
4"	Straße mit Palais		An dem Namen *Zeiss* kommt man nicht vorbei. Ob
3"	Arbeiter an optischem Gerät		Brillen oder Ferngläser, Mikroskope, Vermessungs-
8"	Aufbau eines optischen Gerätes/ Arbeiter am Gerät		geräte oder die weltberühmten Zeiss-Planetarien – in Jena hat die moderne Optikindustrie angefangen.
4"	Poliergerät		Die Entwicklung der maschinellen Linsenfertigung, wie hier das Polieren,
6"	Mehrere Poliergeräte		war dafür die Voraussetzung. Und noch heute ist Carl Zeiss einer der größten Optikbetriebe der Welt.
13"	Arbeiterin prüft Linse		

Zeit (Sek.)	Einstellung/Bild	Kamera	Kommentar (= Transkript)
3"	Denkmal		Doch wenn wir schon mal bei berühmten
3"	Denkmal		Namen sind: Mit Goethe und Schiller zieht das knapp
6"	Platz mit Denkmal		zwanzig Kilometer entfernte Weimar das ganze Jahr über Scharen von Touristen an.
3"	Gruppe von Touristen		(Fremdenführerin:) *Und darunter befanden sich die Wirtschaftsräume.*
3"	Marktplatz		*Wie gesagt, es war sein Eigentum,*
3"	Fremdenführerin		*und erst 50 Jahre später, also 50 Jahre nach Goethes Tod, wurden*
4"	Tür geht auf und zu		*die Tore wieder geöffnet für das Publikum. Es war einfach*
3"	Besucherin liest in Broschüre		*so, daß die Familie sich*
3"	Besucher fotografiert		*gescheut hat, Fremde hereinzulassen und ...* (Off:) Doch nicht nur Goethe und
2"	Schriftzug: *Schiller*		Schiller wirkten hier. Die
1"	Tourist		Entwicklung der kleinen Stadt
1"	Gedenktafel		Weimar zum großen
2"	Touristin		Kulturzentrum
1"	Gedenktafel		wirkte wie ein Magnet auf die Künstler.
1"	Tourist		
2"	Gedenktafel		So ist kaum ein Haus Weimars von
1"	Tourist		berühmten Namen
2"	Gedenktafel		verschont geblieben.
2"	Touristin		
2"	Gedenktafel		
2"	Tourist		
2"	Hinweisschild		
6"	Baumkronen		Goethe ging gern direkt hinter Weimar in den Wäldern des Ettersbergs spazieren. Hier arbeitete er am
3"	Gebüsch		*Tasso*. Und hier vollendete Schiller seine *Maria*
4"	Zweige		*Stuart*.
4"	Gedenktafel		1937 errichteten die
3"	Stacheldraht		Nazis das Konzentrationslager Ettersberg.
4"	Lagerturm und Zaun		Nach einem Protest der Goethe-Freunde wurde der Name in *KZ Buchen-*
2"	Eingangstor des KZ		*wald* abgeändert.
3"	Schriftzug im Tor: *Jedem das Seine*		Hinter dem schmiedeeisernen Lagertor mit der zynischen Aufschrift
7"	Insert: Graphik mit dem Spruch: *Jedem das Seine*		waren neben Juden und russischen Kriegsgefangenen viele politische Häftlinge eingesperrt.

Zeit (Sek.)	Einstellung/Bild	Kamera	Kommentar (= Transkript)
5"	Insert: Graphik mit Folterszene		Mehr als 56.000 Menschen wurden in Buchenwald grausam ermordet.
3"	Insert: Graphik mit Mordszene		
5"	Insert: Graphik mit Häftlingen, Überblendung auf Schwarz		
5"	Stadtkern		Erfurt ist nicht nur die größte, sondern
3"	Straßenbahn		zugleich auch die lebendigste Stadt Thüringens.
3"	Straßenzug mit Straßenbahn		Im Mittelalter war sie eine der reichsten und mächtigsten deutschen Städte.
3"	Straßenbahnfenster, Bauwerk		Man versucht heute, die Altstadt als Ganzes zu erhalten,
7"	Restaurierte Häuserzeile		und die Restaurierung beschränkt sich nicht nur auf einzelne Bauwerke.
9"	Fluß/Brücke		Die Krämerbrücke, die einzige beiderseits mit Häusern überbaute Brücke nördlich der Alpen.
3"	Flußlauf unter Brückenbogen		Auf ihr mußten im Mittelalter die durchziehenden Händler
3"	Brücke mit Haus		ihren Zoll entrichten.
5"	Dom mit Vorplatz		Auf einem kleinen Hügel erbaut, wirkt der 1200 Jahre alte
8"	Stufen zum Dom		Dom besonders mächtig.
5"	Platz mit Straßenbahn		Und dann gibt es in Erfurt ..., aber die Zeit eilt uns davon! Wir müssen schnell weiter.
11"	2 Kutschpferde/ Kutscher		Na ja, schnell ist es nicht. (Kutscher:) *Nun mal hübsch langsam mit den Pferden. Wir haben im Thüringer Becken zwar nicht viel für Touristen zu bieten, aber dafür gibt's hier mit die besten Ackerböden*
5"	Pferde, Weizenfelder		*Deutschlands. Hier wächst der anspruchsvolle Weizen,*
3"	Flugzeug fliegt		
7"	Kutscher/Felder		*und wie Sie auf der anderen Seite sehen können, die Zuckerrübe, die auch einen guten Boden braucht.* (Off:) *Was treibt denn der da?*
2"	Kutscher		
3"	Flugzeug fliegt		(Kutscher:) *Das ist ein Agrarflieger, der streut Düngemittel aus. Der wird gleich da-*
3"	Kutscher		*hinten landen. Vielleicht nimmt er er Sie auf 'ne Platzrunde mit.*
4"	Schloß		(Pilot:) *Das da unten ist die Wachsenburg.*
1"	Pilot im Cockpit		*Und da vorne,*
7"	Stadt		*da kommt schon Gotha mit dem Schloß Friedenstein.*
6"	Pilot im Cockpit		*Aber auf der Wartburg, da*
14"	Berg mit Burg Schlußtitel		*war'n Sie doch schon, oder?* (Off:) *Ja, kurz, viel zu kurz!*

Sie brauchen das Arbeitsblatt 23 noch einmal komplett ausgefüllt, um eine abschließende Analyse des Films machen zu können.

Aufgabe 116

Vergleichen Sie Ihre Lösung zu Arbeitsblatt 23 mit dem Lösungsschlüssel. Korrigieren Sie die Einträge bzw. tragen Sie alle Kameraeinstellungen ein, die Sie nicht herausgefunden haben.

Aufgabe 117

1. *Unterstreichen Sie auf Arbeitsblatt 23 mit vier verschiedenen Farben, was über folgende Aspekte des Bundeslandes Thüringen gesagt wird:*
   a) *Natur: Wanderungen, Sportmöglichkeiten, Tourismus*
   b) *Probleme in der Natur: tote Gewässer*
   c) *Industrie und Kleinbetriebe (Spielzeug, Christbaumkugeln, Dachschiefer, Zeiss-Optik)*
   d) *KZ Buchenwald.*
2. *Notieren Sie nun,*
   a) *welche Zeit für die verschiedenen Aspekte im Film aufgewendet wird:*

   Naturschönheiten/Denkmäler/Tourismus:

   ___

   Umweltverschmutzung: ___

   Industrie/Kleinbetriebe/Landwirtschaft:

   ___

   KZ Buchenwald: ___

   b) *welche Kameraeinstellungen hauptsächlich für die verschiedenen Aspekte gewählt wurden.*

   Natur: ___

   Umweltverschmutzung: ___

   Industrie/Kleinbetriebe/Landwirtschaft:

   ___

   KZ Buchenwald: ___

3. *Setzen Sie nun die beiden Aspekte „Zeit" und „Kameraeinstellung" in Beziehung, und analysieren Sie sie.*
   a) *Welche Gewichtung zwischen positiven und negativen Aspekten des Landes Thüringen wird vorgenommen?*

   ___

   ___

   b) *Welche Wirkung erzielen die verwendeten Kameraeinstellungen?*

   ___

   ___

4. *Wie ist die Beziehung zwischen Bild und Ton?*

Können Sie sich an Ihre erste Reaktion auf den Film erinnern? Es könnte sein, daß Ihre Erwartungen nach Information erfüllt worden sind, daß Sie gedacht haben, daß der Film nicht nur die klassischen Schönheiten im Bereich von Architektur und Landschaft zeigt, sondern auch Umweltprobleme angeht (Industrieabwässer, die in Flüsse geleitet werden), daß ein pädagogisches Bemühen erkennbar ist (längere Pausen zwischen den Kommentaren, Einbeziehen des Kommentators in bestimmte Filmsituationen, O-Ton-Phasen), daß Wort und Bild einander gut zugeordnet sind, daß ...

Reflexion

Erst bei der sehr genauen Analyse des Films konnten Sie auch seine immanenten Wertungen erkennen – und vielleicht Ihren Blick dafür schärfen, wie filmspezifische Mittel die Rezeption steuern.

Aus den Begrenzungen, die in dieser Textsorte generell angelegt sind, kann ein positiver Schluß gezogen werden: Man hat einen Überblick erhalten und kann nun einen Aspekt des Films, der einen besonders interessiert, inhaltlich vertiefen. Sie und Ihre Lerner können versuchen, sich in einer Bibliothek zu einem Thema Ihrer Wahl kundig zu machen und darüber in einem Kurzreferat zu berichten.

5.4.2 Beispiel 2: *Videobrief Dietrich M.*

Mit dem zweiten Unterrichtsbeispiel zu einem Dokumentarfilm (Sequenz 49) möchten wir Ihnen eine weniger verbreitete Textsorte vorstellen – einen Videobrief.

In der Studieneinheit *Kontakte knüpfen* finden Sie ausführliche Anregungen zur Lernerkorrespondenz mit Hörkassetten und Videobriefen.

Hinweise zum Film

- ➤ 1. Eine Inhaltsangabe des Films finden Sie in Kapitel 7 (S. 133) unter Conradt (1993).
- ➤ 2. Eine Transkription des Videobriefs finden Sie in Kapitel 6 (S. 127ff.).

Schritt 1: Vor dem Sehen

Aufgabe 118

Der Titel des Videos lautet: „Videobrief Dietrich M“.
Was stellen Sie sich unter einem Film mit diesem Titel vor?

Notieren Sie Ihre Vermutungen.

____

Im Vorspann des Films sind einige wichtige Symbole und Szenen, die später im Film wieder vorkommen, zusammengestellt.

Aufgabe 119
Sequenz 48
(Bild und Ton)
Vorspann Dietrich M.

Sehen Sie sich nun die Sequenz 48, den Vorspann des Films, an.

Notieren Sie zuerst in der linken Spalte die Dinge, die Sie gesehen haben. Schauen Sie sich den Vorspann mehrmals an! Tragen Sie dann in die rechte Spalte Ihre Interpretationen ein.

Gesehenes	***Interpretation***
rotes Halstuch	*Dietrich ist wahrscheinlich Mitglied einer Organisation.*

Sie haben jetzt bereits viele Dinge notiert, die vielleicht in dem Film *Dietrich M.* eine Rolle spielen.

Schritt 2: Während des Sehens

Sehen Sie sich jetzt den Film an, und füllen Sie das Arbeitsblatt 24 aus.

Arbeitsblatt 24

„Videobrief Dietrich M."

1. *Sehen Sie sich nun den Videobrief (Sequenz 49) an, und machen Sie während des Sehens zu den folgenden Punkten Notizen.*

   Drücken Sie die Stopptaste Ihres Videogeräts, um Notizen machen zu können. (Die Stichpunkte folgen nicht genau dem Ablauf des Videobriefes.)

   Dietrich M.

   Vorname (Bedeutung): ____________________

   Geburtsjahr: ____________________

   Geburtsort: ____________________

   Land: ____________________

   Hobbys: ____________________

   Informationen zum Vater: ____________________

   Informationen zur Mutter: ____________________

   Schule/Beruf

   Lieblingsfächer: ____________________

   Jugendorganisationen: ____________________

   Berufswahl: ____________________

   Gründe für die Berufswahl: ____________________

   Ausbildung: ____________________

   Wende/Einheit

   Typisches DDR-Verhalten vor der Wende: ____________________

   Dietrich und sein FDJ-Hemd: ____________________

   Stimmung nach Öffnung der Grenze: ____________________

   Dietrichs Erleben der Grenzöffnung: ____________________

   Dietrich über die Einheit: ____________________

2. *Vergleichen Sie Ihre Eintragungen mit Ihren Notizen von Aufgabe 119. Haben sich Ihre Vermutungen bestätigt?*

nach: Dommel (1995), 8

Schritt 3: Nach dem Sehen

Aufgabe 121

1. *Vielleicht haben Sie in dem Film Dinge vermißt, die Sie interessieren würden? Notieren Sie sie.*

____

____

____

____

____

____

2. *Vielleicht möchten Sie einen Kommentar zu dem Film machen? Notieren Sie: Was hat Ihnen gefallen, was nicht?*

____

____

____

____

____

____

3. *Zu welchen Punkten hätten Sie gern mehr Informationen?*

____

____

____

____

____

____

Der Film wurde 1991 gedreht. Zwei Jahre später äußerte sich Dietrich M. in einem Interview zu seiner Einstellung zur Musik, zu seinen Freizeitbeschäftigungen, zu seinen Berufsplänen und zur politischen und sozialen Situation in Thüringen. Vieles hat sich für ihn im Vergleich zu 1991 verändert. Dieses Vorgehen, die perspektivische Weiterführung eines landeskundlichen Themas, empfiehlt sich generell bei der Arbeit mit zeitgebundenen Dokumenten.

Das Hörmaterial befindet sich in dem Begleitheft zu dem *Videobrief Dietrich M.* (Dommel 1995). Wir stellen Ihnen auf Arbeitsblatt 25 einige Auszüge aus dem Interview vor.

Arbeitsblatt 25

Auszüge aus der Transkription des Interviews mit Dietrich M.

Lesen Sie zuerst die Fragen, dann die Äußerungen von Dietrich M., und beantworten Sie dann die Fragen.

1. Dietrich und die Musik

Was sagt Dietrich über die Musik in der DDR? Welchen Musikstil mag er jetzt?

„Zu DDR-Zeiten war's ziemlich schwierig, an Platten zu kommen, sowas. Da war die einzige Bezugsmöglichkeit halt der Sender DT 64, das war'n Radiosender. (...)

Ich hör' auch, ich kauf' extra auch bloß die Bands, die deutsch singen. Das ist halt die beste Methode, an Leute ranzukommen, mit sowas."

Interviewer: *Im „Videobrief" sehen wir dich Tuba spielen, aber das hat dir anscheinend keinen Spaß gemacht.*

„Das Talent hatte ich zwar, aber die Lust hat gefehlt. Es war nicht mein Ding, die Musikrichtung halt, Blasmusik und sowas. (...) Und da hab' ich jetzt angefangen, seit kürzester Zeit spiel' ich jetzt als *Drummer* (= Schlagzeuger) von 'ner Band, so halt, ich weiß nicht, sie *ham* (= haben) uns schon in so 'ne Schublade gedrängt: so Noise-Punk und so, *ham se* (haben sie) uns" ...

2. Freizeit in Großbreitenbach

Wo trifft sich Dietrich jetzt mit seinen Freunden? Was hat sich im Vergleich zum „Videobrief" geändert?

(...) „Früher war's der Jugendclub, und heute ist es halt 'ne private Disco, es ist privatisiert worden. Da ist erstmal, für unsere Verhältnisse, DDR-Verhältnisse, ist es teuer, also das ... , also ich meide den Club jetzt, weil das Bier ist teuer, und außerdem spielen sie auch überhaupt keine Musik mehr, die uns interessiert, so also, die uns anspricht, nur noch halt Techno und den ganzen Quatsch.

Entweder man trifft sich so im Freundeskreis, so abends halt, ab 19 Uhr, 18 Uhr sowas, vor so 'nem Supermarkt auf'm Parkplatz, da ist immer so 'n Treffpunkt; oder man fährt halt zusammen irgendwo anders hin, was weiß ich, Konzerte so, Live. Live-Musik ist eigentlich immer besser."

3. Dietrichs Berufspläne

Dietrich hat seine Forstlehre abgeschlossen. Was will er machen? Warum? Wo will er leben?

„Ich hab's auch gut abgeschlossen, direkt mit *gut* halt, aber ich bleib' nicht im Forst, weil's ... erstmal hab' ich mitgekriegt, daß du für das Geld, das du im Forst verdienen würdest, ganz schön arbeiten mußt, also sehr viel arbeiten mußt und dich total fertigmachst. (...) Und da häng' ich jetzt erst noch mal ein Jahr dran und mach' mein Fachabitur. Und das mach' ich jetzt ein Jahr lang, Fachabitur, und dann will ich sehen, daß ich ins Rettungswesen einsteige."

Interviewer: *Hast du eigentlich nie daran gedacht, aus Großbreitenbach wegzugehen?*

„Ja, schon dran gedacht, aber wenn, dann wirklich nur in 'ne Stadt. Berlin hat mich ziemlich fasziniert, wo ich das erste Mal in Berlin war. Aber auf der anderen Seite ist hier das Haus von den Eltern, und das werd' ich ja dann wahrscheinlich irgendwann mal erben ... Im Moment ist es der einfachste Weg, hierzubleiben, und es ist auch alles in der Nähe gewesen."

4. Die politische und soziale Entwicklung in Thüringen

Wie ist die soziale und politische Stimmung in Thüringen?

„Ja, ich würde sagen, die große Aufbruchstimmung, der Enthusiasmus von der Wende hat sich erstmal ziemlich gelegt, ziemlich rasch auch gelegt, weil die meisten Leute, gerade die Leute, die keinen Job mehr hatten oder arbeitslos geworden sind, gemerkt haben, daß das System auch nicht so toll ist, wie man es immer geglaubt hat, aus dem Westfernsehen und so." (...)

„Es gibt ziemlich viel Arbeitslose sogar. Die meisten werden jetzt von der Straße geholt, so Umschulungssachen oder ABM (= Arbeitsbeschaffungsmaßnahme, vom Arbeitsamt finanzierte Arbeit, zeitlich befristet). Aber wenn das ausläuft, da sieht's auch ziemlich mies aus dann."

Interviewer: *Und wie reagieren die Leute im politischen Sinne?*

„Ah, ziemlich gespalten. Also entweder sie springen ab, ganz von ihren alten Parteien, viele ham (= haben) ja CDU gewählt und sowas. Die meisten wählen sie nicht mehr oder würden sie nicht mehr wählen, weil sie denken, sie sind – also sie glauben, sie sind enttäuscht worden oder sind wirklich enttäuscht worden halt. Fehlentscheidungen oder sonstwas. Und Versprechungen nicht gehalten worden. Aber viele sagen auch, sie wollen überhaupt nicht mehr wählen. Und dann das Extrem – woraus ich mir den ganzen Rechtsruck hier in Deutschland erkläre –, daß viele abwandern zu rechtsradikalen oder so anderen Parteien halt, Republikanern, DVU (= Deutsche Volksunion) oder wie sie alle heißen."

Dommel (1995), 36ff.; gekürzt

5.5 Zusammenfassung

Zusammenfassung

Aus dem bisher Gesagten ergeben sich zwei Folgerungen für den Unterricht: Einmal müssen dem Lerner Hilfen angeboten werden, die ihm das Verstehen erleichtern, zum anderen sollte der Tatsache, daß in dokumentarischen Filmen die Realität „gefiltert" ist, im Unterricht Rechnung getragen werden. Voraussetzung dafür ist selbstverständlich eine Lernzieldefinition, aus der sich inhaltliche Schwerpunkte und Arbeitsschritte ableiten.

Generell können Hilfen zum Verständnis von Informationen und zur Texsorte *dokumentarischer Film* z. B. sein:

1. Hinführung zum Film durch Vorschalten eines inhaltlich ähnlichen, aber sprachlich leichteren Paralleltextes, durch Assoziationen zu einem Zentralbegriff, durch Bildmaterial, durch Landkarten, durch Spekulationen über den Titel, durch Einordnen des Films in einen größeren Kontext oder durch Aktivierung von Vorwissen.
2. Inhaltliche Sequenzierung des Films mit abschnittweisem Vorführen und Bearbeiten, Lenkung des Seh-/Hörverstehens durch Beobachtungsaufgaben, durch die Thematisierung der Bild-Ton-Schere (getrenntes Arbeiten mit den beiden Informationskanälen und Zusammentragen der Informationen).
3. Neben dem Verstehen landeskundlich wichtiger Informationen kann die Aufgabenstellung auch darauf abzielen, subjektive Standpunkte zu erspüren, Absichten und Wertungen unter Berücksichtigung sprachlicher und filmischer Mittel zu erkennen.

Zur Zusammenfassung geben wir Ihnen zwei Arbeitsblätter:

Arbeitsblatt 26 listet die Fragen auf, die sich der Betrachter eines dokumentarischen Films stellen kann. Arbeitsblatt 27 bietet Ihnen einen Überblick über die in Kapitel 5 behandelten Möglichkeiten. Damit haben Sie zwei Modelle, die Sie für die unterschiedlichsten Dokumentarfilme verwenden können.

Arbeitsblatt 26

Fragen an dokumentarische Filme

Lesen Sie die folgenden Fragestellungen, und ergänzen Sie sie nach Ihren Bedürfnissen.

Vor dem Sehen

1. *Was weiß ich zum Thema? (Vorwissen aktivieren)*

   ____

2. *Was erwarte ich vom Film? (Erwartungen benennen)*

   ____

3. *Was interessiert mich besonders am Thema? (eigene Interessen benennen)*

   ____

Während des Sehens

4. *Auf welche Aspekte möchte ich besonders achten? (inhaltliche, sprachliche, filmspezifische Beobachtungsschwerpunkte setzen)*

   ____

5. *Zu welchen Aspekten möchte ich Notizen machen? (selektives Verstehen)*

   ____

6. *Welche Einstellungen/Szenen möchte ich noch einmal sehen? (eigene Verstehenskontrolle)*

   ____

Nach dem Sehen

7. *Welche Informationen habe ich bekommen? (Globalverstehen)*

   ____

8. *Was habe ich gut verstanden, was nicht? Warum? (Verständnishilfen, Verständnisschwierigkeiten benennen)*

   ____

9. *Welche Information interessiert mich besonders? Welche Information möchte ich detaillierter bearbeiten? (subjektive Selektion)*

   ____

10. *Wer war mir sympathisch? Wer nicht? Warum? Was hat mich gestört? (gefilterte Realität und subjektive Rezeption)*

    ____

11. *Sind die Absichten der Autoren im Film erkennbar? Welche? (Intentionen, Wertungen erkennen und analysieren)*

    ____

12. *Wie wurden die Absichten ausgedrückt? (sprachliche, filmische Mittel erkennen und analysieren)*

    ____

13. *Was finde ich am Film gut? Was kritisiere ich? (persönliche Bewertung)*

    ____

Arbeitsblatt 27

Zur Arbeit mit dokumentarischen Filmen

1. *Erinnern Sie sich an die in Kapitel 5 gesehenen Beispiele und Aufgaben: Welche verschiedenen Möglichkeiten haben Sie kennengelernt, um die einzelnen Aktivitäten zu differenzieren? Füllen Sie bitte die rechte Spalte (Beispiele) aus, und geben Sie die entsprechende Aufgabennummer (A ...) oder Seitenzahl an.*

Aktivitäten		**Beispiele**
Vor dem Sehen		
1. Vorwissen aktivieren	*a)*	*Vorkenntnisse zu den neuen Bundesländern sammeln, A 108*
	b)	
	c)	
2. Vorentlastung schaffen durch	*a)*	*einen vereinfachten Paralleltext (zum Bundesland Thüringen), S. 97*
	b)	
	c)	
3. Hypothesen aufstellen	*a)*	*zum Filmtitel („Videobrief Dietrich M."), A 118*
	b)	
Während des Sehens		
1. Notizen zu vorgegebenen Stichpunkten machen	*a)*	*zu Ortsnamen (aus dem Bundesland Thüringen), A 113*
	b)	
	c)	
2. filmspezifische Aspekte analysieren	*a)*	*Kameraeinstellungen notieren (zum Bundesland Thüringen), A 115*
	b)	
	c)	
	d)	*Bild-Ton-Schere analysieren:*
	e)	
Nach dem Sehen		
1. Notizen vergleichen		*zum „Videobrief Dietrich M.", A 120*
2. Wertungen erkennen	*a)*	
	b)	
3. sich zum Film äußern		
4. perspektivische Erweiterung durch andere Dokumente	*a)*	
	b)	

2. *Ergänzen Sie die Auflistung um andere Arbeitsformen.*

6 Transkriptionen der verwendeten Filmausschnitte

Sequenz 1

In der Kneipe

Aus: Lenz, S. (1976): *Die Phantasie – der Autor und sein Thema.*
Informationen zum Film entnehmen Sie bitte Kapitel 7.

Sequenz 2

Die Mathearbeit

Aus: Scheibler, P./Strecker, F. (1986): *Dagmar.*
Informationen zum Film entnehmen Sie bitte Kapitel 7.

Sequenz 3 a

Vis-à-vis

Aus: Weißbarth, E. (1986): *Vis-à-vis.*
Informationen zum Film entnehmen Sie bitte Kapitel 7.

Sequenz 3 b

Auf dem Balkon

Aus: Weißbarth, E. (1986): *Vis-à-vis.*
Informationen zum Film entnehmen Sie bitte Kapitel 7.

Sequenz 4 b

Spot 4: *Frolic*

Aus: *Die Krönung der schönsten Stunden* (1990).

Sprecher: Ja, das neue Frolic ist jetzt mit noch mehr frischem Fleisch zubereitet. Mehr Fleisch, mehr Geschmack, mehr Frolic. Frolic schmeckt jedem Hund, jeden Tag.

Sequenz 5a + 5b

Der Fremde

Aus: Lang, F./Harbou von, Th. (1921): *Der müde Tod.*
Informationen zum Film entnehmen Sie bitte Kapitel 7.

Sequenz 6 b

Ein Ferientag

Aus: Leitner, H./Schwenzer, P. (1957): *Ferien auf Immenhof.* Informationen zum Film entnehmen Sie bitte Kapitel 7.

Ralf: Woran denken Sie jetzt?
Dick: Wieso?
Ralf: Sie machen so'n böses Gesicht?
Dick: Ach, ich hab' mich so geärgert.
Ralf: Über mich?
Dick: Ach wo, über Edelbert. So'n Krach zu machen wegen nichts.
Ralf: Nich' ärgern, Dick. Dazu ist der Tag doch viel zu schön.
Dick: Hm. Sie haben eigentlich recht.
Dick: (*Zu einem Pferd*): Mein kleiner Liebling.
Ralf: Dürfte ich die Damen bitten, ein kleines bißchen still zu halten?
Dick: Oh, bitte sehr.
Ralf: Zauberhaft, so'n reizvolles Motiv habe ich eigentlich noch nie gezeichnet. Ein süßes Mäulchen hat der kleine Liebling. Und diese Öhrchen! Da verliebt sich sogar mein Bleistift.
Dick: Sagen Sie allen Ihren Modellen solche Schmeicheleien?
Ralf: Nur wenn ich sicher bin, daß sie es nicht verstehen.
Dick: Oh, ich versteh' Sie aber!
Ralf: Wenn Sie wüßten, wie schön es ist, richtig verstanden zu werden! Die Augen sind immer das problematischste. (*Zum Pferd*): Wie sehen denn deine Augen eigentlich wirklich aus?
Dick: Meine?
Ralf: Hm, hm, ja, Dickie, deine.
(*Dicks Schwester kommt dazu und stört die beiden*)
Dick: Dalli, Dalli, schämst du dich gar nicht, mir hinterherzuspionieren?
Dalli: Aber ich konnte doch nicht ahnen, daß ihr beiden heute …
Dick: Hast du genug gesehen?
Dalli: Mehr als genug. Edelbert wird sich wundern.
Dick: Ja, und vergiß nicht, ihm alles zu erzählen, und sag ihm, daß wir uns 150mal geküßt haben!
(*Dalli verschwindet*)
Ralf: Dickie, wozu denn die Aufregung? Wir haben uns doch gar nicht geküßt!
Dick: Nee. Aber Sie haben vorhin du zu mir gesagt.
Ralf: Natürlich. Und du sollst auch du zu mir sagen.
Dick: Ich soll zu Ihnen …
Ralf: Zu dir!
Dick: Zu dir?
Ralf: Na, sag mal du!
Dick: Hm, hm (*verneinend, dann probierend*): du.
Ralf: Na also!

Sequenz 7

Pits Traumauto

Aus: Gies, H./Eplinius, U. (1988): *Das Traumauto.*
Informationen zum Film entnehmen Sie bitte Kapitel 7.

Pit: Ich hab' da einen Traum gehabt. Stell dir vor: Sonne, Côte d'Azur, 'n Riesenami.

	Offen natürlich. Musik. Das Mädchen.
Schorsch:	Den Traum kenn' ich.
Pit:	Ja?
Schorsch:	Bis mir die Frau aus meinem Traum abgehauen ist. Erklär' mir einer die Frauen! Los, komm mit, ich zeig dir was. – Na?
Pit:	Ist ja irre!
Schorsch:	Cadillac. Eldorado. Baujahr 53. 5,7 Liter, V 8, 210 PS! Elektrisches Faltdach, elektrisch verstellbare Sitzbank, automatische Fernlichtabschaltung, Automatikgetriebe, Servolenkung, Original-Röhrenradio und elektrische Fensterheber.
Pit:	Das wär's natürlich! Davon hab' ich geträumt.

Sequenz 8

Die Panne

Aus: Gies, H./Eplinius, U. (1988): *Das Traumauto.* Informationen zum Film entnehmen Sie bitte Kapitel 7.

Caro:	Ah, ein wunderschöner Tag heute.
Pit:	Ja. Und da fahren wir mit dem 9-Uhr-Zug von der Insel. Der um 2 hätte ja nun wirklich auch gereicht. Dann könnten wir jetzt noch ein bißchen am Strand liegen, in der Sonne, aber nein ...
Caro:	Ja, schade eigentlich, ne, wär' schön gewesen.
Pit:	Wie bitte? Jetzt reicht's mir aber langsam, du nervst die ganze Zeit, du willst zurück nach Hamburg. Und wenn wir unterwegs sind, dann ...
Caro:	Ja verdammt noch mal, warum machst du auch immer alles, was ich dir sage? – Bitte recht freundlich!
Pit:	Jetzt laß doch den Scheiß!
Caro:	Hast du's bald?
Pit:	Geht gleich weiter. – Auch platt! Das Reserverad ist auch platt!
Caro:	Ja, hast' nicht noch eins?
Pit:	Zwei Reserveräder, wo gibt's denn sowas?
Caro:	Tja, und jetzt?
Pit:	Tja – irgendwo Luft besorgen.
Caro:	Schöne Scheißkarre.
Pit:	Diese „Scheißkarre" hab' ich mir extra für dich angeschafft!
Caro:	Für mich? Jetzt übertreibst du aber doch ziemlich! Du glaubst doch nicht, daß du mir mit so'ner Karre imponieren kannst?
Pit:	Aber der Ludwig, was? Ohne seinen Porsche ist das doch auch nur – 'ne fette Qualle. Caro, jetzt komm. Bleib hier!
Caro:	Doppelnull (= *Versager*)! – Fahren Sie nach Hamburg?

Sequenz 9 + 10

Der Falschspieler

Aus: Kreck, J./Moo-Young, I. (1991): *Der Falschspieler.*
Informationen zum Film entnehmen Sie bitte Kapitel 7.

Sequenz 11

In Lolas Loge

Aus: Sternberg von, J./Liebmann, R. (1930): *Der Blaue Engel.*

Lola:	Halten Sie mal. – Schöne Augen, was? Also nich' schön?
Rath:	Oh ja, oh doch, sehr, sehr schön.
Lola:	Na, heute sind Sie wohl nich' in amtlicher Eigenschaft hier?
Rath:	Ich fürchte, ich habe mich gestern etwas ungebührlich betragen.
Lola:	Ja, das haben Sie. Heute sind Sie viel netter.
Rath:	Oh, pardon.

Sequenz 12

Der Lustgarten

Aus: Lang, F./Harbou von, Th. (1925/26): *Metropolis.*
Informationen zum Film entnehmen Sie bitte Kapitel 7.

Sequenz 13

Angst essen Seele auf

Aus: Fassbinder, R. W. (1974): *Angst essen Seele auf.*
Informationen zum Film entnehmen Sie bitte Kapitel 7.
Das Transkript finden Sie im Textteil (S. 30)

Sequenz 14

Die Krönung der schönsten Stunden*, Spot 11: *Karamalz

Aus: *Die Krönung der schönsten Stunden* (1990).

Stehst nicht auf Langeweile. Du tust, was dir gefällt.
Machst jede Menge Action und dir gehört die Welt.
Zeigst allen, was du drauf hast, gehst ran wie'n echter Star:
Karamalz läuft super. Das ist doch sonnenklar.
Das macht dich fit wie ein Profi und gibt dir Kraft wie nie.
Denn Karamalz schmeckt super, bringt frische Energie.
Macht fit wie ein Profi: Karamalz.

Sequenz 15

Die Krönung der schönsten Stunden*, Spot 24: *InterCity

Aus: *Die Krönung der schönsten Stunden* (1990).

Er ist überall,
und doch ist er immer erreichbar.
Er ist jeden Tag unterwegs,
aber er ist immer da, wenn man ihn braucht.

Er ist unermüdlich bei der Arbeit,
und doch tut er alles, um Sie zu verwöhnen.
Er ist ausgesprochen bequem
und dennoch zuverlässig und pünktlich.
Als Geschäftspartner ist er einzigartig,
und doch hat er 250 gleich gute Kollegen,
der InterCity.

Sequenz 16

Der Sitzenbleiber

Aus: Weißbarth, E. (1992): *Klassenziel nicht erreicht.* Informationen zum Film entnehmen Sie bitte Kapitel 7.

Vor der Schule

Kinder:	Sitzenbleiber, Sitzenbleiber, ätsch, dätsch!
Mädchen 1:	Schad' dir gar nichts, du Penner!
Mädchen 2:	Du kleiner doofer Pimmelzwerg! Du alter … (*Kindergeschrei*)
Junge:	Ihr seid ja alle blöd! Andere sind auch sitzengeblieben!
Anderer Junge:	Ja, aber nicht so eingebildet wie du!
Mädchen 2:	Die anderen sind kameradschaftlicher!
Mädchen 1:	Muttersöhnchen!
Mädchen 3:	Milchbubi!
Anderer Schüler:	Mach bloß 'ne Fliege! (= *Hau ab!*) (*Junge läuft weg*)

Schnitt

Vor einem Fleischerladen

Mutter:	Na, mein Junge, wie war's in der Schule, hm?
Junge:	Bin sitzengeblieben.
Mutter:	Was? Du bist sitzen … ? Wieso bist du sitzengeblieben? Ich begreif' das nicht! Wie kommst du dazu, sitzenzubleiben! Warum hat mir die Schule nichts geschrieben? Wie oft hab' ich dir gesagt, du sollst in der Schule besser aufpassen! Aber nein, der Herr muß ja auf der Straße rumlungern (= *sich herumtreiben*), anstatt ordentlich Schularbeiten zu machen! Heul' nicht!
Junge:	Heul' ja gar nicht!
Mutter:	Taschengeld ist ab sofort gestrichen, und auf die Straße spielen gibt's auch nicht mehr! Mach', daß du nach Hause kommst!
Junge:	Ich will nicht mehr allein sein! Will endlich jemanden haben, der zu Hause ist, wenn ich von der Schule komme, der sich um mich kümmert! Andere Kinder haben auch einen Vati, der ihnen bei den Schularbeiten hilft.
Mutter:	Ich kann dich nicht nach der Schule beaufsichtigen! Du weißt ganz genau, daß ich nicht aus Spaß in diesem Laden stehe!
Junge:	Papi fehlt mir.
Mutter:	Fang' nicht schon wieder davon an! – Marsch nach Hause! Aber auf dem direktesten Wege! Nu, wird's bald? (*Junge geht*)

Schnitt

Im Polizeiwagen

Mutter:	(*Bei der Polizei, weinend*): Oh Gott, wenn dem Jungen was passiert ist, dann dreh' ich durch.
Polizist 1:	Nun machen Sie sich mal keine Sorgen, junge Frau, das kennen wir schon! Jedes Jahr, wenn es Zeugnisse gibt, büxen irgendwelche Kinder aus (= *ausreißen, weglaufen*). Entweder, sie lungern bei Freunden herum (= *sind bei ihren Freunden*), oder sie sind irgendwo in der Stadt.
Polizist 2:	Die kommen doch sowieso zu ihren Eltern zurück. Außerdem gibt's doch Sorgentelefone. Steht in jedem Telefonbuch.
Mutter:	Woher sollen die Kinder das wissen?
Polizist 1:	Kann er denn nicht zu einem Freund gefahren sein?
Mutter:	Aber da komm' ich doch grad' her. Da war er doch nicht.
Polizist 1:	Andreas, laß uns mal zur Reeperbahn fahren.
Mutter:	Was soll er auf der Reeperbahn? Was soll er bei den Prostituierten? Das glaub' ich nicht.
Polizist 2:	Du, wir fahr'n mal zu den Landungsbrücken! Vor 3 Wochen, da war doch was, mit 'ner Schülerin …
Mutter:	Um Himmels willen, er wird doch nicht etwa ins Wasser …
Polizist 1:	(*Ins Mikro*): Hier Peter Vierzehn Zwo. Wir sind auf der Suche nach dem vermißten Jungen.

Sequenz 17

In der Schule

Aus: Mc Nab, R./Grauerholz, U. (1989): *Klassenfest.* Informationen zum Film entnehmen Sie bitte Kapitel 7.

Sequenz 18

In einem Gebäude

Aus: Hecht, S. (1992): *Hauptstraße 117.* Informationen zum Film entnehmen Sie bitte Kapitel 7.

Robert:	Guten Tag, ist hier noch frei?
Arbeitssuchender:	Hm. – Feuer?
Robert:	Ja. – Danke.

Sequenz 19

Anna und Schmidt

Aus: *Anna, Schmidt & Oskar* (1994).
Informationen zum Film entnehmen Sie bitte Kapitel 7.

Türspinne: Tür zu! Tür zu! Tür zu! Danke!
Herr Schmidt: Wer ist da?
Anna: Anna.
Herr Schmidt: Guten Tag!
Anna: Oh, guten Tag.
Herr Schmidt: Wer bist du denn?
Anna: Ich bin Anna, Anna Müller.
Herr Schmidt: Müller? Du bist nicht Frau Müller.
Anna: Nein, ich bin nicht Frau Müller. Ich bin ...
Herr Schmidt: Frau Müller ist alt, du bist jung. Du bist nicht Frau Müller.
Anna: Nein, ich bin nicht Frau Müller. Ich bin ...
Herr Schmidt: Frau Müller hat braune Haare, du hast blonde Haare. Du bist nicht Frau Müller.
Anna: Nein, ich bin nicht Frau Müller. Frau Müller ist meine Mutter.
Herr Schmidt: Ach, du bist die kleine Anna!
Anna: Ja, ich bin die kleine Anna.
Herr Schmidt: Wo ist denn deine Mutter?
Anna: Sie ist zu Hause, sie ist krank.
Herr Schmidt: Was?
Anna: Krank.
Herr Schmidt: Komm, setz dich her. Dein Hund muß raus.

Sequenz 20

In der Klasse

Aus: Scheibler, P./Strecker, F. (1986): *Dagmar*.
Informationen zum Film entnehmen Sie bitte Kapitel 7.

Sequenz 21

Die Banane

Aus: Loriot (1984): *Wo laufen Sie denn?*
Informationen zum Film entnehmen Sie bitte Kapitel 7.

Sequenz 22 b

Die Anmache

Aus: Gies, H./Eplinius, U. (1988): *Das Traumauto*.
Informationen zum Film entnehmen Sie bitte Kapitel 7.

Piwi: Langsam, langsam. – Ah, so, nicht schlecht.
Pit: Nicht schlecht?
Susi: Auf so was stehen kleine Jungens, was?
Junger Mann: Das ist Caro, Ludwigs neue Sängerin. Er managt sie. Du, die machen Aufnahmen bei uns im Studio.
Piwi: Wenn sie dir gefällt, mach' sie doch an!
Junger Mann: Ja.
Susi: Gib ihr doch Feuer!
Pit: Gute Idee.
Stefan: He, du hast sie wohl nimmer alle.
Junger Mann: Toi, toi, toi.
Pit: Feuer?
Caro: Hm. – Sehr geschickt!
Pit: Oh, Entschuldigung. Kein Problem, kommt sofort wieder in Ordnung.
Caro: Sag mal, hast du sie nicht mehr all'? Glaubst du, das trink' ich noch?
Pit: Wie? Ach so, nee, natürlich. Lilo, mach' mal schnell 'nen neuen Kaffee.
Caro: Vielleicht bekomm' ich ja doch noch Feuer.
Pit: Ja, ja natürlich.
Caro: Das hab' ich ja noch nie erlebt.
Pit: Oh, Mann, das tut mir wirklich leid. Es ist wohl nicht mein Tag heute.
Caro: Vergiß es! Es wird nichts mehr, vergiß es!
Ludwig: Belästigt dich der Bubi etwa?
Pit: He, Mann, nicht so'n Ton!
Caro: Halt' dich da raus, Ludwig!
Ludwig: Komm Bubi, du verschwindest jetzt besser.

Sequenz 23

Der Vampir

Aus: Murnau, F. W. (1922): *Nosferatu*.
Informationen zum Film entnehmen Sie bitte Kapitel 7.

Schriftinserts:
Nosferatu trinkt das Blut der Jungen, das Blut, das er für sein eigenes Dasein braucht. Man erkennt das Mal des Vampirs an der Spur seiner Fangzähne am Hals des Opfers.
In derselben Nacht in Bremen, in einem nachtwandlerischen Traum ...
Nina?
Den Arzt, schnell.
Jonathon! Jonathon! Hör mich!
Ein plötzliches Fieber.

Sequenz 24

Der Cadillac

Aus: Gies, H./Eplinius, U. (1988): *Das Traumauto*.
Informationen zum Film entnehmen Sie bitte Kapitel 7.

Schorsch: Na?
Pit: Ist ja irre.
Schorsch: Cadillac. Eldorado. Baujahr 53. 5,7 Liter, V 8, 210 PS! Elektrisches Faltdach, elektrisch verstellbare Sitzbank, automatische Fernlichtabschaltung, Automatikgetriebe, Servolenkung, Original-Röhrenradio und elektrische Fensterheber.
Pit: Das wär's natürlich! Davon hab' ich geträumt.

Sequenz 25

In der Küche

Aus: Scheibler, P./Strecker, F. (1986): *Dagmar*. Informationen zum Film entnehmen Sie bitte Kapitel 7.

Mutter: Sag' mal, mit dir ist doch alles in Ordnung, oder?
Dagmar: Warum?
Mutter: Nur so. Früher hab' ich dich öfter gesehen, da mußte ich nicht fragen.
Dagmar: Das liegt nicht an mir. Ich bin die meiste Zeit zu Hause.
Mutter: Ist das 'n Vorwurf?
Dagmar: Quatsch! Nur 'ne Feststellung. Aber ist doch wahr …
Mutter: Hm. – Sag mal, stört es dich eigentlich, daß ich wieder arbeite?
Dagmar: Wirklich nicht.
Bruder: Hm. Lecker, dein Brot.
Dagmar: Kannst du das bitte wieder hinlegen?
Bruder: Nein!
Dagmar: Komm, Andreas, schmier' dir deine Brote doch selber! (*Zu ihrer Mutter und ihrem Vater, der gerade hereinkommt*): Mit dem habt ihr echt was falsch gemacht. 'n richtigen kleinen Macho habt ihr da großgezogen.
Mutter: Na, na, na, na, na!
Dagmar: Ja, ist doch wahr!
Vater: Hallo, streitet ihr euch?
Mutter: Ach wo! Grüß' dich!
Vater: Hm!
Mutter: Joghurt …
Vater: Bis dann, bin gleich wieder da.
Mutter: Hm.
Dagmar: (*Murmelt unzufrieden vor sich hin, schmiert sich neue Brote*): Kann noch nicht mal 'n Brot schmieren. Jetzt ist die gute alle. – Gurken sind auch alle.
Mutter: Sind schon neue da. – He! Du regst dich doch immer so über die Umweltverschmutzung auf. Hier kannst du mal selber was dagegen tun. Glas ist kein Müll.
Dagmar: Hab' ich vergessen … Ach, ich hab' ja noch was vergessen …
Bruder: Sag mal, ist hier nicht irgendwo noch 'nen Käsebrot oder sowas?
Dagmar: Untersteh' dich!
Bruder: Hey!
Mutter: Wart' 'ne Sekunde, ich mach' dir schnell eins.
Dagmar: Genau das hab' ich vorhin gemeint.
Vater: Ihr streitet euch ja doch.
Mutter: Überhaupt nicht. Die Dagmar meint nur, daß die Emanzipation beim Broteschmieren anfängt.
Dagmar: Hey, laß das!
Vater: Ach so?
Bruder: Die andere ist ja alle!
Dagmar: Ja, hast du doch aufgefressen!
Mutter: Hier.
Dagmar: Na, hast du dich wieder verkleidet?
Vater: Im Gegenteil! Meine Verkleidung hab' ich grade abgelegt. Jetzt trag' ich meine normalen Sachen.
Dagmar: Es gibt übrigens eine Neuerung.
Mutter: Hm?
Dagmar: Ja, alle organischen Abfälle kommen ab sofort da hinein.
Vater: Wozu das denn?
Dagmar: Ja, damit der Anteil an unseren Haushaltsabfällen reduziert wird.
Mutter: Na, und wohin dann mit dem Zeug?
Dagmar: Auf einen Komposthaufen.
Mutter: Haben wir denn einen?
Dagmar: Ich werde einen anlegen.
Vater: Wo denn?
Dagmar: Im Garten! Da kommen lauter kleine Gemüsebeete hin.
Vater: Gemüsebeete?
Dagmar: Ja, Tomaten, Karotten, Zwiebeln, Erbsen …
Vater: In unserem Garten ist doch gar kein Platz!
Dagmar: Da ist jede Menge Platz. Ich muß nur den Rasen umgraben.
Vater: Bei dir piept's wohl! Meinen Rasen umgraben? Weißt du, wie lange ich brauchte, um den so hinzukriegen, wie er jetzt ist? 5 Jahre!
Dagmar: Das macht ja nichts. Dann haben wir eben 5 Jahre vertan.
Vater: Hör mal! Das ist mein Garten. Um den hat sich bisher niemand gekümmert außer mir. Und mein Garten, der bleibt so, wie ich ihn haben möchte. Verstanden?
Dagmar: Nein, nicht verstanden, außer, daß du jetzt ziemlich den autoritären Macker (= *den, der allein bestimmt*) raushängen läßt.
Vater: Hast du das gehört?!
Mutter: Find' ich gar nicht so blöd, was die Dagmar da vorhat.

Sequenz 26

Auf der Treppe

Aus: Beauvais, P./Courths-Maler, H. (1974): *Griseldis*. Informationen zum Film entnehmen Sie bitte Kapitel 7.

Sequenz 27

Der Sturz vom Fahrrad

Aus: Bohm, H. (1977): *Moritz, lieber Moritz*. Informationen zum Film entnehmen Sie bitte Kapitel 7. (Nur Geräusche, kein Dialog)

Sequenz 28

In der Bäckerei

Aus: Mc Nab, R./Grauerholz, U. (1989): *Klassenfest*.

Informationen zum Film entnehmen Sie bitte Kapitel 7.

Verkäuferin:	Guten Tag, bitte schön?
Schülerin:	Wir möchten gerne 30 Brötchen.
Verkäuferin:	Mohn, Roggen, Sesam?
Schülerin:	Nein, nein, ganz normale.
Verkäuferin:	Ganz normale.
	(*Stimmengewirr*)
Verkäuferin:	So, bitte schön. Bekommt ihr sonst noch etwas?
Schülerinnen:	Nein, danke.
Verkäuferin:	8 Mark und zehn, bitte.

Sequenz 29

Auf dem Schulhof

Aus: Scheibler, P./Strecker, F. (1986): *Dagmar*.
Informationen zum Film entnehmen Sie bitte Kapitel 7.

Sequenz 30

Der Vampir

Aus: Murnau, F. W. (1922): *Nosferatu*.
(siehe Sequenz 23)

Sequenz 31

In einem Gebäude

Aus: Hecht, S. (1992): *Hauptstraße 117*.
(siehe Sequenz 18)

Sequenz 32

Eine Stadt am Morgen

Aus: *Alles Gute* (1988), Lektion 2.
Informationen zum Film entnehmen Sie bitte Kapitel 7.
(Nur Geräusche, kein Dialog)

Sequenz 33 b

Ein ganz normaler Morgen

Aus: *Alles Gute* (1988), Lektion 2.

Heidi:	Heh, Wolfgang! Es ist schon spät, – es ist halb sieben. Du mußt raus! He, Wolfgang! – Du mußt aufstehen!
Wolfgang:	Wie spät ist es denn?
Heidi:	Halb sieben. Geh du zuerst ins Bad!
Wolfgang:	Nein, geh du zuerst!
Heidi:	Nein, bitte, geh du!
Wolfgang:	Na schön, ich gehe zuerst ins Bad. – Guten Morgen! Guten Morgen! – Heidi, aufstehen! Das Bad ist frei. Heidi, aufstehen! Das Bad ist frei.
Heidi:	Wie spät ist es? Wie spät ist es?
Wolfgang:	Es ist schon spät. Sieben Uhr.
Heidi:	Guten Morgen! – Noch Kaffee?
Wolfgang:	Noch ein Brot?
Heidi:	Noch Kaffee?
Wolfgang:	Ja, bitte! – Noch ein Brot?
Heidi:	Ja. – Honig?
Wolfgang:	Nein.
Heidi:	Wurst?
Wolfgang:	Nein, Marmelade. – Wann hast du Feierabend?
Heidi:	Um fünf.
Wolfgang:	Wie spät ist es?
Heidi:	Halb acht.
Wolfgang:	Halb acht. Du, ich muß los.
Heidi:	Bitte, Wolfgang! Ich komme zu spät.
Wolfgang:	Halb acht. Ich muß zur Arbeit, ich muß los.
Heidi:	Ach, du mußt zur Arbeit! Und ich? Ich muß auch arbeiten.
Wolfgang:	Ja, ja, ja, Heidi! Aber ich komm' zu spät.
Heidi:	Ich komme auch zu spät. – Du, Wolfgang, heute brauche ich das Auto.
Wolfgang:	Nein, das Auto brauche ich. Ich komme sonst zu spät.
Heidi:	Ich komme auch zu spät. – Na, ja! Ich muß auch los. Ich muß auch zur Arbeit.
Wolfgang:	Du hast noch Zeit. Du kannst die Straßenbahn nehmen.
Heidi:	Du mußt los! Ich nehm' nicht die Straßenbahn. Ich nehm' das Fahrrad.
Heidi:	Hallo, Wolfgang!
Wolfgang:	Heidi! Komm!
Heidi:	Ich muß los!
Wolfgang:	Ich muß auch los!

Sequenz 34

Unterrichtsdokumentation zu Weißbarth, E. (1986): *Vis-à-vis*.
Informationen zum Film entnehmen Sie bitte Kapitel 7.

Sequenz 35

Die Klavierstunde

Aus: Scheibler, P./Strecker, F. (1986): *Dagmar*.
Informationen zum Film entnehmen Sie bitte Kapitel 7.
(Nur Geräusche, kein Dialog)

Sequenz 36

Dagmar und Florian

Aus: Scheibler, P./Strecker, F. (1986): *Dagmar*.

	(*Musik Brassens*)
Dagmar:	Jetzt hör mal zu!
	(*Musik Brassens*)
Florian:	Das törnt dich an? (= *Das gefällt dir?*)
Dagmar:	Dich etwa nicht?
Florian:	Nee, mich nich'.
Dagmar:	Na, weil du den Text nicht verstehst.
Florian:	Verstehst du denn alles?
Dagmar:	Ja, hör mal zu (*Sie übersetzt*): *Sie kotzt mich an, sie kotzt mich an, ich wiederhol's, und wenn sie mich anmacht, behält sie die Handschuhe an.*
Florian:	Und auf sowas fährst du ab? (= *So was gefällt dir?*)
Dagmar:	Naja, auf deutsch würd' es mir wahrscheinlich nicht gefallen.

Florian: Komm!
Dagmar: Nh, nh (= *nein*).
Florian: Warum denn nich'?
Dagmar: Weil – ich möcht' dich was fragen.
Florian: Ja?
Dagmar: Wenn du zum Militär eingezogen wirst, gehst du dann hin oder verweigerst du?
Florian: Die ziehen mich nich' ein.
Dagmar: Und wieso?
Florian: Weil ich sowieso untauglich bin.
Dagmar: Und woher willst du das wissen?
Florian: Frag' nicht so viel, komm!
Dagmar: Nein, ich will jetzt nich'.
Florian: So'n bißchen schmusen, da ist doch nix dabei.
Dagmar: Ja, aber nicht würgen!
Florian: Find' ich echt link (= *gemein*) von dir, mich erst so aufreizend anzugrinsen (= *ansehen*) und dann die fiese Else miemen (= *ablehnen*).
Dagmar: Wie hab' ich dich angegrinst?
Florian: Aufreizend! Richtig rattenscharf! (= *aufreizend, geil*)
Dagmar: Ich glaub', du brauchst 'nen Blindenhund!

Sequenz 37

Die Jutetasche

Aus: Scheibler, P./Strecker, F. (1986): *Dagmar*.
Informationen zum Film entnehmen Sie bitte Kapitel 7.

Wennhaber: Jute statt Plastik! Das ist auch eine von diesen Lügen, die Sie sich reinziehen, ohne nachzudenken. Die Jutetaschen sind mit einem Zeug imprägniert, das hundertmal giftiger ist als jedes Plastik.
Dagmar: Das ist überhaupt nicht wahr.
Wennhaber: Ach hör'n Sie auf, Dagmar.
Dagmar: Herr Wennhaber, ich hab' doch selbst...
Wennhaber: Wenn Sie sich hier produzieren wollen, gehen Sie bitte an die Tafel und rechnen die Aufgabe fertig.
Na los, kommen Sie schon nach vorn!
(*Dagmar geht an die Tafel und rechnet.*)
Wennhaber: Vielleicht können Sie der Klasse auch erklären, was Sie da machen.
Dagmar: Läßt man P auf der Kurve gegen P null wandern, so nähert sich die Sekantensteigung der Tangentensteigung. Im Grenzfall P gegen P null ergibt sich somit die Steigung der Tangente.
Wennhaber: Ja, ja, richtig. Allerdings haben Sie ein wenig lange gebraucht, finden Sie nicht auch?
Dagmar: Übrigens sind die Jutetaschen nicht imprägniert. Das ist so ein Gerücht, das die Plastikindustrie verbreitet hat.
Wennhaber: Sie dürfen sich jetzt wieder setzen, Fräulein Meckendorf.

Sequenz 38

In der Küche

Aus: Scheibler, P./Strecker, F. (1986): *Dagmar*.
(siehe Transkript zu Sequenz 25)

Sequenz 39

Moritz und das Mädchen

Aus: Bohm, H. (1977): *Moritz, lieber Moritz*.
(Nur Geräusche, kein Dialog.)

Sequenz 40

Moritz und seine Eltern

Aus: Bohm, H. (1977): *Moritz, lieber Moritz*.
Informationen zum Film entnehmen Sie bitte Kapitel 7.

Vater: Wir müssen doch noch mal gemeinsam über das Matheproblem reden.
Moritz: Ihr entschuldigt mich bitte. Ich möchte nichts essen.
Mutter: Willst du dem Gespräch wieder ausweichen?
Moritz: Ich habe keinen Hunger, und ich habe etwas vor. Außerdem kommt doch wieder dasselbe dabei 'raus: ich soll mehr tun.
Mutter: Ja, und warum auch nicht. Was ist daran verkehrt?
Vater: Das ist doch ganz einfach. Da muß er mehr arbeiten, und das mag er nicht.
Mutter: Und das mußt du ja verstehen ...
Vater: Willst du dich nicht wenigstens setzen?
Moritz: Es ist vollkommen zwecklos, wenn ich mehr arbeite. Ich versteh' die komischen mathematischen Bruchstücke sowieso nicht. Neulich flog 'n Flugzeug am Fenster vorbei, und der Lehrer stand an der Tafel. Da hab' ich gedacht: das ganze Flugzeug steckt voller Mathematik. Aber der Typ da vorn an der Tafel kann einem überhaupt nicht klarmachen, was sein Quatsch da mit dem Flugzeug zu tun hat.
Mutter: Versteh' ich nicht. Was soll ein Flugzeug mit dem Mathematikunterricht zu tun haben?
Vater: Versteh' ich auch nicht. Immerhin hat der Vergleich nichts mit dem Geschlechtsleben zu tun.
Mutter: Das versteh' nicht. Wie meinst du das? – Walter!
Moritz: Wenn man etwas lernen soll, dann möchte man wissen, wofür das gut ist, eben, daß man mit Mathe Flugzeuge bauen kann. Kann ich jetzt gehen?
Mutter: Ja. – Hol mir mal Salz, bitte!
Moritz: Ist das nich' hier?
Vater: Hier ist überhaupt nichts mehr.

Sequenz 41 b

Moritz und die Schule

Aus: Bohm, H. (1977): *Moritz, lieber Moritz.*

Schüler: Er kommt, er kommt, er kommt!
Lehrer: Guten Morgen.
Klasse: Guten Morgen.
Lehrer: Als erstes schnell mal die Hausaufgaben. Und du, Moritz?
Moritz: Hab' keine gemacht.
Lehrer: Und warum nicht?
Moritz: Ich hab' das Ganze nicht verstanden.
Lehrer: Weil du das Ganze nicht verstehen willst, mein Lieber, hab' ich das Gefühl. Wenn man das wirklich verstehen will und 'n bißchen dafür tut, ist 'ne besondere Begabung gar nicht nötig.
Moritz: Immer diese Begabung! Vielleicht fehlt Ihnen die Begabung ...
Lehrer: Was?
Moritz: Vielleicht fehlt Ihnen die Begabung, einem etwas beizubringen.
Lehrer: Hör mal, du hör mal, das hab' ich nicht nötig, mir von jemandem wie dir so etwas sagen zu lassen. Versager!
Moritz: Hier kapiert doch keiner was in seinem Unterricht.
Schülerin: Ist ja schon gut, Mensch.
Moritz: Ihr haltet euch doch nur mit Nachhilfe über Wasser.
Schüler: Nu, hör endlich auf, du alter Angeber.
Moritz: Hör du doch auf! Er checkt (= *merkt*) doch gar nicht, was in der Klasse läuft, wenn er da vorne vor sich hinsabbelt (= *hinredet*). Und Zensuren verteilt er wie der liebe Gott.
Schüler: Mann, Mann, Mann, hör jetzt endlich auf!
Moritz: Du bist doch der größte Feigling. Du Kalorienkacker!
Lehrer: Diskutiert das ruhig zu Ende. Und wenn ihr fertig seid, könnt ihr mich ja rufen.
Schüler: Jetzt holt er Hilfe beim Direktor.
Schüler: Hör mal zu, ich riskier' nicht 'n Streit mit dem Mathelehrer und setz' meine Zensuren aufs Spiel, nur weil so'n Spastiker (i. S. von *Verrückter*) wie du durchdreht.
Schülerin: Mensch, du reißt uns doch alle mit rein.
Moritz: Reiß euch alle mit rein? Ihr seid doch schon in derselben Scheiße. Vielleicht merkt ihr das gar nicht.
Schüler: Halt endlich die Schnauze! Denunziant!
Moritz: Was heißt 'n Denunziant?! Ihr seid doch zu feige, was zu sagen. Keiner blickt mehr durch (= *versteht etwas*) in Mathe, wenn er keine Nachhilfe kriegt.
Schüler: Und du kriegst keine Nachhilfe mehr, weil dein Vater sie nicht mehr bezahlen kann. Und deshalb drehst du durch.
Moritz: Laß meinen Vater aus dem Spiel!
(*Moritz und der Schüler prügeln sich auf dem Boden und geraten unter die Schulbank einer Schülerin.*).
Schülerin: Huch, die woll'n mir unter'n Rock.
(*Geschrei in der Klasse. Der stärkste Schüler packt Moritz und wirft ihn aus der Klasse. Die Schüler folgen ihm nach.*)
Lehrer: Bitte geht zurück in die Klasse! Geht auf eure Plätze!
(*Moritz steht auf und entfernt sich.*)
Stockmann! Stockmann! (= *Nachname von Moritz*) Wo willst du hin?
(*Moritz verläßt die Schule.*)

Sequenz 42

Moritz und die Rocker

Aus: Bohm, H. (1977): *Moritz, lieber Moritz.*
Informationen zum Film entnehmen Sie bitte Kapitel 7.

A: Hey, kommt doch mal raus!
B: Hey, Jazzer (= *Jazzmusiker*) ... was machst du denn da?
C: Hey, der hat ja 'ne richtige „Gießkanne" (= *Saxophon*)!
B: Komm mal mit rein! Nun komm schon! Nun mach schon, Mann! Komm mal mit rein, Junge! Na, los doch! Nun geh! Geh rein da, los! – Hey, guck mal, was wir hier mitgebracht haben.
D: Eh, wo habt ihr denn den Schmarotzer her?
B: Na, auf der Straße gefunden. Da haben wir ihn aufgesammelt.
D: Na komm, Hugo!
B: Kannst du mit dem Ding überhaupt spielen? Ja oder nein?
Moritz: Ja, ein bißchen.
B: Dann spiel' doch mal was! Hey, hört mal auf! Jimmy, spiel' ihm doch mal 'ne Phrase vor.
(*Der Junge mit dem Namen Jimmy spielt ihm etwas vor.*)
Moritz: Das war Es-Dur, ich spiel' das aber lieber in As-Dur ... !
D: Das war Es-Dur, er spielt es lieber in As-Dur ... Jawohl, Herr Doktor.
B: Nun spiel' schon!
(*Moritz spielt etwas vor.*)
B: Du, hör mal auf jetzt! Hey, kannst du da nich' 'n bißchen mehr 'n *Groove* reinbringen?
Moritz: Was ist denn das, *Groove*?
B: Komisch, ich weiß nicht, was Es-Dur ist, und du weißt nicht, was *groovy* ist. ... Okay, Jungs! Dann wollen wir ihm mal was vorspielen!

Sequenz 43

Volker Ehrlich

Aus: Fischer, Th./Syring, G. (1991): *Ungebahnte Wege.*

Informationen zum Film entnehmen Sie bitte Kapitel 7.

Volker Ehrlich in seiner Wohnung

Kommentar im Off: Es gibt aber auch Jugendliche, die sich den neuen Begebenheiten anpassen, die geschmeidig jede Chance nutzen, vorwärtszukommen. Die neue Zeit ist reich an Bewährungsfeldern, auf denen lange gezwungenermaßen brachliegende Fähigkeiten entfaltet und ausgelebt werden können. Mancher begreift die neuen Anforderungen schnell, handelt zielsicher und offensichtlich erfolgreich.

Volker Ehrlich über sich selbst im Off: Ich heiße Volker Ehrlich, ich bin 22 Jahre alt. Ich bin ledig, wohn' allein und agiere beruflich als Angestellter bei einer großen Versicherungsgesellschaft, bin dort als Organisationsinspektor tätig, d. h., ich habe einen Stamm von haupt- und nebenberuflichen Mitarbeitern auf der organisatorischen Schiene zu betreuen. Ich bilde diese Leute aus, und ich organisiere also die Zusammenarbeit mit Spezialisten und Fachleuten. Das sieht also so aus, daß mein Terminkalender zumeist damit vollgestopft ist, zu Mitarbeitern fahren, Probleme mit ihnen vor Ort lösen, Geschäfte mit ihnen schreiben, Spezialisten zuordnen, Angebote schreiben, Rückantworten bearbeiten, neue Kontakte knüpfen, neue Leute einstellen. Ja, früher, da zog sich ein Tag immer so hin, aber nun mein' ich, der Tag hätte eher 12 als 24 Stunden. Und ich komm' mit der Arbeit nicht hin und nicht her, es ist sehr viel aufregender auch geworden.

Volker Ehrlich im Büro: Morgen.

Mitarbeiter: Morgen.

Volker Ehrlich: Ich begrüße Sie. – Morgen Frau Teilich. – Was sagt das Fach?

Kommentar im Off: Im Versicherungsgewerbe herrscht Goldgräberstimmung.
(*Im Hintergrund die Live-Stimmen von Volker Ehrlich und den beiden Mitarbeitern*)
In Ostdeutschland hat sich ein riesiger Markt aufgetan, der heftig umkämpft ist. Alle nur denkbaren Versicherungen werden an die Frau und den Mann gebracht: Leben und Auto, Krankheit und Hausrat, Einbruch und Wasserschaden. Erfolgreich kann nur der Redegewandte, der Selbstsichere sein. Ihm bieten sich beste Möglichkeiten, gutes Geld zu verdienen und Selbstbestätigung zu finden. Wer die Mechanismen der Marktwirtschaft begreift und zu handhaben weiß, findet seinen Weg. Wie hat Volker Ehrlich vor der Wende gelebt?

Volker Ehrlich: Es war also so, man dachte eigentlich immer nur ans Durchkommen irgendwie, d. h. versuchen, so viel Geld wie möglich irgendwo zu verdienen, ja und sein Heil irgendwo in der Privatidylle zu suchen. Daß man da also so 'nen richtigen Plan sich in der Richtung machen konnte, das ging ja eh' nicht. Waren ja von allen Seiten irgendwo Grenzen gesetzt, ja, 's wär' ja 'n selbstmörderisches Unterfangen gewesen. Ja, ich hab' da meine Aktivitäten lieber in andere Sachen gesteckt, wo ich wußte, daß da effektiv auch was für mich bei herauskommen könnte.

Interviewer: Und dann kam die Wende?

Volker Ehrlich: Ah ja.

Interviewer: Und dann haben Sie sofort erkannt, wo's langgeht, oder wie war das ?

Volker Ehrlich: Natürlich nicht! Die Wende – ich mein' immer, die Wende war nicht das entscheidende …

Sequenz 44

Wahlkampf

Aus: Boom van den, R. u. a. (1991 a): *Bildschirm 5.*
Informationen zum Film entnehmen Sie bitte Kapitel 7.

Samstagvormittag.
Als einzige Partei übt sich die SPD-Ost im aktiven Straßenwahlkampf. Die Genossen-West haben vom Bus bis zur Kaffeekanne alles Nötige mitgebracht. Besonders mit kommunalen Problemen, beispielsweise der Wohnungsnot, soll das Interesse für Politik neu belebt und Lethargie und Mißtrauen abgebaut werden – ein schwieriges Geschäft. In den Gesichtern der Menschen immer wieder Scheu und Ratlosigkeit.
Wahlkampf. Bundesprominenz wie Brandt, Blüm, Momper, kommt sogar hierhin, „in den hintersten Winkel", wie die Frankfurter selbst sagen. Wie überall in der DDR fehlen auch hier noch zwei Drittel der dringend benötigten Wahlvorstände für den 18. März, ein Amt, das durch die Manipulationen bei früheren Wahlen in Verruf geraten ist.

Sequenz 45 b

Lillimaus

Aus: *Willi Fährmann.* Literarische Porträts (1989).

„Ich will dir ein großes Geheimnis anvertrauen. Denk' dir, ich kann lesen."
„Was ist das lesen?" fragte Mäusefriederike ratlos. „Ist das etwas, was du fressen kannst?"
„Nein, nein", antwortete Lillimaus und lachte. „Lesen, das ist wie fliegen, fliegen aus unserer Küchentür hinaus hoch über die Bäume im Garten hin und weiter, immer weiter, in fremde Länder und ferne Welten."

„Wie fliegen ist das, Lillimaus?“ staunte Mäusefriederike. „Du kannst wirklich und wahrhaftig fliegen, wie die Menschenköchin es immer erzählt von den fliegenden Fischen, oder etwa so geschickt fliegen wie eine Fledermaus?“

„Nicht so, liebe Freundin. Lesen, das ist wie, wie ... segeln, segeln den Bach hinter dem Garten hinab und weiter, immer weiter durch reißende Ströme und endlose Meere.“

„Du segelst, Lillimaus? Mit einem richtigen Segelboot, so wie der kleine Menschenriese in der Badewanne eins schwimmen läßt, mit so einem Boot wagst du dich aufs Wasser?“

„So wohl nicht, Friederike. Wie soll ich dir das nur verständlich machen?

Lesen, das ist wie sehen mit anderen Augen.“

Sequenz 46 b

Der Friedhof

Aus: Schnatmann, R. (1992): *Willi, erzähl!*
Informationen zum Film entnehmen Sie bitte Kapitel 7.

Die Jungen waren noch inmitten der Kornfelder, weit vor der Stadt, als die ersten Tropfen schwer herniederschlugen.

„Wir schaffen es nicht mehr“, keuchte Sigi. „Komm, wir laufen dort auf unseren Friedhof. Da weiß ich einen trockenen Platz.“

Einen Augenblick zauderte Karl. Zum Judenfriedhof? Ihm fielen die grausigen Geschichten ein, die ihm sein Onkel Bartel von den Gespenstern dort und von dem ewigen Juden erzählt hatte. Aber Sigi schien keine Angst zu haben. Er war schon ein Stück weit weg. Wenn Sigi keine Angst hatte, dann konnte es nicht so schlimm sein.

„Hier ist ein Durchschlupf“. Er schob die Blätter auseinander. Ein Spalt tat sich auf. Karl erkannte, daß sein Weg innerhalb des Friedhofes rundum führte. Doch Sigi überquerte den Weg und auch einen zweiten Wegkreis, wich einigen Grabsteinen aus und strebte dem Baumriesen zu, der genau die Mitte des kreisrunden Totenackers bildete.

„Hier hinein“, sagte er. Der Stamm war aufgerissen und hohl. Karl zwängte sich durch den Spalt. Der Innenraum war größer, als er vermutet hatte. Schon drängte Sigi nach. Es wurde eng. Aber als sie sich zurechtgesetzt hatten, reichte der Platz für zwei. Jedesmal wenn ein Blitz aufzuckte, sah Karl durch den Spalt einen Grabstein. Seltsame Zeichen zeigte der Stein. Eine gespreizte Hand erkannte er. Karl versuchte, seine Hand auch so zu halten: Daumen, Zeigefinger und Mittelfinger beieinander und Ringfinger und kleiner Finger eng zusammen, aber weit abgespreizt von den andern. Er versuchte es vergeblich. Sigi sah es und machte es ihm vor. Für ihn schien es leicht zu sein. Karls Finger gehorchten nicht.

„Bei euch ist alles anders“, sagte er. „Ihr habt eine eigene Schrift, eure Toten beerdigt ihr abseits der Stadt, die Gräber sind düster, ohne Blumen, am Samstag haltet ihr euren Sonntag. Warum ist das eigentlich so?“

„Wir glauben eben anders“, antwortete Sigi.

Sequenz 47

Thüringen

Aus: Perraudin, R. u. a. (1990): *Die fünf neuen Bundesländer.*
Informationen zum Film entnehmen Sie bitte Kapitel 7.

Kommentar im Off: Da ist sie: die Markierung *R* für Deutschlands bekanntesten Wanderweg, den Rennsteig. Acht Tage brauchen die Wanderer, wenn sie auf ihm den Thüringer Wald in voller Länge genießen wollen.

Im Mittelalter war der Rennsteig ein militärischer Geheimpfad, denn Boten und Truppen konnten in der damaligen Einöde die Städte Gotha, Erfurt und Jena unbemerkt umgehen.

So einsam ist er heute nicht mehr.

(Wanderer singen: *„Das Wandern ist des Müllers Lust“.*)

Die am Rennsteig gelegenen Wintersportanlagen ziehen selbst außerhalb der Saison viele Neugierige in den Luftkurort Oberhof.

Die Mineralquellen von Bad Liebenstein sind eigentlich nicht für vorbeiziehende Wanderer gedacht. Aber, was den Kurgästen hilft, kann dem durstigen Wanderer nicht schaden. Nun denn!

(*Eine Frau trinkt das Wasser.*)

Kommentar: Brr, schmeckt das salzig!

Frau im On: Na, schmeckt's?

(Off): Wenn man's mag.

Kommentar: Nicht weit entfernt, jedoch tausend Meter unter der Erdoberfläche, wird kristallines Salz abgebaut. Diese Kalisalze werden zu einem hochwertigen Düngemittel verarbeitet. Der Dünger wird weltweit vermarktet. Die bei der Herstellung anfallende Salzlauge wird sorglos in die Werra gepumpt. Ab hier ist der Fluß ein totes Gewässer.

Entlang des Rennsteigs finden sich viele traditionsreiche Kleinbetriebe. Hier werden keine Hunde erwürgt, sondern Plüschtiere aller Größen zum Leben erweckt.

Seit dreihundert Jahren ist der Ort Sonneberg ein Zentrum der Spielzeugproduktion. Zahlreiche Puppen erblicken hier zum ersten Mal das Licht der Welt.

Glasaugen in allen Farbnuancen. Diesmal für Menschen. Die hohe Kunst der Herstellung von Augenprothesen ist in dem kleinen Ort Lauscha entwickelt worden. Seit über

vierhundert Jahren dreht sich hier alles um Glas. Und lange Zeit konnte Lauscha ein Geheimnis bewahren: das der Herstellung von Christbaumkugeln, die von hier aus in die ganze Welt verkauft wurden.
Immer wieder bietet der Rennsteig dem Wanderer schöne Ausblicke.
Die Häuser sind in dieser Höhe fast alle mit Schiefer gedeckt. Kein Wunder, wir befinden uns ja auch im Schiefergebirge, wie der östliche Teil des Thüringer Waldes genannt wird.
Mit Dynamit und Meißel werden unter Tage große Schieferblöcke herausgebrochen und nach oben transportiert. Erst das Geschick der Spalter macht aus diesen zentnerschweren Brocken den nur fünf Millimeter starken Dachschiefer.
Nach 170 Kilometern endet der Rennsteig an der Saale, die sich kurvenreich durch das Gebirge windet.
Genug gelaufen.
Mehrere Talsperren bremsen den Lauf der oberen Saale so ab, daß auf dem angestauten Wasser Motorschiffe fahren können. Besonders im Sommer sind die Stauseen ein beliebtes Naherholungsgebiet. Die angestaute Kraft wird über die Turbinen in elektrischen Strom umgewandelt.
Unterhalb der Talsperren ist das Wasser für Motorschiffe nicht mehr tief genug.

Kajakfahrer: Willst'e mit?

Kommentar: Das läßt man sich nicht zweimal sagen. Und gleich geht's los mit den berühmten Burgen und Schlössern an der Saale.
Darüber steht nichts in den Reiseführern. Noch kippt die Industrie ihr Abwasser direkt in die Saale. Kentern will man hier lieber nicht.
Die Saalestadt Jena.
An dem Namen *Zeiss* kommt man nicht vorbei. Ob Brillen- oder Ferngläser, Mikroskope, Vermessungsgeräte oder die weltberühmten Zeiss-Planetarien – in Jena hat die moderne Optikindustrie angefangen. Die Entwicklung der maschinellen Linsenfertigung, wie hier das Polieren, war dafür die Voraussetzung. Und noch heute ist Carl Zeiss einer der größten Optikbetriebe der Welt.
Doch wenn wir schon mal bei berühmten Namen sind: Mit Goethe und Schiller zieht das knapp zwanzig Kilometer entfernte Weimar das ganze Jahr über Scharen von Touristen an.

Fremdenführerin: Und darunter befanden sich die Wirtschaftsräume. Wie gesagt, es war sein Eigentum, und erst 50 Jahre später, also 50 Jahre nach Goethes Tod, wurden die Tore wieder geöffnet für das Publikum. Es war einfach so, daß die Familie sich gescheut hat, Fremde hereinzulassen und …

Kommentar: Doch nicht nur Goethe und Schiller wirkten hier. Die Entwicklung der kleinen Stadt Weimar zum großen Kulturzentrum wirkte wie ein Magnet auf die Künstler. So ist kaum ein Haus Weimars von berühmten Namen verschont geblieben.
Goethe ging gern direkt hinter Weimar in den Wäldern des Ettersbergs spazieren. Hier arbeitete er am *Tasso*. Und hier vollendete Schiller seine *Maria Stuart*.
1937 errichteten die Nazis das Konzentrationslager Ettersberg. Nach einem Protest der Goethe-Freunde wurde der Name in *KZ Buchenwald* abgeändert.
Hinter dem schmiedeeisernen Lagertor mit der zynischen Aufschrift waren neben Juden und russischen Kriegsgefangenen viele politische Häftlinge eingesperrt. Mehr als 56000 Menschen wurden in Buchenwald grausam ermordet.
Erfurt ist nicht nur die größte, sondern zugleich auch die lebendigste Stadt Thüringens.
Im Mittelalter war sie eine der reichsten und mächtigsten deutschen Städte. Man versucht heute, die Altstadt als Ganzes zu erhalten, und die Restaurierung beschränkt sich nicht nur auf einzelne Bauwerke.
Die Krämerbrücke, die einzige beiderseits mit Häusern überbaute Brükke nördlich der Alpen. Auf ihr mußten im Mittelalter die durchziehenden Händler ihren Zoll entrichten.
Auf einem kleinen Hügel erbaut, wirkt der 1200 Jahre alte Dom besonders mächtig. Und dann gibt es in Erfurt …, aber die Zeit eilt uns davon! Wir müssen schnell weiter.
Na ja, schnell ist es nicht.

Kutscher: Nun mal hübsch langsam mit *de Pferde* (den Pferden). Wir *ham* (haben) im Thüringer Becken zwar nicht viel für Touristen zu bieten, aber dafür gibt's hier mit die besten Ackerböden Deutschlands. Hier wächst der anspruchsvolle Weizen, und wie Sie da auf der anderen Seite sehen können, auch die Zuckerrübe, die auch

	einen guten Boden braucht.
(Off):	Was treibt denn der da?
Kutscher:	Das ist ein Agrarflieger, der streut Düngemittel aus. Der wird gleich dahinten landen. Vielleicht nimmt er Sie auf 'ne Platzrunde mit.
Pilot:	Das da unten ist die Wachsenburg. Und da vorne, da kommt schon Gotha mit dem Schloß Friedenstein. Aber auf der Wartburg, da war'n Sie doch schon, oder?
Fluggast:	Ja, kurz, viel zu kurz!

Sequenz 48

Vorspann

Aus: Conradt, G. (1993): *Videobrief Dietrich M.*
Informationen zum Film entnehmen Sie bitte Kapitel 7.
(Nur Geräusche, kein Dialog)

Sequenz 49

Aus: Conradt, G. (1993): *Videobrief Dietrich M.*

Dietrich:	Hier ist Deutschland. Hier ist Thüringen. Hier ist Großbreitenbach, und hier bin ich. Ich bin Dietrich. Mein Name bedeutet im Germanischen übrigens Volksheld. So wie ich jetzt hier stehe, müssen meine Vorfahren vor einigen hundert Jahren ausgesehen haben. Das ist mein Zimmer. Ich höre am liebsten *Death-Metal*-Musik. Hier wohne ich. Mein Vater unterrichtet Musik, meine Mutter ist seit der Wende Rektorin der Schule. Es war für mich oft nicht leicht, da Schüler zu sein, wo meine Eltern Lehrer sind. Beide musizieren manchmal in der Kirche. (*Gesang*) Hier wurde ich 1974, wenn du es genau wissen willst, am 3. April, geboren. Großbreitenbach gehörte damals zur DDR. Als Schüler waren wir fast alle in der Pionierorganisation. Wer nicht dazugehörte, hatte in der Schule und später Nachteile. An Staatsfeiertagen und zum Fahnenappell auf dem Schulhof mußten wir in der Pionieruniform zur Schule kommen. Schüler von der ersten bis vierten Klasse hießen Jungpioniere und trugen ein blaues Halstuch. Und Schüler von der fünften bis achten Klasse hießen Thälmann-Pioniere und hatten ein rotes Halstuch um. Wer über 14 Jahre alt war, wurde in die Freie Deutsche Jugend – FDJ – aufgenommen. Ich bin 10 Jahre zur Schule gegangen. Besonderen Spaß hat mir Chemie und Biologie gemacht. Mit Blasmusik habe ich es im Orchester meines Vaters auch versucht. Ich habe aufgehört, weil mir die Musikrichtung nicht mehr gefiel. In der DDR gewöhnte man sich daran, zwei Meinungen zu haben, eine, die man zu Hause und im Freundeskreis äußerte, wo man nicht überwacht wurde, und eine, die man in der Öffentlichkeit sagte. Vor der Wende gab es eine große Versammlung in der Kirche. Da habe ich zum ersten Mal erlebt, daß Menschen öffentlich ihre Meinung sagten. Am letzten Schultag haben wir als Demonstration unsere FDJ-Hemden verbrannt. Das war kurz nach der Wende. Da konnten wir das machen. Sonst hätten wir für solch eine Tat eine hohe Strafe bekommen. (*Musik*) Hier war die alte Grenze. Ohne besondere Genehmigung kam keiner legal durch. Also jedes Mal erinnere ich mich irgendwie an den ersten Tag. Da ist die Grenze geöffnet worden, und hier die ganzen Leute standen, der Jubel, da erinner' ich mich irgendwie immer dran.
Interviewer:	Die standen hier rechts und links?
Dietrich:	Ja, ja. Ham' (= haben) halt auf die Trabbis geklopft und Süßigkeiten reingeworfen ins Auto, und – war irgendwie ganz toll, so 'ne Aufbruchsstimmung irgendwie, und die hätte man beibehalten müssen, so … Am 9. November 1989, als die Grenze aufgemacht wurde, kam meine Mutter morgens zu mir ins Zimmer und weckte mich, weil ich verschlafen hatte, und sagte:
Mutter:	Dietrich steh auf, heut' nacht ist die Grenze geöffnet worden!
Dietrich:	Ich dachte, es ist ein Traum! Wir haben ständig Nachrichten gehört und sind gleich am nächsten Tag zur Grenze gefahren. Ich hatte starkes Herzklopfen. Die Gesichter der DDR-Grenzpolizisten waren zum Teil erleichtert oder noch total verkrampft. Heute, kaum zwei Jahre später, werden die letzten Reste der Grenze abgeräumt.
Vater:	Dietrich! Kaffeetrinken! Kommst du runter?
Dietrich:	Hmh. *(In der Disco: Jugendliche unter sich*

bei lauter Musik und Stimmengewirr.)
(Im Wald)

Dietrich: Ich lerne Forstwirt. Das ist mein Traumberuf.

Forstmeister: So, wir sind also jetzt vor Ort. Hier seht ihr ja also rechts schon die dürren Bäume stehen. Ich werde jetzt mit dem Dietrich mit der großen Säge die Bäume fällen. Wir brauchen folgendes Werkzeug: den Keil, den Spalthammer und natürlich die Säge.

Dietrich: Die Ausbildung dauert drei Jahre. Das erste Lehrjahr habe ich bald beendet.
(Dietrich fällt einen Baum.)

Forstmeister: Der wär' nur noch Humus gewesen. Da war nichts mehr dran. Deswegen hier auch die Pilze bis oben. Und auseinandergebrochen ist er auch schon.

Dietrich: Gewählt hab' ich den Beruf eigentlich, weil ich immer an der Luft bin und in der Natur. Halt die Liebe zur Natur, so … . Und ich lerne halt anders mit der Natur umzugehen, lern' Technik kennen, komme auch oft mit Tieren und so in Berührung. Es ist auch jetzt im Lehrplan mehr mit Jagd mit drin, – ja 's gefällt mir einfach.
Die historisch wichtigsten Industrien in Großbreitenbach sind Glas, Porzellan und Holz. Nach der Wende wurde die vollkommen veraltete Glashütte abgerissen und innerhalb eines Jahres eine neue gebaut. An der Lagerhalle beeindruckt mich besonders die Holzkonstruktion des Daches.
Die Einheit erscheint mir wie ein Sprung – ins kalte Wasser.
(*Blasmusik Dietrich: er spielt etwas fehlerhaft das Deutschlandlied.*)
So, das war mein Videobrief. Jetzt habt ihr eine Menge über mich gesehen und gehört. Wie lebt ihr denn so? Schickt mir doch auch mal einen Videobrief oder besucht mich mal!
Bis bald, Dietrich.

Sequenz 50

siehe: Alamillo, Leonor u. a. (1997): *Video im Deutschunterricht.* Regionales Beiheft für Spanien. Madrid: Editorial Idiomas/fağe.

7 Informationen zu den einzelnen Filmen: Inhaltsangaben der verwendeten Filme Kommentierung der Begleitmaterialien

Hinweise: Die Bezugsquellen der einzelnen Filme und der Begleitmaterialien finden Sie in Kapitel 12.2.

Die Transkription der Texte der einzelnen Szenen finden Sie in Kapitel 6.

Alles Gute! Ein deutscher Fernsehsprachkurs (1988)

26 Lektionen auf 6 Videokassetten – entweder einsprachig deutsch oder in folgenden muttersprachlichen Versionen: Englisch, Französisch, Griechisch, Italienisch, Portugiesisch, Spanisch.

Der Sprachkurs ist für Anfänger konzipiert, aber auch für Lerner, die bereits vorhandene Deutschkenntnisse auffrischen wollen. Aufbau: In einem ersten Studioteil werden anhand kleinerer Szenen die jeweiligen Basisstrukturen der Lektion eingeführt. Der zweite Teil ist landeskundlich orientiert: Kleine Geschichten aus dem Alltag geben Einblicke in das Leben in der Bundesrepublik Deutschland. Ein abschließender zweiter Studioteil zeigt die wichtigsten Strukturen und Redemittel noch einmal mit Schriftbild.

Ausgewählte Sequenzen (= S):

S 32: *Eine Stadt am Morgen*

Eine Stadt am Morgen wird gezeigt: Läden werden geöffnet, Rolläden hochgezogen ...

S 33: *Ein ganz normaler Morgen*, beides aus Folge 2: *Ich muß los*

Ein junges Ehepaar wird morgens gezeigt: Der Wecker klingelt, beide schlafen noch weiter, frühstücken, merken, daß es sehr spät geworden ist und eilen zur Arbeit. Sie setzen sich darüber auseinander, wer von ihnen das Auto benutzen kann, das jedoch nur scheinbar das schnellere Verkehrsmittel ist.

Begleitmaterial:

BALTZER, Ralf u. a. (1989): *Alles Gute!* Begleitbuch. Berlin/München: Langenscheidt.

Das Begleitbuch gibt es ebenfalls einsprachig deutsch oder in Englisch, Französisch, Griechisch, Italienisch, Portugiesisch, Spanisch.

Das Begleitbuch enthält Verstehens- und Aktivierungsübungen zu den einzelnen Lektionen. Als Lernhilfe dienen Illustrationen und Standfotos aus den Filmen. Nach jeder Lektion wird der Wortschatz im Kontext festgehalten und ein Lösungsschlüssel der Übungen angeboten. In den zweisprachigen Versionen sind die Übungsanweisungen sowie Grammatikerklärungen und zentrale Begriffe aus der Landeskunde muttersprachlich. Abschließend gibt es noch eine zusammenfassende Grammatikübersicht und eine alphabetisch geordnete Wortschatzliste.

Zu diesen Begleitbüchern gibt es jeweils eine *Audiokassette A*. Berlin/München: Langenscheidt.
Die Hörkassette enthält Dialoge und Texte aus den Filmen – Texte, die in dem Begleitbuch behandelt werden.

BALTZER, Ralf u. a. (1991): *Alles Gute. Lese- und Arbeitsbuch*. Berlin/München: Langenscheidt.

Dieses Buch enthält weiterführende Übungen zur Sprach- und Landeskundearbeit. Die Spracharbeit baut systematisch die vier Grundfertigkeiten – Hören, Sprechen, Lesen und Schreiben – auf. Zur Landeskunde werden nicht nur Tatsachen vermittelt (etwa Preise), sondern auch alltägliche Verhaltensweisen (etwa Kaufverhalten). Jede Lektion beginnt mit einem Überblick über die sprachlichen und landeskundlichen Lernziele. Dieses Buch gibt es in einer einsprachigen deutschen Fassung und in folgenden zweisprachigen Fassungen: Englisch, Französisch, Italienisch und Spanisch.

Zur Schulung des Hörverstehens gibt es zu dem Lese- und Arbeitsbuch eine *Audiokassette B*. Berlin/München: Langenscheidt.

Anna, Schmidt & Oskar (1994): Ein Fernseh- und Videosprachkurs für Kinder

Mit unterhaltsamen Geschichten wird ein spielerischer Zugang zur deutschen Sprache ermöglicht. Im Mittelpunkt stehen drei Personen: Anna, ein junges Mädchen, Herr Schmidt, ein älterer, etwas brummiger Mann, der allein in seinem Haus lebt, und Oskar, ein Hund.

Ausgewählte Sequenz (= S):

S 19: *Anna und Schmidt*

Herr Schmidt ist allein zu Hause und wartet auf die Frau, die ihm das Essen bringen soll.

Sie ist jedoch erkrankt, ihre Tochter bringt das Essen – so lernt er Anna kennen.

Begleitmaterial:

KIRSCH, Dieter (1995): *Anna, Schmidt & Oskar*. Lehrerhandreichungen 1, Folge 1–13. Berlin/München: Langenscheidt.

Das Buch enthält Vorschläge, wie in Schule und Familie mit dem Sprachkurs gelernt werden kann. Die Filmkonzeption wird fremdsprachentheoretisch begründet, dann folgen sehr detaillierte Vorschläge zur Arbeit mit den einzelnen Kapiteln des Films unter Berücksichtigung der Fertigkeiten Leseverstehen, Wortschatzarbeit, Sprechen, Schreiben, Seh- und Hörverstehen. Arbeitsblätter als Kopiervorlagen sind hinzugefügt.

KIRSCH, Dieter u. a. (1994): *Anna, Schmidt & Oskar*. Übungsbuch 1. München: Goethe-Institut/Langenscheidt.

Das Übungsbuch enthält zahlreiche Übungen zu den einzelnen Filmfolgen, ergänzt durch Lieder, Spielideen, Rezepte und Bastelanleitungen. Sie sind eingebettet in Zeichnungen und Schwarz-Weiß-Standfotos aus den einzelnen Folgen. Das Heft enthält einen Lösungsschlüssel der Übungen.

Zu dem Übungsbuch gibt es eine Hörkassette: *Audiokassette 1 B.*

DERKOW-DISSELBECK, Barbara u. a. (1993): *Anna, Schmidt & Oskar*. Bilderbuch 1. München: Goethe-Institut/Langenscheidt.

Das Bilderbuch erzählt die Handlung der einzelnen Folgen in beschreibenden Texten nach, die reich mit farbigen Standfotos aus den Filmen bebildert sind. Die Geschichten und Märchen, die Herr Schmidt im Film erzählt, sind abgedruckt und wie in einem Kinderbuch illustriert.

Zu dem Bilderbuch gibt es eine Hörkassette: *Audiokassette 1 A.*

BEAUVAIS, Peter (Regie)/COURTHS-MAHLER, Hedwig (Buch) (1974): *Griseldis*

Der Film ist eine Fernsehbearbeitung des Romans von Hedwig Courths-Mahler.

„Graf Hasso von Treuenfels war des Mordes an seiner Frau angeklagt. Zwar wurde er freigesprochen, aber lediglich mangels Beweisen, und das bedeutet die gesellschaftliche Verurteilung. Als Erzieherin für seine Tochter Gilda kommt Griseldis von Ronach auf Schloß Treuenfels. (...) Von Beate von Treuenfels, einer entfernten Verwandten Hassos, wird Griseldis sehr abweisend empfangen. Beate hegt eine verzehrende Leidenschaft zu Hasso, findet aber keine Gegenliebe. Griseldis gewinnt gleich das Herz Gildas – und auch Hassos. Aber so sehr auch Griseldis an die Unschuld Hassos am Tode seiner Frau glaubt, steht doch dieses Unglück (oder war es ein Verbrechen?) zwischen ihnen – und einem Glück, das sie beide kaum zu erhoffen wagen. (...) Griseldis ist ganz von dem Gedanken beseelt, die Unschuld von Graf Hasso beweisen zu können.

Am Ende gelingt es ihr, die Unschuld Hassos beweisen zu können und der Weg ist frei für eine glückliche Zukunft."

d'Alessio/Helmling (1991), 68; leicht geändert

Ausgewählte Sequenz (= S):

S 26: *Auf der Treppe*

Die dunkelhaarige (böse!) Comtessa Beate begegnet der neuen blonden (guten!) Erzieherin mit dem Namen *Griseldis* auf der Treppe. Das Kind, das Griseldis erziehen soll, und das zwischen beiden steht, wendet sich spontan Griseldis zu und geht ihr entgegen.

Begleitmaterial:

D'ALESSIO, Germana/HELMLING, Brigitte (1991): *Begegnungen*. Begleitheft mit Unterrichtsvorschlägen. München: Goethe-Institut.

Das Begleitheft stellt verschiedene Sequenzen deutscher Filmautoren vor. Die Filme wurden in der Zeit zwischen 1921 und 1988 gedreht, also in den frühen Anfängen der Filmgeschichte bis zur Gegenwart.

Die Sequenzen und die Filme, aus denen sie stammen:

Der Fremde aus: Lang, Fritz (1921): *Der müde Tod*

Auf der Pferdekoppel aus: Leitner, Hermann (1957): *Ferien auf Immenhof*

Die Puderdose aus: Sternberg, Josef (1930): *Der blaue Engel*

Auf dem Weg nach Hause aus: Bohm, Hark (1987/88): *Yasemin*

Um Mitternacht aus: Murnau, Friedrich Wilhelm (1922): *Nosferatu*

Die neue Erzieherin aus: Beauvais, Peter/Courths-Mahler, Hedwig (1974): *Griseldis*

Im Lustgarten aus: Lang, Fritz (1926): *Metropolis*

Der Sturz vom Fahrrad und *Das Saxophon* aus: Bohm, Hark (1977): *Moritz, lieber Moritz*

An der Elbe aus: Wender, Wim (1976): *Im Laufe der Zeit*

Das Heft enthält zu jeder Filmsequenz Übungsvorschläge und Arbeitsblätter. Der Schlußteil besteht aus Transkriptionen und Inhaltsangaben zu den Filmen sowie Grundbegriffen der Filmanalyse.

Zu dem Film *Griseldis* werden in dem Begleitheft zu *Begegnungen* Vorschläge zur Hypothesenbildung über die Hauptpersonen und ihre Beziehung zueinander angeregt. Dazu gibt es zwei Arbeitsblätter.

BOHM, Hark (Buch und Regie) (1977): *Moritz, lieber Moritz*

In dem Film geht es um den 15jährigen Moritz, der mit seinen Eltern in einer großbürgerlichen Villa an der Hamburger Elbchaussee lebt. Die einst reiche Familie hat gerade Konkurs gemacht.

Zu Hause kümmert sich niemand um Moritz. Der Vater, der den Konkurs verschuldet hat, flieht die Realität und vertreibt sich die Zeit mit völkerkundlichen Studien. Die Mutter bemüht sich, trotz Gerichtsvollzieher, die gewohnte großbürgerliche Lebensweise aufrechtzuerhalten. Intensiven Kontakt hat Moritz nur zur Großmutter, die in einem Altersheim lebt, und die er dort besucht. Sie kann den Konkurs der Firma nicht verkraften, ist apathisch, fühlt sich verlassen und bittet Moritz immer wieder, ihr Schlaftabletten zu besorgen, um ihrem Leben ein Ende zu bereiten. Die Bitte der geliebten Großmutter belastet Moritz sehr; erst gegen Ende des Films entschließt er sich, ihr zu helfen.

Auch in der Schule ist Moritz isoliert. Zu seinen Klassenkameraden hat er keine freundschaftlichen Beziehungen und der Mathematiklehrer, gegen den er rebelliert, isoliert ihn ebenfalls. Die Welt erscheint ihm verlogen und böse. Ständig stellt er Fragen, auf die er keine Antworten erhält. Moritz träumt viel, seine Träume sind oft sadistisch geprägt. Er ist ganz auf sich gestellt und muß mit Mühe lernen, sich in der Erwachsenenwelt und in seiner jugendlichen Umwelt zurechtzufinden und zu behaupten. Moritz stößt buchstäblich dauernd mit seiner Umwelt zusammen, fällt, rutscht aus, reißt um, wird umgestoßen …

Einen Halt findet er in der Musik – er ist ein guter Saxophonist. Per Zufall trifft er auf eine Rockband, bei der er sich nach anfänglichen Berührungsängsten schließlich wohl fühlt. Zusammen organisieren sie ein Rockkonzert. Eine Störaktion der gesamten Klasse gegen Moritz teilt die Jugendlichen schließlich in zwei Lager: auf der einen Seite Moritz, das Mädchen Barbara und seine Freunde aus der Rockband, auf der anderen Seite die Klasse. Sie wird von der Band und ihren Fans verprügelt und verläßt als Verlierer den Rockkeller.

Ausgewählte Sequenzen (= S):

S 27: *Der Sturz vom Fahrrad*

Moritz fährt mit dem Fahrrad zum Einkaufen. Unterwegs sieht er ein hübsches Mädchen, achtet dabei nicht mehr auf den Verkehr. Ein Auto fährt ihn an und er stürzt vom Rad. Als der Fahrer nach einiger Zeit aus dem Wagen aussteigt und Moritz Vorwürfe macht, reagiert dieser sehr aggressiv.

S 39: *Moritz und das Mädchen*

Moritz fährt dem Mädchen nach, ohne mit ihr reden zu können.

S 40: *Moritz und seine Eltern*

Moritz redet von seinen Problemen mit dem Mathematiklehrer, findet jedoch kein Verständnis.

S 41: *Moritz und die Schule*

Moritz versucht vergeblich, seine Klassenkameraden auf seine Seite gegen den Mathematiklehrer zu ziehen – sie halten zu dem Lehrer, Moritz wird isoliert.

S 42: *Moritz und die Rocker*

Moritz trifft eine Rockband, die ihn zunächst auslacht.

Begleitmaterial:

D'ALESSIO, Germana/HELMLING, Brigitte (1991): *Begegnungen.* Begleitheft mit Unterrichtsvorschlägen. München: Goethe-Institut (siehe auch unter Beauvais).

Aus dem Film *Moritz, lieber Moritz* wurden in dem Begleitheft *Begegnungen* zwei Sequenzen ausgewählt: Moritz' Sturz vom Fahrrad und die Begegnung mit der jugendlichen Rockband. Die Szenen werden unter sprachlichen und filmspezifischen Aspekten sowie unter den Gesichtspunkten der Beziehung der Beteiligten und der Rolle der Tonspur (Geräusche, Musik) didaktisiert.

BOOM VAN DEN, Rüdiger u. a. (Hrsg.) (1991 a): *Bildschirm* – Video mit Köpfchen. *Bildschirm 5*

Ausgewählte Sequenz (= S):

S 44: *Wahlkampf*

Gezeigt wird der erste Wahlkampf einer Westpartei (SPD) in einem neuen östlichen Bundesland nach der Öffnung der Grenzen. Die Wahlen waren am 18. März 1990.

Begleitmaterial:

nicht mehr zugänglich.

BOOM VAN DEN, Rüdiger u. a. (Hrsg.) (1991 b): *Bildschirm* – Video mit Köpfchen. *Bildschirm 8: Werbung*

Zum Thema *Werbung* sind Beispiele aus deutschen Fernsehsendungen aufgezeichnet.

Ausgewählte Sequenz (= S):

Standbild 1: *Wütender Nachbar*

Begleitmaterial:

STEINDL, Michael (1991): *Bildschirm 8.* Beispiele deutscher Fernsehsendungen. Thema: *Fernsehwerbung.* Bonn: Inter Nationes.

Das Begleitheft enthält eine Einleitung zum Thema *Werbung.* Die Texte der einzelnen Anzeigen sind als Transkript wiedergegeben, ebenso die Texte der Moderatorin, die im Film die einzelnen Anzeigen ankündigt. Eine vorangestellte Diskussion von Werbefachleuten ist ebenfalls transkribiert. Zu einigen der in Oberbegriffen zusammengefaßten Werbespots (etwa Technik, Ökologie, Landschaft etc.) sind kopierfähige Arbeitsblätter vorhanden.

CONRADT, Gerd (1993): *Videobrief Dietrich M.*

Dietrich M., ein junger Mann aus Thüringen, beschreibt sich in diesem Videobrief selbst: Er zeigt seine Heimat, er berichtet über die Ereignisse bei der Wende (als 1989 die Mauer zwischen BRD und DDR geöffnet wurde), er zeigt seine Hobbys (Musik, tanzen, Videospiele) und man sieht ihn in seiner Ausbildung zum Förster.

Ausgewählte Sequenzen (= S):

S 48 + 49 – der Film wird ganz gezeigt.

Begleitmaterial:

DOMMEL, Hermann (1995): *Dietrich M.* Ein Porträt. Begleitheft mit Unterrichtsvorschlägen. München: Goethe-Institut.

Das Begleitheft gliedert sich in vier Teile: Im ersten Teil wird ein konkreter Vorschlag zum Unterrichtsablauf für die Arbeit mit dem Video vorgeschlagen. Der zweite Teil bringt zusätzliche Informationen zu Dietrichs Heimat Thüringen, die ebenfalls didaktisch aufbereitet sind. Teil drei beschäftigt sich mit Dietrichs Kindheit und Jugend und bietet Zusatzinformationen zu Schulsystem und Jugendorganisationen der früheren DDR. Der vierte Teil enthält Ergänzungsmaterial: Zwei Jahre nach dem Video wurde Dietrich M. interviewt (siehe Hörkassette *Interview mit Dietrich 1993*). Das Begleitheft stellt Aufgaben und bietet Arbeitsblätter zu den 4 Themen auf der Hörkassette an. Am Schluß finden sich die Transkriptionen des Videobriefes und der Hörkassette sowie eine chronologische Darstellung des Weges zur deutschen Einheit.

DOMMEL, Hermann (1995): *Interview mit Dietrich 1993.* Hörkassette. München: Goethe-Institut.

Die Hörkassette ist in vier Abschnitte gegliedert: Dietrich äußert sich zu den Bereichen Musik, Freizeit, Berufspläne und der politischen und sozialen Entwicklung in Thüringen. Hier wird die Entwicklung deutlich, die Dietrich und das Land Thüringen zwischen 1991 und 1993 erfahren haben.

Die Krönung der schönsten Stunden. 30 Werbespots als Sprechanlaß (1990)

Das Video enthält – wie aus dem Titel hervorgeht – 30 Werbespots aus der deutschen Fernsehwerbung.

Ausgewählte Sequenzen (= S):

S 4: *Frolic* (Hundefutter)

S 14: *Karamalz* (alkoholfreies Getränk)

S 15: *InterCity* (ein schneller Zug)

Begleitmaterial:

ARNSDORF, Dieter/SCHWECKENDIEK, Jürgen/WOLF, Sabine (1990): *Die Krönung der schönsten Stunden.* Begleitheft zum Video. München/Ismaning: Goethe-Institut/Verlag für Deutsch.

Das Begleitheft macht Unterrichtsvorschläge zu den 30 Werbespots auf der Videokassette. Die Texte der Spots sind abgedruckt. Das Heft enthält auch eine Abhandlung zur Diskussion um die Werbung.

FASSBINDER, Rainer Werner (1974): *Angst essen Seele auf*

In einer Gastarbeiterkneipe am Abend: Eine ältere deutsche Frau, Emmi, lernt den Marokkaner Ali kennen. Sie tanzen zusammen; er begleitet sie nach Hause. Dort reden sie über ihre Familien. Emmi bietet ihrem neuen Freund an, bei ihr zu übernachten. Ali akzeptiert; eine Beziehung entwickelt sich. Am nächsten Morgen frühstücken sie zusammen und gehen dann zur Arbeit. Als der Hausbesitzer Emmi klarmacht, daß er keine Untermieter dulden könne, erklärt sie ihm spontan, daß sie und Ali heiraten wollen. Der Hausbesitzer hat daraufhin keine Einwände mehr, Ali findet Emmis Ausrede gut, und sie beschließen zu heiraten.

Die Schwierigkeiten mit der Umwelt, mit der Familie und in ihrer Beziehung häufen sich jedoch:

- Emmi ist Putzfrau. An ihrem Arbeitsplatz reden ihre Kolleginnen erst abfällig über deutsche Frauen, die mit Ausländern zusammen sind. Dann wird Emmi zunehmend von ihren Kolleginnen isoliert.
- Die Nachbarinnen beschweren sich über angeblich zunehmenden Dreck.
- Als Ali im Lebensmittelgeschäft einkaufen möchte, will ihn der Händler absichtlich nicht verstehen. Emmi beschwert sich; sie streitet mit dem Lebensmittelhändler und er verweist sie aus dem Geschäft
- Als Emmi ihren erwachsenen Kindern Ali als ihren Mann vorstellt, entsteht eine peinliche Stille. Die Kinder reagieren empört und aggressiv. Sohn Bruno zerschlägt den Fernsehapparat und alle verlassen sofort die Wohnung. Emmi weint.
- Ali ist häufig in der Kneipe, die Kneipenbesitzerin Barbara interessiert sich für ihn.
- Als Alis Freunde ihn in seiner und Emmis Wohnung besuchen, holen Nachbarinnen wegen zu lauter Musik die Polizei. Sie fordern den Hausbesitzer auf, etwas gegen Ali zu unternehmen, doch er lehnt ab.

Die Situation wird für die beiden immer unerträglicher und sie beschließen, eine Reise zu machen.

Nach dem Urlaub hat sich vieles geändert.

Der Lebensmittelhändler und auch die Nachbarinnen sind wieder freundlicher. Emmi beginnt, Ali immer stärker zu bevormunden. Als ihr Sohn Bruno kommen will, um sich mit ihr auszusöhnen, wünscht sich Ali zum Essen Couscous, ein Gericht aus seiner Heimat. Emmi lehnt ab, und Ali geht zu Barbara. Er kommt nachts stark angetrunken nach Hause.

Am Arbeitsplatz wird Emmi freundlich von ihren Kolleginnen empfangen. Daraufhin lädt Emmi sie zum Kaffeetrinken ein. Emmi stellt voller Stolz „ihren" Ali vor. Ali ist verletzt und geht zu Barbara; er kommt in dieser Nacht nicht nach Hause. Am nächsten Tag sucht Emmi Ali an seinem Arbeitsplatz auf und bittet ihn, wieder zu ihr zu kommen. Alis Kollegen machen sich über sie lustig.

Am Abend verspielt Ali in der Kneipe sein ganzes Geld. Emmi kommt herein. Sie setzt sich wie in der ersten Szene des Films an denselben Tisch und hört dieselbe Musik aus der Musikbox. Ali fordert Emmi zum Tanzen auf. Beim Tanzen sprechen sie sich aus, versöhnen sich. Plötzlich bricht Ali zusammen. Er kommt mit einem aufgebrochenen Magengeschwür ins Krankenhaus. Hier besucht ihn Emmi und sieht ihn lange liebevoll an.

Ausgewählte Sequenz (= S):

S 13: *Angst essen Seele auf*

Emmi und Ali bei ihrem ersten Treffen in Emmis Wohnung. Sie reden viel zusammen und beide finden sich sympathisch.

Begleitmaterial:

Angst essen Seele auf, aus: *Fassbinders Filme 3* (1990). Frankfurt/M.: Verlag der Autoren.

BRANDI, Marie-Luise/HELMLING, Brigitte (1985): *Arbeit mit Video am Beispiel von Spielfilmen.* München: Goethe-Institut.

Ausführungen zur Wahrnehmung und Entschlüsselung von Videoszenen und die didaktischen Konsequenzen leiten das Heft ein. Anhand ausgewählter Filmbeispiele werden sehr detaillierte Unterichtsvorschläge gemacht: zu Fassbinder, R. W. (1974): *Angst essen Seele auf* und zu Schlöndorff, V./Trotta von, M. (1975): *Die verlorene Ehre der Katharina Blum.* Filmspezifische Aspekte und Kriterien zur Auswahl von Filmen werden abschließend vorgestellt.

Zu dem Film *Angst essen Seele auf* werden in dem Heft *Arbeit mit Video* umfangreiche Vorschläge für den Unterricht gemacht: Der Film wird in Sequenzen aufgeteilt, deren Inhalt beschrieben wird und zu denen Aufgaben gestellt werden. Zusätzlich werden Anregungen zur Arbeit im Anschluß an den Film gegeben.

FISCHER, Thomas (Regie)/SYRING, Gerald (Buch) (1991): *Ungebahnte Wege: Junge Leute nach der Wende*

Der Film entstand im November und Dezember 1990 in Magdeburg, Hauptstadt des neuen Bundeslandes Sachsen-Anhalt. Drei junge Menschen aus der früheren DDR werden vorgestelt: *Reiner Krauße*, ein kirchlicher Sozialarbeiter; *Sylke Leffler*, eine Krankenschwester und *Volker Ehrlich*, Mitarbeiter einer Versicherungsgesellschaft.

Stadtimpressionen leiten den Film ein. Die erste gesamtdeutsche Bundestagswahl steht bevor, im Büro des *Neuen Forums*, eines Bündnisses verschiedener Bürgerrechtsgruppen, finden letzte Wahlkampfbesprechungen statt.

Hier ist auch *Reiner Krauße*: Er äußert sich zu den Erwartungen, die er während der *Wende* und der Zeit danach hatte. Der Jugendtreff „Knast" ist einer seiner Arbeitsplätze. Hier betreut er Jugendliche, die eher am Rande der Gesellschaft stehen. Er gibt Einblick in die Alltagsprobleme der jungen Menschen. Seine zweite Arbeitsstätte ist die Magdeburger Haftanstalt: Reiner Krauße berichtet von den Schwierigkeiten seiner Arbeit, die seit der *Wende* noch gewachsen sind. Anschließend wird er zur Bundestagswahl begleitet. Er kommentiert die politische Entwicklung seit der *Wende* aus seiner Sicht.

Die Krankenschwester *Sylke Leffler* arbeitet in einem großen Magdeburger Krankenhaus auf der Intensivstation. Sie verbindet Gedanken zur Rolle ihres Berufes in ihrem Leben mit Veränderungen in ihrer Arbeit seit der *Wende*. Der Film begleitet Sylke ins Neubaugebiet Olvenstedt, wo sie seit kurzem wohnt. Auf dem Heimweg und in ihrer Wohnung äußert sie sich zur Monotonie und Hektik ihres Alltags, zur Bedeutung der *Wende* für ihr Leben. Anschließend sieht man sie mit ihrem fünfjährigen Sohn auf dem Magdeburger Weihnachtsmarkt.

Volker Ehrlich, Mitarbeiter einer Versicherungsgesellschaft, trifft in seiner Wohnung Vorbereitungen für den Arbeitstag. Er wird auf dem Weg ins Büro begleitet und erzählt von seiner Arbeit, der *Wende* und ihren Auswirkungen auf sein Leben. Ein Bereich seiner Arbeit, die Schulung nebenamtlicher Mitarbeiter, wird vorgestellt. Ehrlich spricht von seiner Arbeit, über Fragen wie Erfolg und Karriere.

die Wende: Gemeint ist das Jahr 1989, der Zeitpunkt der Vereinigung von Ost- und Westdeutschland (DDR und BRD) zur Bundesrepublik Deutschland.

Ausgewählte Sequenz (= S):

S 43: *Volker Ehrlich*

Die Sequenz zeigt den jungen Versicherungskaufmann in seiner Wohnung, auf dem Weg zur Arbeit und in der Agentur. Ehrlich spricht von seiner Arbeit, von Vergangenheit und Zukunft, von der Bedeutung der Wende für ihn.

Begleitmaterial:

SYRING, Gerald (1991): *Ungebahnte Wege: Junge Leute nach der Wende.* Begleitmaterial zu dem Videoprogramm. München: Goethe-Institut.

Das Begleitmaterial beschreibt zunächst die besonderen Umstände der Dreharbeiten. Dann bietet der Autor eine kurze Analyse des Alltags in der früheren DDR, der Verhaltensmuster ihrer Bewohner, der Widersprüche im politischen Engagement und den Schwierigkeiten im Umgang mit den neuen Freiheiten. Im hinteren Teil der Begleitmaterialien werden die Protagonisten des Films sowie eventuelle Lernziele vorgestellt.

BRANDI, Marie-Luise/DOMMEL, Hermann/WERNER, Frank (o. J.): *Ungebahnte Wege: Junge Leute nach der Wende.* Vorschläge zur Didaktisierung. Paris: Goethe-Institut.

Es handelt sich um 5 fotokopierte Seiten, die beim Goethe-Institut in Paris erhältlich sind. Es werden Vorschläge zu allen drei Beispielen des Films gemacht: wann der Film gestoppt werden kann und welche Leitfragen die Unterrichtenden stellen können. Ein Sequenzprotokoll des Films ist hinzugefügt. Zwei Arbeitsblätter geben Zusatzinformationen: eine Zeittabelle über das Geschehen vom August 1989 bis zum Dezember 1990 und Defintionen DDR-spezifischer Begriffe. 3 weitere Arbeitsblätter enthalten Vorlagen zur tabellarischen Zusammenfassung der Äußerungen der drei Interviewten.

GIES, Hajo (Regie)/EPLINIUS, Urs (Buch) (1988): *Das Traumauto*

Pit, Mitte Zwanzig, ist Botenjunge bei einer Hamburger Werbeagentur. Er ist ein Träumer, der seine Ziele hoch ansetzt, die Realität verdrängt und nicht auf die Ratschläge guter Freunde hört. In seiner Stammkneipe, dem „Störtebeker Inn", einem beliebten Treffpunkt für Auto-, Motorradnarren und Musiker am Hamburger Hafen, lernt er Caro, Sängerin in einer Rockband kennen und verliebt sich in sie.

Nach einem mißglückten Eroberungsversuch, kommt Pit die fixe Idee, daß er Caro mit einem auffälligen Auto imponieren könne. Inzwischen ist Pit arbeitslos, ihm fehlt selbst das Geld, die Miete zu bezahlen. Dennoch hängt er der Idee, mit seinem „Traumauto" die „Traumfrau" zu beeindrucken, nach: Er läßt sich mit falschen Freunden auf illegale Geschäfte ein, fängt an zu spielen und verliert sein letztes Geld. Er verkauft seine letzten Wertgegenstände und kauft sein „Traumauto", mit dem er mit Caro einige Tage in den Urlaub fährt. Nach einer Reifenpanne auf der Rückfahrt verläßt ihn seine „Traumfrau". Nach diesem Schock gelingt Pit der Sprung in die Realität. Er bekommt ein Stellenangebot in Düsseldorf und Susi, die ihn sehr mag und schon oft unterstützt hat, begleitet ihn.

Ausgewählte Sequenzen (= S):

S 7: *Das Traumauto*

Pit erzählt von seinem Traumauto, einem Cadillac.

S 8: *Die Panne*

Pit ist mit einer Freundin und seinem Traumauto unterwegs – und hat eine Autopanne. Die Freundin, der er mit dem Auto imponieren wollte, ist über die Panne und Pits Verhalten sehr verärgert und fährt per Anhalter mit einem anderen Mann weg.

S 22: *Die Anmache*

Pit lernt seine Traumfrau, die Sängerin Caro, kennen. Er stellt sich sehr ungeschickt an, wird von ihr ausgelacht und von ihrem Manager weggeschickt.

S 24: *Der Cadillac*

Der Cadillac, Pits Traumauto, wird beschrieben.

Begleitmaterial:

ARNSDORF, Dieter/KAST, Bernd/WEISZ, Jutta (1990): *Das Traumauto.* Begleitheft mit Unterrichtsvorschlägen. München: Goethe-Institut.

Das Begleitheft enthält umfangreiches Informationsmaterial zum Film, Unterrichtsvorschläge und Arbeitsblätter. Der Film ist in Sequenzen eingeteilt, deren Handlung beschrieben wird, so daß man sich ein Bild vom Filmablauf machen kann. Bei den Unterrichtsvorschlägen wird auf diese Sequenzeinteilung zurückgegriffen. Die Transkriptionen der Filmtexte sind abgedruckt. Am Schluß ist eine Diskussion mit Schülern über den Film dokumentiert.

SCHWERDTFEGER, Inge C. (1995): *Das Traumauto.* Didaktisierung eines Films. Bonn: Inter Nationes.

Dem Buch liegt ein wenig verbreitetes Konzept von Fremdsprachenlernen zugrunde: Es basiert auf *Imagination* und *Narrativität.* Unter Imagination wird die Fähigkeit verstanden „auch das Mögliche zu denken und nicht nur das real Existierende. Imagination ist ein Bereich, in dem Wahrnehmung, Erinnerung, Gefühle, Kreativität, Ideenentwicklung und Metaphorik zusammen wirksam sind." (Schwerdtfeger 1995, 9). Narrativität ist die Fähigkeit der Menschen, „Themen und Inhalte mit ihren eigenen Erfahrungen zu verbinden" (ebenda, 10). Dazu werden neue Erfahrungen in Geschichten eingebettet. Zur Realisierung dieses Konzepts werden sehr ausführliche und wenig verbreitete Unterrichtsvorschläge zu den einzelnen Filmszenen gemacht – zur Sprache, Musik, zu Empfindungen, zu Personencharakterisierungen, zu filmspezifischen Aspekten.

HECHT, Susanne (Buch und Regie) (1992): *Hauptstraße 117*

Die Videoserie besteht aus 8 Folgen. Sie zeigen Menschen verschiedenen Alters und unterschiedlicher Sozialzugehörigkeit: eine junge Reiseleiterin, ein junges berufstätiges Paar, einen Lehrer, eine Familie mit drei kleinen Kindern, deren Vater arbeitslos ist, und eine Sekretärin. Sie alle wohnen in einem Haus in der Hauptstraße 117 (in Velbert/Ruhrgebiet) und werden in ihrem Alltag begleitet. Jede einzelne Folge zeigt die verschiedenen Personen in bestimmten Situationen, aber immer nur ausschnittweise. So muß man alle Folgen sehen, um den Handlungsstrang zu erkennen. Das erhöht die Spannung sehr, zumal jede Folge offen endet. Die Bilder sind sehr eindrucksvoll, Sprache wird nur minimal eingesetzt, so daß sich die Folgen schon für den Grundstufenunterricht eignen.

Ausgewählte Sequenz (= S):

S 18 (= S 31): *In einem Gebäude*

Der arbeitslose Vater geht ins Arbeitsamt, um zu versuchen, eine Arbeit zu finden.

Begleitmaterial:

HASSERT, Timm u. a. (1996): *Hauptstraße 117*. Begleitmaterial zur Videoserie. München: Goethe-Institut.

Das Begleitmaterial ist sehr umfangreich und informativ. Zunächst wird über die Entstehung des Films berichtet (die Regisseurin lebt in dem Haus). Dann werden die Filmfiguren in ihrer filmischen und realen Biographie vorgestellt. Hauptakzent der Übungen liegt weniger in Hör-/Sehverstehensübungen als darin, „den Faden des Films aufzunehmen und weiterzuspinnen." (S. 21)

Die jeweils erste Übung zu jeder Folge ist eine Rekonstruktion des Filminhalts aufgrund von Videoprints. Es folgen detaillierte Lehrerhinweise, wie mit den Folgen gearbeitet werden, wann gestoppt werden kann etc. Arbeitsblätter sind als Kopiervorlage vorhanden. Es gibt Transkriptionen der Szenen und als Abschluß landeskundliche Informationen zur Bundesrepublik Deutschland und zum Ruhrgebiet.

KRECK, Joachim/MOO-YOUNG, Ian (Regie) (1991): *Der Falschspieler*

„Ein junger Straßenmusikant versucht, auf seiner Gitarre ein Rock' n' Roll – Stück zu spielen. Dabei macht er immer an der entscheidenden Stelle einen Fehler. Und gerade dieser Fehler wird zum Ausgangspunkt einer steilen Rockkarriere. Das „fehlerhafte" Spiel wird zum Markenzeichen. Seinen Freund und Lehrmeister, von dem er sich im Streit getrennt hatte, findet er erst am Ende der Geschichte wieder. Der schafft es nun doch noch, ihm die richtigen Akkorde beizubringen. Das Ende der Geschichte bleibt offen – und ist damit der Beginn einer neuen Geschichte."

Clemens/Hoebers (1991), 4

Ausgewählte Sequenz (= S):

S 9 + 10 – der ganze Film wird in zwei Teilen gezeigt.

Begleitmaterial:

CLEMENS, Michael/HOEBERS, Theo (1991): *Der Falschspieler*. Vorschläge für die Arbeit mit einem Zeichentrickfilm ohne Dialog und Kommentar. München: Goethe-Institut.

Das Begleitheft enthält detailliert gegliederte Vorschläge zum Unterrichtsverlauf, u. a. zur Arbeit mit der Tonspur, die in diesem Film nur aus Geräuschen besteht. Außerdem gibt es Arbeitsblätter zur Filmhandlung sowie Bildkarten mit zahlreichen Cartoons zur Filmhandlung, die der deutsche Jazzmusiker und Illustrator Volker Kriegel geschaffen hat.

LANG, Fritz (Regie)/HARBOU VON, Thea (Buch) (1921): *Der müde Tod*

„Ein junges Mädchen fordert vom Tod das Leben ihres Geliebten zurück. Sie wird in eine Halle geführt, in der die Lebenslichter der Menschen brennen, flackern und verlöschen, wenn ihre Stunde gekommen ist. Drei Kerzen sind schon tief heruntergebrannt. Der Tod verspricht dem Mädchen, ihr den Liebsten wiederzugeben, wenn es ihr gelinge, nur eine der Kerzen vor dem Verlöschen zu bewahren.

In drei visionären Episoden läßt sie der Tod das Schicksal ihrer Liebe erleben: im Bagdad Harun al Raschids, im venezianischen Karneval und als Gehilfin des chinesischen Hofmagiers. In allen Episoden siegt der Tod und entreißt ihr immer wieder den Geliebten.

Seines Siegens müde, möchte der Tod dem Mädchen noch eine Chance geben, doch muß er ein anderes Leben für das des Geliebten fordern. Das Mädchen versucht, Alte, Elende und Kranke zu überreden, aber keiner will ihr sein noch so erbärmliches Leben schenken. Erst als sie sich selbst opfert, indem sie ein Kind aus den Flammen rettet, wird sie im Tod mit dem Geliebten vereint."

nach: d'Alessio/Helmling (1991), 66; gekürzt

Ausgewählte Sequenz (= S):

S 5: *Der Fremde*

In einem Gasthaus macht ein Brautpaar auf Reisen eine Pause, als sich ein Fremder zu ihnen setzt. Die Frau erschrickt, „als sich der Schatten, den das Glas auf den Tisch wirft, in eine Sanduhr und ein Skelett – Symbole des Todes und der Vergänglichkeit – verwandelt."

d'Alessio/Helmling (1991), 7

Begleitmaterial:

D'ALESSIO, Germana/HELMLING, Brigitte (1991): *Begegnungen.* Begleitheft mit Unterrichtsvorschlägen. München: Goethe-Institut (siehe unter Beauvais).

Zu dem Film *Der müde Tod* wird in *Begegnungen* eine Didaktisierung der Szene *Der Fremde* angeboten: Arbeit mit der Tonspur, mit drei Standfotos und mit filmspezifischen Aspekten.

LANG, Fritz (Regie)/HARBOU VON, Thea (Buch) (1925/26): *Metropolis*

„In der Zukunftsstadt Metropolis, deren Glanz und Reichtum von unterirdisch lebenden Proletariermassen geschaffen wird, entfesselt ein dämonischer Wissenschaftler einen Sklavenaufstand, indem er einen weiblichen Maschinenmenschen als Agitator benutzt. Die Revolte endet in Maschinenstürmerei, führt jedoch (durch die Liebesbeziehung zwischen Freder, dem Sohn des Wissenschaftlers, und Maria, einer engagierten Proletarierin) zur Versöhnung von Arbeiterklasse und Oberschicht."

Lexikon des internationalen Films (1995), 3824

Ausgewählte Sequenz (= S):

Standfoto 2; S 12: *Der Lustgarten*

Die Stadt Metropolis ist zweigeteilt: in der Oberstadt leben die Reichen in Luxus, in der Unterstadt die Armen. Zwischen den beiden Teilen liegt ein wunderschöner Garten, der den Reichen vorbehalten ist. Dennoch wagt sich Maria, Repräsentantin der Armen, in den Garten, umgeben von vielen armen Kindern. Sie konfrontiert Freder, Repräsentant der Reichen, mit der Armut („Das alles sind deine Brüder."). Maria wird aus dem Garten gejagt.

Begleitmaterial:

D'ALESSIO, Germana/HELMLING, Brigitte (1991): *Begegnungen.* Begleitheft mit Unterrichtsvorschlägen. München: Goethe-Institut (siehe unter Beauvais).

Zu der Sequenz 12 werden in *Begegnungen* zwei Arbeitsblätter zu dem Aufeinandertreffen von Freder und Maria angeboten – auch unter filmspezifischen Aspekten.

LEITNER, Hermann (Regie)/ SCHWENZER, Peer (Buch) (1957): *Ferien auf Immenhof*

„Das Pony Hotel ‚Immenhof' ist eröffnet. Oma Jantzen, die Besitzerin, und ihre Enkelinnen Dick und Dalli haben sich alle Mühe gegeben, um den alten Gutshof so gemütlich wie möglich herzurichten. Ralf, als freier Grafiker für eine Zeitung in Lübeck tätig, hat einen schwungvollen Prospekt entworfen. Aber noch fehlen die Gäste. Man wird Reklame für Immenhof machen müssen. Jochen von Roth, ein alter Freund der Familie, fährt nach Hamburg, um dort mit einem Reisebüro zu verhandeln. In der Zwischenzeit unternehmen die Kinder ihren eigenen Werbefeldzug. Doch der Prospekt, den Ralf entworfen hat, besteht aus Übertreibungen. Die wenigen Gäste, die kommen, reisen wieder ab, weil der versprochene Luxus fehlt. Oma Jantzen und Jochen von Roth sind über den Alleingang der Kinder verärgert. Ralf reist ab und Dick muß um ihre Liebe zu Ralf fürchten. Aber natürlich wendet sich alles zum Guten.

d'Alessio/Helmling (1991), 67

Ausgewählte Sequenz (= S):

S 6: *Ein Ferientag*

Der Hobbymaler Ralf zeichnet ein Pferd und flirtet dabei mit Dick.

Begleitmaterial:

D'ALESSIO, Germana/HELMLING, Brigitte (1991): *Begegnungen.* Begleitheft mit Unterrichtsvorschlägen. München: Goethe-Institut (siehe unter Beauvais).

Zu der Sequenz 6 werden in *Begegnungen* Unterrichtsvorschläge gemacht, Hypothesen über die Szene aufzustellen und sich vorzustellen, was anders sein müßte, wenn der Film heute gedreht würde.

LENZ, Siegfried (1976): *Die Phantasie – der Autor und sein Thema*

Nach einem Schriftstellerkongreß treffen sich drei der Teilnehmer in einer bescheidenen Kneipe. Sie beginnen eifrig über das Verhältnis von Wirklichkeit und Phantasie, die Bedeutung und Berechtigung der Fiktion zu diskutieren. Die Diskussion verläuft erregt und konträr, die Meinungen der drei gehen stark auseinander. Im Hintergrund des Lokals sehen wir einen Mann und eine Frau. Er spielt Flipper, und sie trinkt ein Glas nach dem anderen. Nach und nach erwecken die beiden das Interesse der Schriftsteller; sie beginnen über das Verhältnis der beiden zueinander zu spekulieren. Dann beschließen sie, daß jeder von ihnen seine Einschätzungen, seine Vermutungen in einer Geschichte darstellen soll.

Der Film erzählt uns nun in drei verschiedenen Versionen die Erzählungen der Literaten. Die erste Version zeigt Mann und Frau als Liebespaar. Die Frau ist verheiratet und will sich von ihrem Liebhaber trennen. In der zweiten Version erleben wir die beiden als Geschwisterpaar, das am Geburtstag ihrer Mutter zufällig seinen seit Jahren totgeglaubten Vater entdeckt. Die dritte Version zeigt die Frau als alleinstehende, frustrierte Angestellte, die durch einen phantastischen Zufall einen Arbeitskollegen näher kennenlernt und mit ihm die Kneipe aufsucht.

Um herauszufinden, welche der Geschichten der Realität nahekommt, spricht einer der Schriftsteller den Mann am Flipper an. Er erfährt, daß Mann und Frau sich nicht kennen, sich noch nie begegnet sind.

Ausgewählte Sequenz (= S):

S 1: *In der Kneipe*

Ein Mann und eine Frau sitzen in einer Kneipe. Er spielt Flipper, sie trinkt ein Glas nach dem anderen. Der Mann braucht Kleingeld und sie wechselt es ihm.

LORIOT (1984): *Wo laufen Sie denn?*

Video mit neun verschiedenen Sketchen zum Thema *Pferderennbahn, Reisen mit dem Flugzeug, Opernkartenkauf, Konzert und Kunstpfeiffer*.

Ausgewählte Sequenz (= S):

S 21: *Die Banane*

Ein Mann versucht am Flughafen verzweifelt, eine Bananenschale mit einem Stück Banane wegzuwerfen.

MC NAB, Rosi/GRAUERHOLZ, Ute (1989): *Klassenfest*

Der Film zeigt eine Klasse von dreizehnjährigen Schülern aus Braunschweig, die in einem kurzen Vorspann ihre Stadt zeigen. Dann diskutieren sie gemeinsam mit ihrem Klassenlehrer, was sie in der nächsten Tutorenzeit (Zeit für außerunterrichtliche Aktivitäten) gemeinsam unternehmen wollen. Sie entscheiden sich für ein Grillfest: Man sieht sie bei den Vorbereitungen für das Fest: beim Brötchenkaufen in einem Bäckerladen, beim Kauf von den Grillwürstchen in einer Metzgerei und im Supermarkt, wo sie Getränke holen. Der Film endet mit Impressionen des Festes. Abgesehen vom Vorspann, sind alle Sprechtexte spontan produziert worden, sie folgen keinem Drehbuch.

nach: Mc Nab/Grauerholz (1989), 3

Ausgewählte Sequenzen (= S):

S 17: *In der Schule*

Der Lehrer einer Klasse in einer Gesamtschule bespricht mit seinen Lernern, wie sie einen schulfreien Tag zusammen gestalten wollen. Sie einigen sich darauf, ein Grillfest zu machen.

S 28: *In der Bäckerei*

Die Schülerinnen wählen in einer Bäckerei verschiedene Brotsorten aus. Sie kaufen für das Klassenfest für die gesamte Klasse ein.

Begleitmaterial:

MC NAB, Rosi/GRAUERHOLZ, Ute (1989): *Klassenfest*. München: Goethe-Institut.

Das Begleitheft enthält zahlreiche Vorschläge für den Unterricht. Es stellt zunächst die Orte der Handlungen, dann mit Hilfe von Arbeitsbögen den Handlungsablauf selber dar. In „Steckbriefen“ werden die Protagonisten des Films dargestellt. Im Schlußteil finden sich das Transkript und verschiedene Anmerkungen zu Begriffen aus dem Film.

MURNAU, Friedrich Wilhelm (Buch und Regie) (1922): *Nosferatu – Eine Symphonie des Grauens*

Vampire: Fiktive Lebewesen, die tagsüber in ihren Särgen schlafen und nur nachts zum Leben erweckt werden. Das Licht der Sonne ist für sie tödlich. Vampire ernähren sich von Menschenblut und werden der Sage nach durch Knoblauch und Kruzifixe abgeschreckt, wie in Polanskis Film *Tanz der Vampire*.

„Ein jungverheiratetes Paar, Jonathon und Nina, lebt glücklich in der Hafenstadt Bremen. Jonathon arbeitet bei einem seltsamen Mann, der ihm den Auftrag gibt, nach Transsylvanien zu reisen und dem Grafen Dracula ein Haus in Bremen zu verkaufen. Jonathons Frau bleibt bei Freunden in Bremen, er reist weiter. In einem Gasthaus in den Karpaten wenden sich die Leute erschreckt ab, als er sagt, daß er auf das Schloß des Grafen Dracula wolle. In seinem Zimmer findet er auch noch *Das Buch der Vampire*. Doch schlägt er die Warnungen des Wirtes und der übrigen Gäste in den Wind. Auf dem Schloß wird Jonathon von Nosferatu (dem Vampir) begrüßt und bewirtet. Als der Graf ein Bild von Jonathons Frau sieht, unterschreibt er ohne weiteres Zögern den Kaufvertrag. In der Nacht kommt er in Jonathons Zimmer, während zu Hause in Bremen Jonathons Frau Nina im gleichen Moment erschreckt aus dem Schlaf hochfährt. Am nächsten Morgen sieht Jonathon , daß sich Nosferatu nach Bremen aufmacht. Jonathon flieht nach Bremen. Nina ahnt die Zusammenhänge und beschließt, sich zu opfern. Sie hält Nosferatu bis zum Morgengrauen bei sich, der in den ersten Sonnenstrahlen zu Asche zerfällt. Die Pest, die in Bremen ihren Einzug mit Nosferatu gehalten hatte, hört auf zu wüten: Ninas Opfer war nicht umsonst gewesen.“

nach: d’Alessio/Helmling (1991), 68; gekürzt

Ausgewählte Sequenzen (= S):

S 23: *Der Vampir*

Paralel montierte (siehe Montage) Handlung: Nosferatu nähert sich Jonathon, während seine Frau in Bremen erschreckt aus dem Schlaf aufwacht und verzweifelt nach Jonathon ruft.

S 30: *Der Vampir*

Ausschnitt aus S 23 – der Vampir und die erschreckende Nina.

Begleitmaterial:

D'ALESSIO, Germana/HELMLING, Brigitte (1991): *Begegnungen*. Begleitheft mit Unterrichtsvorschlägen. München: Goethe-Institut (siehe unter Beauvais).

Zu dem Film *Nosferatu* werden in *Begegnungen* Aufgaben zur Hypothesenbildung, zu filmspezifischen Aspekten und zur Einordnung in die Epoche der Romantik anhand eines Gemäldes gemacht, das im Film erwähnt wird.

PERRAUDIN, René u. a. (1990): *Die fünf neuen Bundesländer*

Die fünf neuen Bundesländer werden in fünf Filmen à 15 Minuten vorgestellt: In Form einer Reise durch die Länder und mit Interviews werden „Landschaften, Wirtschaftsstrukturen, bedeutende Städte und die Kulturgeschichte" (Inter Nationes 1994, 31) geschildert.

Ausgewählte Sequenz (= S):

S 47: *Thüringen*

Begleitmaterial:

PERRAUDIN, René u. a. (1991): *Die fünf neuen Bundesländer.* Filmtexte. Bonn: Inter Nationes.

Das Begleitheft enthält die Transkriptionen der Filme.

SCHEIBLER, Peter/STRECKER, Frank (1986): *Dagmar*

Dagmar ist eine junge Frau im Alter zwischen 14 und 17 Jahren. Der Film stellt sie uns als sehr ernsthaften, an den Problemen der Welt interessierten Teenager vor, der keinerlei Konflikte scheut. Ihre Familie gehört dem gehobenen Mittelstand an, die Eltern wirken tolerant und offen. Dagmar engagiert sich in Umweltfragen, agitiert ihren Freund Florian, den Wehrdienst zu verweigern und argumentiert überall sehr selbstsicher. Problematisch ist die Beziehung zu ihrem Mathematiklehrer. Er provoziert Dagmar ständig, um seine starke Zuneigung zu ihr zu überspielen. Als der Lehrer eines Tages Dagmar seine Liebe gesteht, reagiert sie kühl und abweisend. In allen Situationen, die uns der Film vorstellt, demonstriert sie, daß auch junge Menschen sich nicht alles gefallen lassen müssen, daß Engagement sehr sinnvoll sein kann.

Ausgewählte Sequenzen (= S):

S 2: *Die Mathearbeit*

Dagmar fühlt sich von ihrem Mathelehrer falsch benotet und verläßt wütend den Klassenraum.

S 20: *In der Klasse*

S 25/38: *In der Küche*

Zu Hause bei Dagmar mit ihrem Bruder und ihren Eltern.

S 29: *Auf dem Schulhof*

Dagmar flirtet auf dem Schulhof, um ihren Lehrer eifersüchtig zu machen.

S 35: *Die Klavierstunde*

Beim Klavierspielen hat Dagmar Visionen der Umweltzerstörung.

S 36: *Dagmar und Florian*

Dagmar wehrt sich gegen die Annäherungsversuche ihres Freundes, weil sie mit ihm über Wehrdienstverweigerung reden möchte.

S 37: *Die Jutetasche*

Dagmar streitet mit ihrem Mathelehrer über die Umweltverträglichkeit von Jute und Plastik.

SCHNATMANN, Reinold (Buch und Regie) (1992): *Willi, erzähl!*

Das Porträt zeichnet den Weg von Fährmann zum Schriftsteller nach und beschreibt seine Arbeitsweise. Bei authentischen Themen versucht er, Zeitzeugen zu finden, recherchiert in Archiven und sucht die Orte der Handlung auf.

Ausgewählte Sequenz (= S):

S 46: *Der Friedhof*

In der Sequenz liest Fährmann eine Szene aus seinem Jugendbuch *Es geschah im Nachbarhaus*. Es handelt sich um einen authentischen Fall aus dem 19. Jahrhundert: Ein Kind ist ermordert worden, man schiebt die Schuld einer jüdischen Familie zu und ruiniert deren Existenz. Karl, ein Jungendlicher aus dem Dorf, hält dennoch die Freundschaft zu Sigi, dem Sohn des Verdächtigen.

STERNBERG VON, Josef (Regie)/ STERNBERG VON, Josef/LIEBMANN, Robert (Buch) (1930): *Der Blaue Engel.* Nach dem Roman von Heinrich Mann *Professor Unrat*

„Professor Rath, ein älterer Schullehrer und Sonderling, entdeckt, daß einige seiner Schüler in der etwas zwielichtigen Bar ‚Der Blaue Engel' verkehren und dort die Sängerin Lola-Lola anhimmeln. Er will die Sängerin zur Rede stellen, verfällt ihr dabei aber selbst und heiratet sie schließlich. Aus dem Schuldienst ausgetreten, wird er zunehmend von ihr gedemütigt, bis er sich schließlich als Assistent des Zauberkünstlers lächerlich macht. Als Lola ihn wegen eines anderen Mannes verläßt, kehrt er gebrochenen Herzens in seine Schule zurück, wo er an seinem früheren Schreibtisch stirbt."

nach: d'Alessio/Helmling (1991), 67; leicht verändert

Ausgewählte Sequenz (= S):

Standfoto 1; S 11: *In Lolas Loge*

Professor Rath besucht Lola zum zweiten Mal in ihrer Loge, um sich für sein Verhalten beim ersten Besuch zu entschuldigen.

Begleitmaterial:

D'ALESSIO, Germana/HELMLING, Brigitte (1991): *Begegnungen*. Begleitheft mit Unterrichtsvorschlägen. München: Goethe-Institut.

Zu dem Film *Der Blaue Engel* werden in *Begegnungen* Vorschläge zur genaueren Beobachtung der Personenkonstellation (Professor, Sängerin) angeboten: im Aussehen, in der Sprache, in der Interpretation von Handlungen und Kameraeinstellungen.

WEISSBARTH, Eberhardt (Buch und Regie) (1986): *Vis-à-vis*

Ein älterer Mann zieht neu in eine Wohnung ein, die der Wohnung einer älteren Frau gegenüber (= *vis-à-vis*) liegt. Der Film erzählt die Geschichte, wie die Frau versucht, mit dem Mann in Kontakt zu kommen:

Sie steht auf ihrem Balkon und beobachtet mit einem Fernglas, wie auf der Straße ein Möbelwagen entladen wird. Der neue Mieter stellt auf seinem Balkon gegenüber Blumenkästen auf. Als er bemerkt, daß er beobachtet wird, zieht er sich in seine Wohnung zurück. Auch die Frau geht in ihre Wohnung und löffelt lustlos ihre Suppe. Neugierig geht sie am nächsten Tag ins Haus gegenüber, um am Türschild den Namen des neuen Mieters zu lesen. Dann horcht sie vorsichtig an der Tür und kehrt in ihre Wohnung zurück. Dort malt sie ein Schild, auf dem „Guten Morgen" steht.

Als der Mann auf seinem Balkon frühstückt, hält sie das Schild hoch. Er lächelt zuerst, zieht sich aber wegen des beginnenden Regens in seine Wohnung zurück. Die Frau macht sich schön: Sie kommt mit neuer Frisur aus dem Friseursalon und kauft sich ein neues Kleid. Sie putzt im neuen Kleid das Fenster, er beobachtet sie interessiert. Im Supermarkt treffen sie sich unerwartet. Sie fährt mit ihrem Einkaufswagen einen Stapel Dosen um und flüchtet vor den unangenehmen Blicken der Kunden. Anschließend beobachtet sie durch das Fernglas, wie ihr Nachbar mit Blumen zu ihr herüberkommt. Hektisch bereitet sie sich auf den Besuch vor. Sie beobachtet ihn durch den Spion und öffnet, als er klingelt, zunächst nicht. Erst als er sich zum Gehen wendet, öffnet sie ihm die Tür.

Ausgewählte Sequenzen (= S):

Standbild 2; S 34 – der ganze Film wird gezeigt.

Kapitel 3.4.2 zeigt in einer Unterrichtsdokumentation, wie mit dem Film gearbeitet werden kann.

Begleitmaterial:

PERLMANN, Michaela (1989): *Vis-à-vis*. Begleitheft mit Unterrichtsvorschlägen. München: Goethe-Institut.

Das Begleitheft enthält zwei Unterrichtsvorschläge: einen für die Grundstufe (Anfänger), einen für die Mittelstufe (Fortgeschrittene). Die Filmhandlung wird zunächst verbal zusammengefaßt mit der Aufgabe, die einzelnen Textbausteine in die richtige Reihenfolge zu bringen. Zusätzlich wird der Film durch Zeichnungen dargestellt und durch Arbeitsblätter zur Charakterisierung der beiden Personen ergänzt.

WEISSBARTH, Eberhardt (Buch und Regie) (1992): *Klassenziel nicht erreicht*

Der Film erzählt von dem 10jährigen Schüler Jan. Seine Eltern haben sich getrennt, er lebt bei seiner Mutter. Jan wird nicht in die nächste Klasse versetzt, er ist „sitzengeblieben": Seine Mitschüler lachen ihn deshalb aus. Jan ist verzweifelt, er traut sich nicht, seine Mutter in der Arbeit zu besuchen und geht zu den Landungsbrükken am Hamburger Hafen. Hier trifft er einen alten, arbeitslosen Seemann, der ihm von seinem Leben erzählt. Der alte Mann versucht, Jan Mut zu machen, nicht einfach abzuhauen. Als sich Jan dann endlich traut, seiner Mutter vom Zeugnis zu erzählen, ist sie empört und gibt ihm eine Ohrfeige. Jan gesteht, wie sehr er seinen Vater vermißt und wie einsam er sicht fühlt. Die Mutter reagiert verständnislos – Jan reißt aus.

Die Mutter geht zur Polizei. Die Polizisten versuchen, sie zu beruhigen und fahren mit ihr zum Hafen, wo sie gemeinsam nach Jan suchen. Ein Polizist entdeckt den Jungen am Wasser. Mutter und Sohn versöhnen sich, sie verspricht ihm, sich mehr um ihn zu kümmern. Dann gehen die beiden Arm in Arm nach Hause.

Ausgewählte Sequenz (= S):

S 16: *Der Sitzenbleiber* (Zusammenschnitt von drei Szenen)

Der 10jährige Jan wird nicht in die nächste Klasse versetzt, er ist „sitzengeblieben": Seine Mitschüler lachen ihn deshalb aus. Auch seine Mutter ist empört, vor allem als er das Tabuthema anspricht, daß er seinen Vater vermissen würde. Jan reißt von zu Hause aus.

Begleitmaterial:

PERLMANN-BALME, Michaela (1992): *Klassenziel nicht erreicht*. Begleitheft mit Unterrichtsvorschlägen. München: Goethe-Institut.

Das Begleitheft enthält im ersten Teil ein informatives und ausführliches Vorwort sowie eine Unterrichtsskizze zur Präsentation des Films, der in einzelne Szenen untergliedert wird. Den Szenen sind variantenreiche Arbeitsblätter zugeordnet. Zur Nachbereitung des Films werden fünf Vorschläge gemacht. Ein weiterer Teil bietet Themen zur Diskussion in der Klasse an, im nächsten Teil sind weiterführende Materialien zusammengefaßt, u. a. ein Gedicht von Marianne Arlt und eine Kurzgeschichte von Peter Weiss zum Thema „Angst in der Schule“. Der Anhang enthält Transkriptionen und Lösungsschlüssel.

Willi Fährmann – Literarische Porträts (1989)

Das Porträt des Jugendbuchautors beginnt in Xanten, wo er lebt, zeigt seine Biographie, Bücher, Prozesse des Schreibens, Lesens und das Echo auf seine Bücher.

Ausgewählte Sequenz (= S):

S 45: *Lillimaus*

In der Sequenz liest Fährmann eine Szene aus seinem Kinderbuch *Der überaus starke Willibald*, einer Parabel zu den Strukturen der Nazizeit und rechten Organisationen.

Begleitmaterial:

ESSELBORN, Karl /HÜBNER, Klaus (Hrsg.) (1989): *Willi Fährmann.* Werkheft Literatur. München: iudicium/Goethe-Institut.

Das Werkheft enthält Informationen zu Fährmann, gibt einen Überblick über seine Bücher und enthält Didaktisierungsvorschläge zu ausgewählten Büchern. Darunter befinden sich auch die beiden Bücher, aus denen Fährmann in Sequenz 45 und 46 liest.

8 Sequenzverlauf

Videokassette Teil 1

Sequenznummer	*aus (Filmtitel)*	*Dauer*	*Aufgabe*
Sequenz 1 *In der Kneipe* Bild ohne Ton	Lenz, S. (1976): *Die Phantasie – der Autor und sein Thema*	1'14"	Wahrnehmung über die Bildaussage
Sequenz 2 *Die Mathearbeit* Bild ohne Ton	Scheibler, P./Strecker, F. (1986): *Dagmar*	2'03"	Wahrnehmung über die Bildaussage, Bildgeschehen kulturell einordnen und beurteilen
Standbild 1 *Wütender Nachbar*	Boom van den, R. u. a. (1991 b): *Bildschirm 8: Werbung* Spot 27	20"	Bild interpretieren
Standbild 2 *Blick durch den Türspion*	Weißbarth, E. (1986): *Vis-à-vis*	20"	Bild interpretieren
Sequenz 3 a *Vis-à -vis* Ton ohne Bild	Weißbarth, E. (1986): *Vis-à-vis*	49"	Einstieg über die Musik: Hypothesen aufstellen
Sequenz 3 b *Auf dem Balkon* Bild und Ton	Weißbarth, E. (1986): *Vis-à-vis*	27"	verifizieren der Hypothesen
Sequenz 4 a Spot 4: *Frolic* Ton ohne Bild	*Die Krönung der schönsten Stunden (1990)*	18"	Einstieg über die Musik: Hypothesen aufstellen
Sequenz 4 b Spot 4: *Frolic* Bild und Ton	*Die Krönung der schönsten Stunden (1990)*	18"	verifizieren der Hypothesen
Sequenz 5 a *Der Fremde* Ton ohne Bild	Lang, F./Harbou von, Th. (1921): *Der müde Tod*	1'	Einstieg über die Musik: Veränderungen notieren und interpretieren
Sequenz 5 b *Der Fremde* Bild und Ton	Lang, F./Harbou von, Th. (1921): *Der müde Tod*	1'	verifizieren der Hypothesen
Sequenz 6 a *Ein Ferientag* Ton ohne Bild	Leitner, H./Schwenzer, P. (1957): *Ferien auf Immenhof*	2'20"	Situationsbestimmung über dieTonspur
Sequenz 6 b *Ein Ferientag* Bild und Ton	Leitner, H./Schwenzer, P. (1957): *Ferien auf Immenhof*	2'20"	verifizieren der Hypothesen
Sequenz 7 *Pits Traumauto* Bild und Ton	Gies, H./Eplinius, U. (1988): *Das Traumauto*	1'10"	Einstieg über Bildmaterial zum Film
Sequenz 8 *Die Panne* Bild und Ton	Gies, H. /Eplinius, U. (1988): *Das Traumauto*	1'50"	Filmverlauf antizipieren

Sequenznummer	*aus (Filmtitel)*	*Dauer*	*Aufgabe*
Sequenz 9 *Der Falschspieler* Teil 1, Bild und Ton	Kreck, J./Moo-Young, I. (1991): *Der Falschspieler*	3'17"	Einstieg über Bildkarten, Reihenfolge herstellen
Sequenz 10 *Der Falschspieler* Teil 2, Bild und Ton	Kreck, J./Moo-Young, I. (1991): *Der Falschspieler*	7'23"	Einstieg über Bildkarten, Reihenfolge im Film verifizieren
Sequenz 11 *In Lolas Loge* Bild und Ton	Sternberg von, J./Liebmann, R. (1930): *Der Blaue Engel*	1'03"	Vermutungen über Film, vom Foto ausgehend, überprüfen
Sequenz 12 *Der Lustgarten* Bild und Ton	Lang, F./Harbou von, Th. (1925/26): *Metropolis*	1'	Vermutungen über Film, vom Foto ausgehend, überprüfen
Sequenz 13 *Angst essen Seele auf* Bild und Ton	Fassbinder, R. W. (1974): *Angst essen Seele auf*	5'28"	Vermutungen über Film, vom Transkript ausgehend, überprüfen
Sequenz 14 Spot 11: *Karamalz* Bild und Ton	*Die Krönung der schönsten Stunden* (1990)	28"	Einstieg über Transkript mit Lücken
Sequenz 15 Spot 24: *InterCity* Bild und Ton	*Die Krönung der schönsten Stunden* (1990)	57"	Einstieg über Transkript mit Weglassung des Schlüsselsatzes
Sequenz 16 *Der Sitzenbleiber* Bild und Ton	Weißbarth, E. (1992): *Klassenziel nicht erreicht*	1'37"	Einstieg über Wortkarten, Geschichte aufschreiben, Geschichte verifizieren
Sequenz 17 *In der Schule* Bild ohne Ton	Mc Nab, R./Grauerholz, U. (1989): *Klassenfest*	1'34"	landeskundliche Informationen aus Bildinformation entnehmen
Sequenz 18 *In einem Gebäude* Bild und Ton	Hecht, S. (1992): *Hauptstraße 117*	2'02"	den Ort des Geschehens bestimmen – aufgrund der Bildindizien
Sequenz 19 a *Anna und Schmidt* Bild ohne Ton	*Anna, Schmidt & Oskar* (1994)	2'12"	Beziehungen zwischen Personen vermuten
Sequenz 19 b *Anna und Schmidt* Bild und Ton	*Anna, Schmidt & Oskar* (1994)	2'12"	Hypothesen überprüfen
Sequenz 20 *In der Klasse* Bild ohne Ton	Scheibler, P./Strecker, F. (1986): *Dagmar*	1'21"	etwas Auffälliges notieren
Sequenz 21 *Die Banane* Bild und Ton	Loriot (1984): *Wo laufen Sie denn?*	3'11"	Handlungsorte notieren, Gründe für das Scheitern einer Handlung benennen
Sequenz 22 a *Die Anmache* Bild ohne Ton	Gies, H./Eplinius, U. (1988): *Das Traumauto*	1'47"	anhand der Bildaussagen einen Dialog erstellen

Sequenznummer	*aus (Filmtitel)*	*Dauer*	*Aufgabe*
Sequenz 22 b *Die Anmache* Bild und Ton	Gies, H./Eplinius, U. (1988): *Das Traumauto*	1'47"	den eigenen Dialog mit dem Filmdialog vergleichen
Sequenz 23 *Der Vampir* Bild und Ton	Murnau F. W. (1922): *Nosferatu*	3'10"	Handlungskarten in die richtige Reihenfolge bringen
Sequenz 24 *Der Cadillac* Bild und Ton	Gies, H./Eplinius, U. (1988): *Das Traumauto*	35"	Informationen aus Paralleltext und Informationen aus der Sequenz entnehmen
Sequenz 25 *In der Küche* Bild und Ton	Scheibler, P./Strecker, F. (1986): *Dagmar*	3'44"	Textkarten zum Film in die die richtige Reihenfolge bringen
Sequenz 26 *Auf der Treppe* Bild ohne Ton	Beauvais, P./Courths-Mahler, H. (1974): *Griseldis*	45"	Kameraperspektiven und ihre Wirkung interpretieren
Sequenz 27 *Der Sturz vom Fahrrad* Bild und Ton	Bohm, H. (1977): *Moritz, lieber Moritz*	32"	Kameraperspektiven interpretieren
Sequenz 28 *In der Bäckerei* Bild und Ton	Mc Nab, R./Grauerholz, U. (1989): *Klassenfest*	33"	Kamerabewegung und Einstellungsgrößen interpretieren
Sequenz 29 *Auf dem Schulhof* Bild ohne Ton	Scheibler, P./Strecker, F. (1986): *Dagmar*	33"	Kamerabewegung interpretieren
Sequenz 30 *Der Vampir* Bild und Ton	Murnau, F. W. (1922): *Nosferatu*	20"	Montage interpretieren
Sequenz 31 *In einem Gebäude* Bild und Ton	Hecht, S. (1992): *Hauptstraße 117*	2'	Kameraperspektiven und Einstellungsgrößen bestimmen
Sequenz 32 *Eine Stadt am Morgen* Bild und Ton	*Alles Gute* (1988): Lektion 2	1'14"	situationsgebundene Tätigkeiten nennen und im Film verifizieren
Sequenz 33 a *Ein ganz normaler Morgen* Bild ohne Ton	*Alles Gute* (1988): Lektion 2	5'21"	Tätigkeiten notieren, Dialogelemente antizipieren
Sequenz 33 b *Ein ganz normaler Morgen* Bild und Ton	*Alles Gute* (1988): Lektion 2	8'45"	Hypothesen verifizieren
Videokassette Teil 2			
Sequenz 34 *Vis-à-vis* Bild und Ton	Unterrichtsdokumentation mit dem Film von Weißbarth, E. (1986): *Vis-à-vis*	14'54"	Gliederung des Films erkennen (in einzelnen Etappen), Lehrer- und Lernerverhalten beurteilen

Sequenznummer	*aus (Filmtitel)*	*Dauer*	*Aufgabe*
Sequenz 35 *Die Klavierstunde* Bild und Ton	Aus: Scheibler, P./Strecker, F. (1986): *Dagmar*	1'41"	Alter und Gedanken der Hauptperson im Film erraten
Sequenz 36 a *Dagmar und Florian* Bild ohne Ton	Scheibler, P./Strecker, F. (1986): *Dagmar*	1'24"	Situationsbestimmung über die Bildaussage: Profil der Hauptpersonen erstellen
Sequenz 36 b *Dagmar und Florian* Bild und Ton	Scheibler, P./Strecker, F. (1986): *Dagmar*	1'24"	Verifizierung und Weiterführung des Profils
Sequenz 37 *Die Jutetasche* Bild und Ton	Scheibler, P./Strecker, F. (1986): *Dagmar*	1'33"	Personenbeziehung definieren, Weiterführung des Profils
Sequenz 38 *In der Küche* Bild und Ton	Scheibler, P./Strecker, F. (1986): *Dagmar*	3'44"	Personenbeziehung definieren und beurteilen, Profil der Hauptperson weiterführen
Sequenz 39 *Moritz und das Mädchen* Bild und Ton	Bohm, H. (1977): *Moritz, lieber Moritz*	2'	Vermutungen über Hauptperson anstellen, Beziehungen definieren, beurteilen
Sequenz 40 *Moritz und seine Eltern* Bild und Ton	Bohm, H. (1977): *Moritz, lieber Moritz*	1'56"	familiäres Umfeld der Hauptperson beschreiben
Sequenz 41 a *Moritz und die Schule* Bild ohne Ton	Bohm, H. (1977): *Moritz, lieber Moritz*	3'2"	Hauptperson im schulischen Umfeld einordnen
Sequenz 41 b *Moritz und die Schule* Bild und Ton	Bohm, H. (1977): *Moritz, lieber Moritz*	3'2"	Verifizierung der Hypothesen
Sequenz 42 *Moritz und die Rocker* Bild und Ton	Bohm, H. (1977): *Moritz, lieber Moritz*	4'20"	Personenbeziehungen definieren, soziale Unterschiede erkennen, Verifizierung der Hypothesen
Sequenz 43 a *Volker Ehrlich* Bild ohne Ton	Fischer, Th./Syring, G. (1991): *Ungebahnte Wege*	3'28"	subjektive Rezeption der Hauptperson, Ton zu Bildern finden; unterschiedliche Textsorten erkennen
Sequenz 43 b *Volker Ehrlich* Bild und Ton	Fischer, Th./Syring, G. (1991): *Ungebahnte Wege*	3'28"	Vergleich der eigenen Vorstellung von der Sprache/der Tonspur mit *Volker Ehrlich* (der Tonspur des Films)
Sequenz 44 a *Wahlkampf* Bild ohne Ton	Boom van den, R. u. a. (1991 a): *Bildschirm 5*	50"	Bildaussage interpretieren, Anzahl der Schnitte/Orte zählen und interpretieren
Sequenz 44 b *Wahlkampf* Bild und Ton	Boom van den, R. u. a. (1991 a): *Bildschirm 5*	50"	Analyse der Bild-Ton-Schere

Sequenznummer	*aus (Filmtitel)*	*Dauer*	*Aufgabe*
Sequenz 45 a *Lillimaus* Ton ohne Bild	*Willi Fährmann.* Literarische Porträts (1989)	1'23"	zum Filmtranskript Bilder erfinden
Sequenz 46 a *Der Friedhof* Ton ohne Bild	Schnatmann, R. (1992): *Willi, erzähl!*	2'09"	zum Filmtranskript Bilder erfinden
Sequenz 45 b *Lillimaus* Ton und Bild	*Willi Fährmann.* Literarische Porträts (1989)	1'25"	eigene Bilder mit Filmbildern vergleichen, Analyse der Bild-Ton-Zuordnung
Sequenz 46 b *Der Friedhof* Bild und Ton	Schnatmann, R. (1992): *Willi, erzähl!*	2'07"	eigene Bilder mit Filmbildern vergleichen, Analyse der Bild-Ton-Zuordnung
Sequenz 47 *Thüringen* Bild und Ton	Perraudin, R. u. a. (1990): *Die fünf neuen Bundesländer*	10'48"	Rastereintragung von landeskundlichen Informationen, Analyse filmspezifischer Aspekte
Sequenz 48 *Dietrich M. – Vorspann* Bild und Ton	Conradt, G. (1993): Vorspann *Videobrief Dietrich M.*	1'	visuelle Indizien zur Hauptperson notieren und interpretieren
Sequenz 49 *Videobrief Dietrich M.* Bild und Ton	Conradt, G. (1993): *Videobrief Dietrich M.*	13'41"	Informationen zur Hauptperson notieren

Sequenz 50
siehe: Alamillo, Leonor u. a. (1997): *Video im Deutschunterricht.* Regionales Beiheft für Spanien. Madrid: Editorial Idiomas/fağe.

9 Lösungsschlüssel

Hinweis

Aufgaben, die direkt an Sie gerichtet sind und Ihre Erfahrungen ansprechen, haben keinen Lösungsschlüssel. Bei Aufgaben, die nach Vermutungen usw. fragen, wird eine mögliche Lösung angeboten. Das bedeutet nicht, daß andere Lösungen nicht möglich bzw. falsch wären.

Aufgabe 1

2. Die Reaktion des Dieners auf das einfache Lied wird im Text so beschrieben:

   „Valentin hatte diesem Vortrag mit wachsender Verachtung zugehört und sagte: ‚Das versteht jedes Bübchen, jedes Bauernweib. (...) Das liest man einmal durch, versteht es und wirft es wieder weg. Was hat das für einen Reiz? Ist das denn Dichtung?' "

   Ulke (1988), 41

   Dem Diener war der Text wahrscheinlich zu simpel. Er enthielt nichts, was seine Phantasie anregte und Fragen aufwarf.

Aufgabe 2

Texte, in denen alles klar ist, bedürfen keiner weiteren Klärung – sie regen nicht zum Nachdenken und Diskutieren an. Texte hingegen, in denen es etwas zu entdecken gibt, d. h. Texte mit Offenheiten und sogenannten „Leerstellen"* sind interessant für den Fremdsprachenunterricht. Texte sollten so ausgewählt werden, daß sie den Lerner herausfordern. Ein Lerner ist nie auf dem Kenntnisstand Null: Er bringt Vorkenntnisse allgemeiner Art mit, eventuell auch Vorkenntnisse in der Zielsprache*, der Lerner kann beobachten, Fragen stellen, Vermutungen äußern – auch im Fremdsprachenunterricht. Diese Überlegungen zur Auswahl von Texten gelten auch für Fotos und Filme bzw. Filmsequenzen.

Aufgabe 3

Eine Interpretation des Fotos könnte folgendermaßen sein:

1. Der Mann wirkt verloren, traurig. Vielleicht ist er verlassen worden. Dafür spricht die fast leere Wohnung, die man im Hintergrund sieht, dafür sprechen die Kinderfotos, die vor ihm auf dem Tisch liegen, und die Briefe – geöffnete Luftpostbriefumschläge.

   Im Vordergrund sitzt ein jüngerer Mann an einem Tisch. Er wirkt nachdenklich. Er stützt den Kopf auf die linke Hand, sein Blick fixiert keinen bestimmten Gegenstand – er denkt wohl über etwas nach. Das läßt sich vermuten, weil sein Gesicht relativ groß und klar erkennbar auf dem Foto ist.

Aus den geöffneten Briefen und dem Foto eines Kindes ergeben sich Fragen: Der Mann hat vermutlich ein Kind, aber leben seine Frau und sein Kind noch mit ihm zusammen? Sind die Eltern vielleicht getrennt? Lebt die Mutter mit dem Kind in einem weit entfernten Land (Luftpostbriefe)? Der Mann scheint in keiner glücklichen Stimmung zu sein. Die halb geleerte Whiskyflasche mit dem Glas daneben könnte darauf hindeuten, daß der Mann seinen Kummer „herunterspülen" will.

Aufgabe 4

1. Solche Fragen fragen nach etwas, was eindeutig sichtbar ist, die Folge sind uninteressante Antworten. Es entsteht keine wirkliche Kommunikation mit dem Bild, also auch keine Kommunikation in der Klasse.
2. Der Lerner wird nur aufgefordert, die Dinge, die er sieht und in seiner Muttersprache benennen kann, in der Fremdsprache richtig auszudrücken. Das ist sicher gut und notwendig, aber das macht man besser anhand anderer Beispiele und mit anderen methodischen Möglichkeiten. Der Lerner wird so in seinen Fähigkeiten eingeschränkt.

Aufgabe 5

3. Das haben Teilnehmer auf Videoseminaren zu dieser Sequenz notiert. Nachstehend finden Sie die am häufigsten genannten Äußerungen.

die Frau	*der Mann*
trinkt	spielt Flipper
trinkt, um sich zu beruhigen	scheint nervös zu sein
ertränkt ihren Kummer im Schnaps	ist nervös
sieht traurig aus	ist ein Erpresser
wirkt niedergeschlagen	braucht Geld
ist deprimiert	ist grob
scheint Angst zu haben	hat keine Manieren
ist hilflos	ist schlecht erzogen
wirkt älter als der Mann	verlangt Geld von ihr
fühlt sich einsam	verachtet die Frau
hat eine Feder	ist ein Ganove
die Feder erinnert sie an etwas	arbeitet nicht
hat ein Pflaster auf der Wange	raucht
leert ihre Handtasche auf dem Tisch aus	hat sie geschlagen
sie bricht dabei zusammen	kommt zu ihr an den Tisch

es gab Streit zwischen beiden
es kommt zum Krach
sie werden sich trennen
Ende einer schönen Liebesgeschichte

Aufgabe 6

Von den Äußerungen (s. Aufgabe 5) wurden folgende als reine Fakten unterstrichen:

die Frau	*der Mann*
trinkt	spielt Flipper
hat eine Feder	raucht
hat ein Pflaster auf der Wange	kommt zu ihr an den Tisch
leert ihre Handtasche auf dem Tisch aus	

Aufgabe 7

Je nach eigenen und kulturellen Wertvorstellungen kann zum Beispiel einmal das emanzipierte Verhalten der Schülerin positiv bewertet werden, das Verhalten des Lehrers hingegen negativ. Mal ist es umgekehrt: Das Verhalten des Mädchens wird als schlecht, ja als ungebührlich empfunden, weil die Autorität des Lehrers angetastet wird.

Aufgabe 8

Eine mögliche Antwort:

In einer Schule wird eine Klassenarbeit zurückgegeben. Eine Schülerin fühlt sich in ihrer Benotung benachteiligt. Sie vergleicht ihre Note mit der Note der Nachbarin und hat einen heftigen Wortwechsel mit dem Lehrer. Der Lehrer antwortet ihr scharf, schaut sie aber nicht an. Aus der Gestik und Mimik der beiden kann man ableiten, daß das Lehrer-Schüler-Verhältnis sehr gestört ist. Die Schülerin zerknüllt aus Protest ihre Klassenarbeit auf dem Pult des Lehrers und verläßt dann empört den Raum.

Der Lehrer macht einen Eintrag in seinem **Klassenbuch**. Ein Klassenbuch wird in jeder Klasse geführt. Es enthält die Namen aller Schülerinnen und Schüler der Klasse. Anhand dieser Liste wird die Anwesenheit der Schüler kontrolliert, Abwesenheit und Krankheit werden eingetragen, ebenso Verspätungen. Es werden auch Bemerkungen über das Verhalten der Schüler gemacht: das ist eine mögliche Form von Bestrafung. Bei mehreren Einträgen werden die Eltern der Schüler benachrichtigt.

Die Lehrerinnen und Lehrer tragen für ihre Stunden in das Klassenbuch ein, welcher Stoff durchgenommen wurde, welche Stunden ausfielen oder zeitlich oder vom Stoff her umgestellt wurden usw.

Der Lehrer schaut bei der Rückgabe der Klassenarbeit das Mädchen nicht an, während er die anderen Schüler anschaut. Daraus kann man vermuten, daß zwischen den beiden schon früher etwas vorgefallen ist.

Aufgabe 9

2. *Motivierend:* Video spielt außerhalb des Klassenzimmers eine wichtige Rolle für die Lerner, es wirkt daher schon als Medium motivierend. Außerdem ist kein Fachwissen erforderlich, um die Bildsequenzen zu verstehen.

   Landeskundlich: Der Kontext des Videos ist authentisch: Sprache und Umgebung stammen direkt aus dem Zielland. Diesen Vorteil kann kein anderes Medium bieten.

   Methodisch: Herbeiführung offener Situationen, die Sprech- und Schreibanlässe bieten. Sie als Lehrer können ein Video, etwa Spielfilme, speichern und auf verschiedenen Niveaus wiederholt einsetzen. Mit einer gut ausgewählten Videothek haben Sie Material für den Unterricht über Jahre hinweg.

   Technisch: Flexibilität des Mediums: Man kann Sequenzen mit oder ohne Ton zeigen, nur den Ton vorspielen, nur das Bild zeigen usw.

   Weitere Möglichkeiten werden im Lauf der Studieneinheit aufgezeigt.

Aufgabe 10

1. In welcher Phase Sie ein Video einsetzen, hängt von Ihrem Lernziel und der Funktion, die Sie dem Video geben, ab: Als Einstieg in eine Unterrichtsstunde/-einheit kann ein Video auf ein Thema vorbereiten, ein Thema vorentlasten oder für ein Thema motivieren; als Abschluß kann ein Video Transfermöglichkeiten des Themas aufzeigen.
2. Ein Video kann sowohl lehrbuchunabhängig gezeigt werden oder inhaltlich/thematisch einen bestimmten Lernstoff ergänzen.

Aufgabe 11

Ziele: Erzeugung eines Spannungsverhältnisses zwischen Betrachter und Film, Anregung zum spekulativen Sprechen, so daß der Lerner in seiner Ich-Person, d. h. in seiner eigenen Konditionierung, mit seiner eigenen subjektiven Rezeption zu Wort kommt. Dementsprechend würde man in Sequenz 1 z. B. nicht fragen: *Welche Farbe hat die Feder?*, sondern eher: *Welche Bedeutung könnte die Feder haben?*

Aufgabe 12

1. *Vorteile – nur Bild zeigen:* Bilder erzeugen im Kopf die Vorstellung einer Situation, einer Handlung. Es wird Neugier geweckt, ob die eigene Vorstellung mit der im Film übereinstimmt. Das *Sehverstehen* (Schwerdtfeger 1989 führt den Begriff als 5. Fertigkeit ein) wird geschult.

   Vorteile – nur Tonspur vorspielen: Zum Ton entstehen Bilder im Kopf, es wird Neugier geweckt, ob die eigenen Vorstellungen mit dem Film übereinstimmen. Es wird dazu angeleitet, genau zuzuhören.

   Beide Verfahren wecken Neugier, schulen Auge oder Ohr und erleichtern oder vertiefen das Verständnis eines Films.
2. *Voraussetzungen – nur Bild zeigen:* Eine Bestimmung der Situation muß möglich sein, dazu muß das Bild Aussagen zur Handlung, zum Ort des Geschehens, zu den Personen und ihren Gefühlen und Beziehungen zueinander zulassen.

   Voraussetzungen – nur Tonspur spielen: Musik, Dialoge und Geräusche müssen so prägnant sein, daß Bilder im Kopf entstehen, die eine Situationsbestimmung ermöglichen.

Aufgabe 13

1. Die Arbeit mit dem Standbild ist immer dann sinnvoll, wenn ein besonderer Moment im Film festgehalten werden soll, weil er eine Schlüsselfunktion hat.
2. Das Interesse des Lerners kann in eine bestimmte Richtung gelenkt werden, er kann seine Wahrnehmung vertiefen. Stellen, die sich dazu besonders gut eignen, sind:
   a) wenn ein Gesicht in Großaufnahme auf dem Bildschirm erscheint und man Gedanken oder Gefühle einer Person ablesen kann.

b) wenn die Körpersprache einer Person besonders ausdrucksvoll ist.

c) wenn durch filmische Mittel – wie etwa die Kameraperspektive – ein bestimmter Effekt erzielt werden soll.

d) wenn etwas landeskundlich besonders auffällig ist.

Aufgabe 15

1. Gibt es interessante landeskundliche, sprachlich-inhaltliche, interkulturelle, nonverbale Gesichtpunkte? Eignet sich das Video als Einstieg (auf ein Thema vorbereiten, ein Thema vorentlasten oder für ein Thema motivieren) oder als Abschluß (Transfermöglichkeiten des Themas)? Eignet sich das Video für bestimmte methodische Möglichkeiten (z. B. Bild ohne Ton zeigen)?
2. Möglichkeiten vor dem Sehen, während des Sehens, nach dem Sehen.
3. Bilder werden schneller „gelesen" als Texte, bei Video besteht die Gefahr, in eine passive Konsumentenhaltung zu verfallen.
4. Video ohne Ton (nur Bild), Video ohne Bild (nur Ton), Standbild zeigen.

Aufgabe 18

Es lassen sich deutlich zwei musikalische Phasen erkennen: eine heitere, unbeschwerte und eine ernste, unheimlich wirkende. Man erwartet also zuerst eine fröhliche Szene mit fröhlichen, wahrscheinlich jungen Menschen, in der plötzlich die Stimmung umschlägt durch ein bedrohliches Ereignis.

Wie auch bei der vorherigen Sequenz kann man bei schwächeren Schülern Adjektive zur Beschreibung der Musik vorgeben, beispielsweise:

heiter – ernst – schwer – fröhlich – bedrohlich – schnell – langsam – tragisch – lustig – feierlich

Aufgabe 19

1 b) Die im folgenden vorgeschlagene Lösung bezieht sich auf den Film, **nachdem** er gesehen wurde! **Vor** dem Sehen sind alle Möglichkeiten offen!

Zeit/Epoche:	50er Jahre
Ort:	Naturidylle – Pferdekoppel
Personen:	ein junger Maler, 2 junge Mädchen
Aussehen/Kleidung:	nett gekleidete Mädchen, Frisur: Pferdeschwanz, Freizeitkleidung des jungen Mannes
Stimmung:	ausgelassen, ein wenig gespannt
Thema der Szene:	Kennenlernen von Mann und Mädchen
Handlung:	Ein Mädchen sieht einen jungen Maler, er malt Ponys. Bei der Gestaltung des Bildes bleibt es offen, ob die Schwierigkeiten des Malens sich auf die Gesichtszüge des Ponys oder des Mädchens beziehen. So verwirrt der Maler das Mädchen bewußt, der Mann ergreift die Initiative.
Schwarz-Weiß/Farbe:	ein Farbfilm

Aufgabe 22

3. Während in Sequenz 7 das Traumauto noch eine quasi unerreichbare Wunschvorstellung ist – *das wär's natürlich, davon hab' ich geträumt* –, ist es in Sequenz 8 Wirklichkeit geworden, aber eine für den jungen Mann sehr enttäuschende. Im Film wird es also wahrscheinlich darum gehen, wie der junge Mann sich das Traumauto beschaffen kann, um damit seine Traumfrau erobern zu können.

Aufgabe 25

H – G – B – C – I

Aufgabe 26

A – K – D – F – E

Aufgabe 28

1 a) Vielleicht haben Sie Marlene Dietrich oder Emil Jannings wiedererkannt?

1 b) Der Film wurde nach dem Roman von Heinrich Mann *Professor Unrat* gedreht.

1 c) Kleidung, Schminkmode und Details im Raum verweisen den Film in die zwanziger oder dreißiger Jahre (Drehjahr 1930). Als Ort der Handlung kann man die Loge einer Schauspielerin oder Tänzerin vermuten, die an ihrem Schminktisch sitzt. Man erkennt es an den Flakons, dem dreiteiligen Handspiegel auf dem Tisch und dem Plakat im Hintergrund, auf dem der Name Lola-Lola und die Umrisse einer kurzberockten Tänzerin zu erkennen sind. Die Frau ist damit beschäftigt, sich zu schminken, während – so vermuten wir – ein Verehrer ihr seine Aufwartung macht.

1 d) Der Mann sieht sehr korrekt gekleidet aus, trägt ein weißes Hemd (mit Stehkragen?) und Fliege oder kunstvoll geschlungener Krawatte, was auf gutbürgerliche Verhältnisse schließen läßt. Sein Kopf ist leicht zurückgeneigt, was man als Zeichen von Distanz, Scheu oder Skepsis deuten kann, während die Frau durchaus sicher in ihrer Position und Situation wirkt: Sie weiß, wie ihre Jugend und Schönheit wirken; ein leises Lächeln, das um ihre Lippen spielt, mag uns das bestätigen.

Aufgabe 29

1 a) Mitte der 20er Jahre

1 b) ärmlich gekleidete Kinder, das Kleid der Frau ist einfach

1 c) Alle schauen auf ein nicht sichtbares Gegenüber.

1 d) Frau: beschwört etwas, Kinder: teils ängstlich, teils neugierig, teils erstaunt

1 e) + f) Ihre Vermutungen!

Anhand der Inhaltsangabe in Kapitel 7 auf Seite 137 (unter Lang/Harbou) können Sie Ihre Lösungen überprüfen.

Aufgabe 30

Mögliche Antworten unter Verwendung von Indizien (kursiv) aus dem Text (Z = Zeilenangabe):

2 a) Eine Frau (Z 52: *ich alte Frau*) und ein ausländischer Mann (Z 3: Name: *Ali*, spricht gebrochenes Deutsch und Z 59: *Alle Arabisch sprecht das.*)

2 b) Sie wird älter sein als er (Z 34/35: *All die Jahre, all die Monate.*)

2 c) Die Antwort bleibt Ihrer Vermutung überlassen …

2 d) Sie: vermutlich aus Deutschland, er aus einem arabischen Land (Z 59: *Alle Arabisch sprecht das.*)

2 e) Er: einfachere Arbeit (Z 59/60: *Spät kommt, nix gut. Meister sauer mit Ali*). Sie: ebenfalls? (Z 8/9: *Um 6 Uhr dreißig Arbeit. Na prima, ich auch.*)

2 f) Er: einfach, z. B. im Wohnheim (Z 4: *zu sechst in einem Zimmer*). Sie: ??

2 g) ein Abend, eine Übernachtung, früh morgens

2 h) Sie: Sympathie (Z 5: *weil Sie sympathisch sind*). Er: Sympathie, Achtung (Z 53: *Du viel gut. Große Herz.*)

2 i) Er: z. B. Z 28–30: *Ali auch viel allein. Immer Arbeit. Immer trinken. Nix andere. Vielleicht Deutsche denken Wahrheit: Arabisch nix Mensch.*
Sie: z. B. Z 51: *... weil ich so glücklich bin und weil ich solche Angst habe.*

Im folgenden finden Sie die Äußerungen von Ali (mit Zeilenangaben) in grammatikalisch korrektes Deutsch übertragen.

Z 3:	*Ali schläft hier?*	Soll ich hier schlafen?
Z 6:	*Du sympathisch, viel sympathisch.*	Du bist sympathisch, sehr sympathisch.
Z 8:	*Um 6 Uhr dreißig Arbeit.*	Ich muß um 6 Uhr dreißig arbeiten.
Z 15:	*Danke, viel Dank.*	Danke, vielen Dank.

Z 26:	*Ali nix schläft. Viel Gedanken im Kopf.*	Ich kann nicht schlafen, ich habe so viele Gedanken im Kopf.
	Will sprechen mir dir. Ja?	Ich möchte gern mit dir reden, einverstanden?
Z 29:	*Ali auch viel allein. Immer Arbeit. Immer trinken. Nix andere.*	Ich bin viel allein, arbeite, trinke und mache sonst nichts mehr.
	Vielleicht Deutsche denken Wahrheit.	Vielleicht haben die Deutschen recht, wenn sie sagen:
	Arabisch nix Mensch.	Die Araber taugen nichts.
Z 46:	*Dein Kaffee immer gut.*	Dein Kaffee ist immer gut.
Z 53:	*Du nicht alte Frau. Du viel gut. Große Herz.*	Du bist keine alte Frau. Du hast ein gutes, großes Herz.
Z 55:	*Nix weinen. Bitte. Warum weinen?*	Bitte weine nicht. Warum weinst du?
Z 53:	*Nix Angst. Angst essen Seele auf.*	Hab keine Angst. Angst frißt die Seele auf.
Z 59ff.:	*Ja. Alle Arabisch sprecht das. Schon spät, muß geh'n. Spät kommt, nix gut.* *Meister sauer mit Ali, viel gemein.*	Ja, so sagt man in arabischen Ländern. Es ist schon spät, ich muß jetzt gehen. Wenn ich mich verspäte, ist mein Meister sauer und ist dann gemein zu mir.
Z 66:	*Nein, ich fahr' mit Straßebahn.*	Nein, ich fahre mit der Straßenbahn.

3. Mögliche Beobachtungen:

Emmis Schrecken in der Stimme, als Ali plötzlich ins Schlafzimmer kommt; Ali setzt sich zu ihr ans Bett, streichelt ihren Arm, eine zarte Musik setzt ein. Durch Bild und Ton wird die Szene plastischer – man sieht Gestik, Mimik, Kameraführung und hört die Stimm-Modulation sowie die Musik.

Aufgabe 31

Aus dem Text/Dialog muß etwas über Alter, Herkunft, Milieu, Gesprächsanliegen, Intentionen, Gefühle usw. herauszulesen sein, andernfalls hätte das Arbeiten mit einem Transkript aus einem Spielfilm wenig Sinn.

Aufgabe 32

2 a) Es handelt sich um einen Werbetext: Ein Produkt wird mit attraktiven Versprechungen angepriesen.

b) an jugendliche Konsumenten

c) Sprachliche Merkmale: Wörter wie: *super, fit, Action,* Ausdrücke aus der Jugendsprache wie: *stehst nicht auf Langeweile*; *zeigst allen, was du drauf hast*; *gehst ran wie'n echter Star* usw. sowie die Auslassung der Anrede in der *du*-Form signalisieren, daß Jugendliche mit ihren Idealen von Fitneß, Kraft und Unternehmungslust angesprochen werden sollen.

d) Das fehlende Wort muß etwas zum Essen oder Trinken sein, denn es schmeckt super und verspricht obendrein neue Energie. Es könnte also ein alkoholfreies Getränk mit stärkenden Extrakten sein oder ein Schokoladen-Getreideriegel.

e) + f) Der Text läßt sich gut als poppig gesungenes Lied vorstellen, rhythmisch und schnell, getragen von dem einfachen Reimschema aa bb cc.

3. Der Werbespot lief sehr schnell ab, in kürzester Zeit strömte viel auf den Zuschauer ein: dynamische Bilder, viele Schnitte, rhythmische Musik und Text. Die Vorgabe eines Transkripts vor dem Sehen der Sequenz stellt nicht nur eine inhaltliche Vorentlastung dar, sondern dient auch der Erhellung einer bestimmten Textsorte.

Aufgabe 33

ER ist der InterCity (ein moderner, schneller Reisezug in Deutschland).

2. Eine mögliche Geschichte, die der Geschichte des Films sehr nahekommt, könnte so aussehen:

Aufgabe 34

Ein 10jähriger Junge hat sein Schulzeugnis bekommen. Seine Noten waren so schlecht, daß er die Klasse wiederholen muß: Er ist sitzengeblieben. Er hat jetzt Angst, nach Hause zu gehen und zu sagen, daß er sitzengeblieben ist. Seine Eltern sind geschieden; er lebt bei seiner Mutter, die aber berufstätig ist. Sie hat nicht viel Zeit für ihn und er fühlt sich oft allein. Vielleicht ist er deshalb so schlecht in der Schule. Er will von zu Hause weglaufen. Als er abends nicht nach Hause kommt, ruft seine Mutter die Polizei.

Hinweis: Eine Inhaltsangabe des Films finden Sie in Kapitel 7 auf Seite 140 unter: Weißbarth (1992).

Aufgabe 35
Arbeitsblatt 2

S 3 a:	über Filmgenre spekulieren (Krimi, Liebesfilm, ...)
S 3 b:	Hypothesen aufstellen und verifizieren
S 4:	über Filmgenre spekulieren, sich Ort, Handlung und Handelnde eines Films vorstellen
S 5:	Musik beschreiben und in Beziehung zum Bildgeschehen setzen
S 6:	über die Tonspur die Situation der Filmhandlung bestimmen, Verifizierung der Hypothesen
S 7:	zu einem vorgegebenen Begriff Assoziationen sammeln
S 8:	Vorlieben/Abneigungen äußern; Personen den Abbildungen zuordnen; Bezug zum Film herstellen
S 9+10:	sinnvolle Reihenfolge erstellen und begründen; eine Geschichte erfinden und erzählen; Verifizierung der Geschichte
Standfoto 1:	vom Foto Indizien für den Film ablesen
Standfoto 2:	vom Foto zeitliche und inhaltliche Schlüsse ziehen
S 13:	Alter, Herkunft, Milieu, Beziehungen der Hauptpersonen erschließen
S 14:	aus dem Kontext ein Produkt erschließen (Lückentext); von der Sprache auf die Adressaten schließen
S 15:	Schlüsselsatz finden – aufgrund inhaltlicher und grammatischer Indizien
S 16:	sinnvolle Reihenfolge erstellen und begründen; Geschichte erfinden

Aufgabe 36

1 a) Die Klassenzimmer haben Nummern. Im Klassenraum stehen die Tische nicht hintereinander, sondern sind zu Gruppentischen zusammengestellt. Neben der Tafel hängen Fotos.

1 b) Der Lehrer verhält sich sehr locker, betritt mit einer Umhängetasche den Klassenraum, steckt öfters die Hand in die Hosentasche. Er redet sehr freundlich und partnerschaftlich mit seinen Lernern.

1 c) Die Lerner wirken sehr frei. Sie stehen nicht auf, wenn der Lehrer kommt. Sie melden sich, bevor sie etwas sagen. Sie warten, bis der Lehrer sie aufruft. Sie sind sehr locker in der Haltung: Sie legen mal den Kopf auf den Tisch, mal stützen sie ihren Kopf auf ihre Hände, sie reagieren stark gestikulierend auf Äußerungen ihrer Mitlernenden.

Aufgabe 37

Folgende Indizien weisen darauf hin, daß sich alle Personen in einem öffentlichen Gebäude befinden: die große Eingangshalle, die Informationstafel, Stühle, auf denen Wartende sitzen, das Rauchverbot, die Leute kennen sich nicht, die Frau, die vorbeigeht trägt Akten, könnte eine Sekretärin sein.

Es handelt sich um das *Arbeitsamt* in Essen. Die Leute sind dort, um sich arbeitslos zu melden oder nachzufragen, ob es Arbeit für sie gibt. Sie alle haben keine Arbeit, sie suchen aber Arbeit.

Aufgabe 38

Die beiden lernen sich in der Szene erst kennen. Anna ist die Tochter der Frau, die Herrn Schmidt immer das Essen bringt. An diesem Tag ist sie krank, deshalb hat die Tochter das Essen zu Herrn Schmidt gebracht.

Aufgabe 39

Vielleicht haben Sie auch notiert, daß ein Mädchen während des Unterrichts strickt. In den siebziger Jahren, Anfang der achtziger Jahre konnte man dieses Phänomen häufiger im Unterricht beobachten. Die meisten Lehrer tolerierten das.

Aufgabe 40

Orte	*Gründe*
eine Säule	Mann findet keinen Abfalleimer
Geländer einer Rolltreppe	Mann fühlt sich von einer Frau beobachtet
Fußboden	Mann kann nicht weggehen: „Durchgang verboten“
Tower	4 Fluglotsen beobachten ihn
Fußboden	Polizei beobachtet ihn

Lösung:

Er gibt die Banane bei der Post als Brief auf.

Aufgabe 41

Zum Vergleich können Sie die Transkription der Szene in Kapitel 6 (S. 120) lesen.

Aufgabe 42

In seinem Zimmer im Schloß entdeckt Jonathon beim Lesen im Buch der Vampire, wer sein Gastgeber ist. Sehr bald versteht er, daß keine Flucht möglich ist. Um Mitternacht öffnet sich die Tür, und Nosferatu nähert sich dem Bett Jonathons.

Ab dieser Szene findet die Handlung gleichzeitig an zwei verschiedenen Orten statt.

Aufgabe 43
Arbeitsblatt 3

1 **Jonathons Zimmer im Schloß**
Jonathon liest im Buch der Vampire. Er hat Angst.
Die Uhr zeigt Mitternacht an. Nosferatu erscheint in der Tür und kommt näher auf Jonathon zu.

2 **Ninas Schlafzimmer bei Freunden**
Nina schreckt aus dem Schlaf auf. Sie nachtwandelt. Der Freund Haring bringt sie wieder ins Bett zurück.

3 **Jonathons Zimmer im Schloß**
Der Schatten Nosferatus beugt sich über Jonathon.

4 **Ninas Schlafzimmer bei Freunden**
Sie ruft verzweifelt nach Jonathon.

5 **Jonathons Zimmer im Schloß**
Nosferatu hat Jonathon vampirisiert. Nosferatu richtet sich auf und wendet den Kopf und seinen Blick nach rechts.

6 **Ninas Schlafzimmer bei Freunden**
Nina streckt flehend ihre Arme aus. Die Bewegung und ihr Blick richten sich nach links.

7 **Jonathons Zimmer im Schloß**
Nosferatu geht zur Tür hinaus. Die Tür schließt sich.

8 **Ninas Schlafzimmer bei Freunden**
Nina sinkt erschöpft in ihr Bett zurück.

Aufgabe 45
Arbeitsblatt 4

1: Windschutzscheibe, 2: Windabweiser, 3: Faltdach, 4: Nebelscheinwerfer, 5: Sitzbank, 6: Scheinwerfer, 7: Lenkrad, 8: Scheibenwischer

Aufgabe 47
Arbeitsblatt 6

	Infos aus dem Text	*Infos aus dem Film*
Baujahr	1953	1953
Anzahl der hergestellten Wagen	532	
Zylinderzahl	8	8
Hubraum	5,7 l	5,7 l
PS	210	210
Motortyp	V-Motor	V 8
Besonderheit: Faltdach	elektrisch aufklappbares Faltdach	
Besonderheit: Sitzbänke	elektrisch verstellbare Sitzbänke	
Besonderheit: Windschutzscheibe	gebogene Windschutzscheibe	
Scheinwerfer	automatische Fernlichtabschaltung	
Lenkung	Servolenkung	
Getriebe	Automatikgetriebe	
Preis	$ 7.750,00	

Aufgabe 48

Richtige Reihenfolge: C – A – E – D – B

Aufgabe 49

Die Kamera filmt die blonde junge Frau von oben, praktisch aus der Sicht der schwarzhaarigen Frau, die streng, fast haßerfüllt auf sie herunterblickt. Die schwarzhaarige Frau ist hingegen von unten nach oben aufgenommen, also aus der Sicht der blonden Frau. Damit soll angedeutet werden, daß die dunkelhaarige Frau eine dominierende Position einnimmt und der anderen eigentlich keinen Platz einräumen will. Es handelt sich um ein ungleiches Kräfteverhältnis, in dem aber bereits unsere Sympathie auf Seiten der jungen blonden Frau ist. Das kleine Mädchen symbolisiert sehr gut den Wechsel von stark zu schwach, von böse zu gut, indem es sich von der dunkelhaarigen Frau löst und auf die junge Frau zugeht.

Aufgabe 50

Der Junge liegt nach dem Zusammenstoß mit dem Mercedes auf dem Boden. Aus seiner Sicht wirkt der Mercedes groß und bedrohlich, weil er aus der Froschperspektive aufgenommen ist. Das Mädchen auf dem Fahrrad wirkt durch dieselbe Perspektive wie jemand, der nicht erreichbar ist. Man hat das Gefühl, als gäbe es zwischen dem Jungen und der unmittelbaren Umwelt eine enorme Distanz und eine Gewichtung zuungunsten des Jungen.

Aufgabe 52

Die Kamera zeigt zunächst die ganze Bäckerei, danach zeigt sie in Großaufnahme die verschiedenen Tortensorten, dann ganz aus der Nähe den Korb mit den Brötchen. Die Kamera geht dann wieder vom Detail in die Totale zurück, d. h. in den Laden mit den Brotauslagen, den Verkäuferinnen und den Kunden. Der Akzent liegt hier auf landeskundlichen Besonderheiten, die durch Bewegung und Einstellungsgröße bewußtgemacht werden: Kuchenangebot und Brötchen; beides ist repräsentativ für Essen in Deutschland.

Aufgabe 53

Die Kamera zeigt abwechselnd den Schüler und die Schülerin auf dem Schulhof und den Lehrer, der den Flirt der beiden von oben hinter einem Fenster im Schulgebäude beobachtet. Durch das Hin und Her der Kamera und veränderte Einstellungsgrößen (Köpfe in Großaufnahme) soll die Absicht der Schülerin verdeutlicht werden: Sie will den Lehrer reizen. Was will sie ihm wirklich zu verstehen geben? Daß sie in ihn verliebt ist? Daß sie sich über ihn lustig macht? Jedenfalls will sie über die räumliche Distanz hinweg dem Lehrer etwas signalisieren.

Aufgabe 54

1. Schülerinnen gehen auf Bäckerei zu (HT), Brotladen (HT), Torten (G), Brötchen (N), Verkäuferin (N)
2. Dagmar und Florian auf Schulhof: Kamera von vorn; Dagmar blickt hoch: Schwenk; Lehrer hinterm Fenster: Zoom zum Lehrer

Aufgabe 55

Die Sequenz zeigt zwei verschiedene Orte, einmal den Ort, wo der Vampir Nosferatu sich über sein Opfer hermacht, dann das Schlafzimmer einer Frau, die sich mit ausgestreckten Armen im Bett aufrichtet. Die Verbindung zwischen beiden Orten und Situationen entsteht durch den nach rechts gerichteten Blick Nosferatus und die nach links ausgestreckten Arme der jungen Frau, so als stießen Blick und Arme in demselben Augenblick über die räumliche Entfernung hinweg zusammen.

Aufgabe 56
Arbeitsblatt 7

Lösungsvorschlag:

Sequenzbeschreibung	*Einstellung*	*Kamerabewegung*	*andere Beobachtungen/Wirkungen*
Mann betritt Drehtür, schaut sich um.	N/G	K zieht hoch. Zoom	Mann schaut unsicher, prüfend, bedrohlich?
Mann geht in Halle, schaut sich suchend um.	HT		Mann sucht etwas, hat etwas vor? Leerer Raum: groß, verwirrend. Mann: einsam?
Mann geht auf Orientierungstafel zu.	N		
anderer Mann im Bild	N		lächelt – worüber?
Piktogramm: Rauchverbot	G	Schwenk	Thema *Rauchen – Rauchverbot*
Mann, der raucht	G		und sich nicht daran halten
Gameboy (Spiel)	G/HN	schwenkt hoch	wird sehr betont:
Zigarette auf Boden	G		Rauchen als Ausdruck von
weiterer Mann	N		Nervosität? Angst?
Schuh drückt Zigarette aus.	G		
tätowierter Mann	N		
Wartende im Flur	HT	Schwenk	
Beine einer Frau	N		
Mann kneift Augen zu.	G		Endlich eine Ablenkung in
Frau von hinten	N		der bedrückenden Atmosphäre –
Mann mit Brille pfeift.	G		Männer können sich kurzfristig von ihrem Problem
anderer Mann	G		ablenken lassen
anderer Mann lächelt	G		
Büromensch kommt	HT		schafft Distanz, Träume sind vorbei
Mann wird traurig.	N		
Zwei Männer nebeneinander, beide rauchen	N	Schwenk	Kontakt durch Rauchen – nur so Kontakt möglich? Deshalb so oft G und N beim Thema rauchen?

Aufgabe 57
Arbeitsblatt 8

1. Informationen über Bilder

Sequenz 17 *In der Schule*	landeskundliche Informationen entnehmen (Verhalten Lehrer – Lerner) Vergleich zum eigenen Land/zur eigenen Kultur

Sequenz 18 *In einem Gebäude*	Handlungsort bestimmen: wo sich Personen befinden
Sequenz 19 *Anna und Schmidt*	Beziehungen zwischen den handelnden Personen definieren Hypothesenbildung
Sequenz 20 *In der Klasse*	Auffälliges/Besonderes entdecken anders als im eigenen Land: Kulturvergleich
Sequenz 21 *Die Banane*	Handlungsstationen rekonstruieren Sehschulung
Sequenz 22 *Die Anmache*	Dialog erstellen Vergleich zwischen Eigenproduktion und Filmdialog
Sequenz 23 *Der Vampir*	chronologischen Filmablauf rekonstruieren Textkarten nach Filmablauf legen

2. Sprachlich-inhaltliche Informationen

Sequenz 24 *Der Cadillac*	Text durch Wortschatz, durch Paralleltext vorentlasten Paralleltext und Filminformation vergleichen
Sequenz 25 *In der Küche*	Vorgabe von Textkarten Textkarten ordnen

3. Filmische Aspekte

Sequenz 26 *Auf der Treppe*	Kameraperspektiven interpretieren: Froschperspektive deutet Unterlegenheit an/ Vogelperspektive deutet Dominanz an
Sequenz 28 *In der Bäckerei*	Einstellungsgrößen deuten: Totale: Überblick über Umgebung, räumliche Orientierung Großaufnahme/Nahaufnahme: Konzentration auf Gegenstand
Sequenz 29 *Auf dem Schulhof*	Kamerabewegungen: Zoom und Schwenk: Herstellung von Beziehungen zwischen Personen

Aufgabe 67

3. Sprachliche Aspekte (*zu schwer*); schauspielerische (*gut/nicht gut gespielt*); inhaltliche (*überzeugend*), filmische (*langweilig, zu viele Klischees*) und Aspekte der Rezeption (*viel gelacht, nachgedacht, etwas gelernt*).

Aufgabe 69

2. a) ... , weil typische Filmhandlungsmuster: erst in tolles Mädchen verlieben, dann Besinnung ...
   b) ... , weil oberflächlich und am Anfang durcheinander.
   c) ... gut, weil unterschiedlich: Sängerin und Automechanikerin; schlecht, weil die Sängerin zu negativ, die Mechanikerin zu positiv dargestellt, Schwarz-Weiß-Muster der Figuren.
   d) Sängerin wird wie eine Sache behandelt, ihre Gefühle sind egal; Verhalten der Gruppe: blöd, sie so einzukreisen.
3. Titel: Jemand möchte jemandem imponieren; man hat sich ein anderes Auto vorgestellt; ironisch; Werbespot.

Aufgabe 70
Arbeitsblatt 12

Lerneraktivitäten:

2. b) vorgegebene Antwort begründen (A 60)
   c) vorgegebene Fragen in Stichpunkten beantworten (A 62)
3. b) Bewertung durch Piktogramme (Gesichter) (ankreuzen) (A 65)
   c) Wortvorgaben zur Charakterisierung der Hauptperson(en) ankreuzen (A 66)
   d) sprachliche Wortvorgaben: Meinungsäußerungen ankreuzen (A 67)
   e) vorgegebene Stichpunkte schriftlich ausführen (A 68)

4. b) Begründung zu Stichwörtern schreiben (A 69 [2])
   c) Assoziationen zum Titel aus der Kritik heraussuchen und notieren (A 69 [3])
   e) Textteile unterstreichen, die der eigenen Meinung am nächsten kommen (A 69 [4])

Aufgabe 72

Was der Film zeigt:

2. Die Rolläden einer Bäckerei gehen hoch.
   Ein Mann macht zu Hause seine Morgengymnastik.
   Die Straßenreinigung säubert die Straßen.
   Der Zeitungsbote bringt per Fahrrad die Zeitung ans Haus.
   Ein Jogger läuft eine Straße entlang.
   Ein Kanarienvogel wird ans geöffnete Fenster gestellt.

Aufgabe 72

1. Sie träumt: sie tanzt mit ihrem Mann in der Disco.
   Die Müllabfuhr leert die Mülltonnen.
   Sie wacht auf: es ist halb sieben.
   Er geht ins Bad.
   Sie schläft wieder ein.
   Sie träumt von einer Autofahrt mit ihrem Mann.

   Er weckt sie.
   Dann geht sie ins Bad.
   Sie frühstücken zusammen.
   Sie macht die Betten.
   Er räumt den Frühstückstisch ab.
   Sie zieht sich an.
   Sie verlassen die Wohnung.
   Sie ist zuerst am Wagen und setzt sich ans Steuer.
   Interkultureller Schülerkommentar: *Die duschen nicht!*

2. Mögliche Antworten:

   Es ist schon spät./Wir müssen aufstehen.

   Aufstehen!/Du mußt aufstehen!/Steh auf!

   Gib mir bitte das Brot/die Wurst/die Butter/die Marmelade.
   (Möchtest du) noch etwas Kaffee?/noch etwas Brot?/noch etwas Wurst?/Kann ich mal die Butter haben ...

   Es ist schon spät! Ich muß gehen./Ich muß los.

   Ich brauche das Auto. Ich komme sonst zu spät./Kann ich heute das Auto haben?

Aufgabe 74

2. Vorschläge zur Weiterarbeit im Lese- und Arbeitsbuch zu *Alles Gute*:
   a) Aufforderung zur Diskussion: *Glauben Sie, daß der Film ein typisches, junges Paar in der Bundesrepublik Deutschland zeigt?*
   b) Rollenspiel: *Stellen Sie sich vor, Sie sind ein Arbeitskollege oder eine Arbeitskollegin von Heidi und kommen zu spät zur Arbeit. Was sagen Sie?*
   c) Persönliche Fragen stellen: *Wann müssen Sie aufstehen? Brauchen Sie viel Zeit im Bad? Wann frühstücken Sie?* etc.

Baltzer u. a. (1991), 20, 22, 23

Aufgabe 75

2. a) – Einstieg: Assoziationen zu der Musik sammeln.
   – Abschnittweises Vorspielen des Films mit Aufgaben zum spekulativen Sprechen.
   – Übungen zur Verarbeitung des Films
     • Rekonstruieren der Filmhandlung anhand von vorgegebenem Material,
     • sich in die Personen des Films hineinversetzen,
     • über den Fortgang der Geschichte spekulieren.

b) Vielleicht ist Ihnen aufgefallen, wie spontan die Lerner reagieren, wie frei und ungehemmt sie sich geäußert haben. Dabei haben Sie natürlich eine Menge kleiner Fehler gemacht. Diese Fehler sind bewußt kaum korrigiert worden, um in dieser Phase nicht den kreativen Fluß der sprachlichen Äußerungen zu hemmen. Die Korrektur des Kursleiters beschränkt sich also bewußt auf ein Minimum. Verbesserungen von Schüleräußerungen erfolgen ab und zu durch die Wiederholung in der korrekten Form.

Vor der Arbeit mit dem Film: Aufgabe 76

Was der Lehrer tut	*Was der Lehrer sagt*	*Was die Lerner tun*
	kündigt an, daß er Einleitungsmusik vorspielt	
spielt Tonspur (Musik) vom Filmanfang ab, verdeckt den Bildschirm, stoppt den Film		
	Was für eine Geschichte erzählt der Film vielleicht?	
		äußern Vermutungen
notiert Äußerungen auf Folie		
	Welche Personen kommen im Film vielleicht vor?	
notiert Äußerungen auf Folie		

2. Was wird **während** der Arbeit mit dem Film gemacht? Aufgabe 77

Was der Lehrer tut	*Was der Lehrer sagt*	*Was die Lerner tun*
Film in 5 Etappen zeigen		
	kündigt an, daß er den Anfang vorspielt	
spielt 1. Etappe vor bis: Frau entdeckt mit Fernrohr etwas gegenüber. Stoppt den Film.		
		äußern Vermutungen
	Was passiert jetzt?	
spielt 2. Etappe vor bis: Mann entdeckt, daß er beoachtet wird; Frau ißt ihre Suppe allein. Stoppt den Film.		
		äußern Vermutungen
Korrektur: nur inhaltliche Zusammenfassung (z. B. *Ja, sie ist etwas verzweifelt.*)		

Aufgabe 77

Was der Lehrer tut	*Was der Lehrer sagt*	*Was die Lerner tun*
	Was passiert jetzt?	
spielt 3. Etappe vor bis: Frau malt Schild. Stoppt den Film.		
		äußern Vermutungen
	Was macht die Frau jetzt?	
spielt 4. Etappe vor bis: Mann verläßt Balkon, Frau ist enttäuscht. Stoppt den Film.		
		äußern Vermutungen
	Situation der Frau: Hoffnung? Warum ist Mann ins Zimmer zurückgegangen?	
spielt 5. Etappe vor bis: Ende. Stoppt den Film.		
		Hypothesen verifizieren

Aufgabe 78
Arbeitsblatt 13

1. Die richtige Reihenfolge ist:
   Eine alte Frau steht auf ihrem Balkon und beobachtet etwas mit einem Fernglas.
   Gegenüber zieht ein neuer Nachbar ein.
   Die Frau möchte wissen, wie der Mann heißt, und sieht an seiner Tür nach.
   Dann schreibt sie ein Schild „Guten Morgen".
   Beim Frühstück sieht er das Schild und lächelt.
   Sie geht zum Friseur und kauft sich ein neues Kleid.
   In neuer Eleganz putzt sie die Fenster. Aber es beginnt zu regnen.
   Sie begegnen sich im Supermarkt.
   Sie fährt mit dem Einkaufswagen einen Berg Dosen um und läuft schnell weg.
   Der neue Nachbar kommt mit Blumen.
   Sie ist aufgeregt. Schnell macht sie Ordnung.
   Es klingelt, aber sie öffnet nicht.
   Er will wieder gehen.
   Langsam öffnet sie die Tür. Er kommt zurück.
   Beide lächeln.

Aufgabe 82

Was wird **nach** der Arbeit mit dem Film gemacht?

Was der Lehrer tut	*Was die Lerner tun*
1. ruft einzelne Szenen in Erinnerung: …	
	ordnen gepuzzelte Sätze, lesen ihre Reihenfolge vor
2. teilt Blatt mit Zeichnungen aus: …	
	füllen Sprechblasen aus
3. fragt nach der Zukunft: …	

Was der Lehrer tut	*Was die Lerner tun*
	spekulieren und begründen ihre Meinung
4. teilt Arbeitsblatt aus: ...	
	füllen Arbeitsblatt aus: erfinden eine Biographie der Hauptperson und schreiben sie auf

Aufgabe 83

1. Der Film wird immer an den Stellen unterbrochen, an dem die Handlung offen ist und dadurch zu Spekulationen über den weiteren Verlauf Anlaß gibt.
2. Der Lehrer steuert den Unterrichtsablauf, stellt die impulsgebenden Fragen, hält sich aber ansonsten mit Worten sehr stark zurück.

Aufgabe 84

Dagmar könnte zwischen 14 und 17 Jahren alt sein. Sie beschäftigt sich gedanklich viel mit Problemen der Umweltverschmutzung und -zerstörung. In ihrer Vision beim Klavierspielen stirbt der Kanarienvogel im Käfig, verenden die Fische im Aquarium, vergiften Abgase die Luft, die Kinder und Erwachsene einatmen müssen. Rauchende Fabrikschlote verpesten überall die Luft, das Baumsterben greift um sich, und die Düngemittel oder Pestizide, die von einem Hubschrauber aus versprüht werden, sind ein weiterer Beweis für die Zerstörung der Umwelt.

Aufgabe 85

Dagmar und Florian scheinen sich gut zu kennen. Er will mit ihr schmusen, sie interessiert sich im Moment aber nicht dafür, sondern möchte etwas mit ihm besprechen. Florian ist beleidigt, weil Dagmar auf sein Werben nicht eingeht. Sie wirkt selbstsicher und läßt sich von Florians Vorwürfen nicht einschüchtern.

Aufgabe 86

1. Musik: a), Militär: c), Schmusen: b)

Aufgabe 87

1. Die Beziehung ist offensichtlich sehr gespannt. Der geringste Anlaß, wie z. B. Dagmars Jutetasche, ist Auslöser für aggresive Auseinandersetzungen zwischen Lehrer und Schülerin. Beide vertreten konträre Ansichten. Aber im Klassenraum scheint der Lehrer aufgrund seiner Machtposition dominant zu sein. Aber dann sind da auch seine Blicke. Hat er etwa ein ganz persönliches Interesse für diese junge Schülerin, versteckt es aber hinter seinem autoritären Gehabe?
3. Dagmar reagiert kühl. Wir sehen sie hier erneut als engagierte Person, die auch in der Schule ihre Überzeugungen nicht versteckt und für deren Anerkennung kämpft.

Aufgabe 88

3. a) Dagmar und ihre Eltern: Vater: leitender Angestellter einer Firma (?); Mutter: hat wieder angefangen zu arbeiten
   b) gehobener Mittelstand: Haus mit Garten
   c) Arbeit, Ökologie, Erziehungsstil
   d) lockerer Umgangston, Meinungsverschiedenheiten werden offen ausgetragen; der Erziehungsstil der Eltern wirkt antiautoritär
   e) Dagmar als engagierte Ökologin, die sich gegen die Proteste ihres Vaters durchzusetzen versucht; sie wirkt sehr selbstsicher, manchmal sogar fast aggressiv

Aufgabe 89

1. Profil von Dagmar: Sie setzt sich bewußt mit Fragen der Ökologie auseinander, engagiert sich für die Erhaltung der Umwelt. Die 16jährige Dagmar kämpft gegen Ungerechtigkeit, Umweltverschmutzung und Bevormundung. Sie lebt ihr Leben zwischen Schule, Zuhause, Klavierunterricht, Demos und Freundschaften und hält sich mit ihren Ansichten nicht zurück.

2. Themen wie unter 1, zusätzlich: Probleme mit dem Mathematiklehrer Wennhaber, der sich in Dagmar verliebt hat.

Aufgabe 91

1. in einer vornehmen Hamburger Villa
2. gequälte Atmosphäre, Unverständnis der Eltern ihrem Sohn gegenüber
3. über schulische Schwierigkeiten
4. die räumliche Distanz spiegelt die innere Distanz wider: die Eltern sitzen sich gegenüber, weit voneinander entfernt, Moritz dazwischen, aber zunächst stehend

Aufgabe 92

Für Moritz ist die Diskrepanz zwischen abstrakten Formeln, die in der Schule gelehrt werden, und deren praktischer Umsetzung zu groß. Er rebelliert gegen das Unvermögen der Schule, den Lernstoff praxisnah und nachvollziehbar zu vermitteln. Auch bei seinen Eltern findet er kein Verständnis.

Aufgabe 93

Über die Bildinformation wird deutlich, daß Moritz in der Klasse isoliert ist. Er gerät nicht nur in Konflikt mit dem Lehrer, sondern auch mit seinen Klassenkameraden.

Aufgabe 94

1. Moritz wirft dem Lehrer vor, er habe keine Begabung im Vermitteln des Lernstoffs.
2. Moritz wirft seinen Mitschülern vor, sie seien alle feige. Keiner habe den Mut zur Kritik. Jeder käme nur durch Nachhilfestunden mit.
3. Der Klassenkamerad hat sich abfällig über den Vater von Moritz geäußert: Der sei auch unbegabt und könne Nachhilfe nicht mehr bezahlen.

Aufgabe 95

2. Der Skateboardfahrer fährt parallel zu der Straße, auf der Moritz mit seinem Rad fährt. Er fährt mit dem Rücken zur Wand, sieht vielleicht den Musikkasten auf dem Gepäckträger. Die beiden nehmen Blickkontakt auf und fahren vielleicht um die Wette. Moritz ist abgelenkt, er stürzt von seinem Fahrrad. Die Jungen im Haus haben den Unfall gehört, sie kommen auf die Straße. Sie sehen das Saxophon von Moritz und bedrängen ihn, mit ins Haus zu kommen.
3. Aussehen: Moritz aus großbürgerlichem Haus, gepflegt und wenig erfahren/Jungen aus anderem Milieu, straßenerfahren

   Kleidung: Moritz mit Mantel und Schal; Jungen leger in T-Shirt und Jeans
   Verhalten: Moritz: schüchtern; Jungen: selbstsicher
   Sprache: Moritz: gepflegte Hochsprache; Jungen: Straßenjargon
4. Die Jungen fühlen sich als Gruppe und vom Milieu her überlegen.
5. Moritz spielt eher klassisch und kennt die Tonarten, die Jungen kennen die Fachbegriffe nicht, spielen Rockmusik.
6. Dafür: Interesse an Musik, Gleichaltrigkeit
   Dagegen: unterschiedliche Herkunft

Aufgabe 99

1. + 2. Antworten erhalten Sie bei der Durcharbeitung des Kapitels 5.

3. Vorteil: authentische landeskundliche Informationen; Nachteile: landeskundliches Vorwissen ist oft erforderlich, sprachlich oft hohes Niveau – die Filme werden als zu schwer empfunden.

Aufgabe 100

1. Man kann den jungen Mann als ambitiösen Aufsteiger empfinden, der sich an westlichen Maßstäben auszurichten versucht. Er ist gut gekleidet, seine Krawatten sind vorgeknotet – also kein zeitaufwendiges Umbinden mehr –, er hat den für Angestellte oft üblichen Aktenkoffer, er fährt einen Westwagen, tritt sehr selbstsicher auf. Die Kamera filmt ihn auf der Fahrt ins Büro aus der Froschperspektive, was ihn stark und überlegen erscheinen läßt.

2. Der Autor wollte uns wahrscheinlich den jungen Mann als jemanden vorstellen, der nach der Wende eine steile Karriere machen will.

Die folgenden Angaben entsprechen dem Film. Sie können sie zum Vergleich zu Ihren eigenen Notizen heranziehen. Aufgabe 101 Arbeitsblatt 17

S	*Bild*	*Ton (Volker E.)*
1	Frühstück im Stehen, kärglicher Raum	Kommentar: Anpassung an neue Gegebenheiten, schnell und zielsicher
2	geht in anderes Zimmer, packt Aktentasche	Informationen zu sich: ledig, wohnt allein, Beruf: Angestellter
3	steht vor Spiegel, bindet Krawatte um	Beruf: Zusammenarbeit mit Spezialisten
4	fährt im Auto	Terminkalender sehr voll, bildet Leute aus, stellt sie ein ...
5	fährt Straße entlang, Auto von vorne und hinten	kommt mit Zeit nicht aus; Kommentar: alles aufregender
6	kommt am Arbeitsplatz an, geht ins Haus	
7	Im Büro: geht zu seinem Fach, begrüßt Mitarbeiter	Begrüßung, was ist im Fach? Kommentar: hart umkämpfter Markt im Osten – Versicherungen, Mechanismen der Marktwirtschaft kennen
8	Am Schreibtisch: nachdenklich	Früher: Geld verdienen, Privatidylle; Wende war nicht entscheidend

1. Kommentar von einem Sprecher, den man nicht sieht (im Off)/Kommentar der Person aus dem Film über sich selbst (im Off)/Life-Aufnahme mit Geräuschen und Sprache vor Ort/Interview. Aufgabe 102
2. Sie werden feststellen, daß Ihre Vermutungen zur Sprache und der Text im Film voneinander abweichen.
3. Die Sequenz ohne Ton war mit Sicherheit leichter zu verstehen. Über die Bildaussagen waren Vermutungen über den jungen Mann möglich, die in Richtung Aufsteiger und Karriere gingen.

Über den Ton war festzustellen, daß kaum in direkter Rede gesprochen wurde, sondern die meiste Zeit in Form von Kommentaren im Off. Die Identifizierung von sichtbarer Person und gesprochenem Text ist dadurch erschwert. Erschwerend ist außerdem die Tatsache, daß ein Kommentar, der im Nachhinein dem Bildgeschehen hinterlegt wird, geschriebene Sprache mit relativ langen Sätzen ist und deshalb für das Hörverstehen weniger geeignet ist. Kommentare dieser Art müßten eigentlich gelesen werden können.

1. zehn Schnitte Aufgabe 103
2. Es werden vermutlich zwei verschiedene Orte gezeigt, einmal ein Wahlbus der SPD in einer halbverschneiten Großstadtstraße, dann Wahlplakate in einer Fußgängerzone vor einer Kaufhalle. Vermutlich wurden die Aufnahmen in Ostdeutschland gemacht.

Aufgabe 104

1.

Text	*Bild*
Samstagvormittag. Als einzige Partei übt sich die SPD-Ost im aktiven Straßenwahlkampf. Die Genossen-West	Bus mit Sonnenschirm in verschneiter Straße, Kinder, Erwachsene
haben vom Bus bis zur Kaffeekanne alles Nötige mitgebracht.	Erwachsene am Bus: Kind geht mit Schlitten vorbei
Besonders mit kommunalen Problemen, beispielsweise der Wohnungsnot,	Kinder mit Luftballons und Wahlfähnchen Kaffee aus Thermosflasche
soll das Interesse für Politik	
neu belebt und Lethargie und Mißtrauen	SPD-Wahlfähnchen im Schnee
abgebaut werden – ein schwieriges Geschäft.	frierender Dackel
In den Gesichtern der Menschen immer wieder Scheu und Ratlosigkeit.	Frau trinkt Kaffee
Wahlkampf. Bundesprominenz wie Brandt, Blüm, Momper,	Wahlplakat Willy Brandt
kommt sogar hierhin, „in den hintersten Winkel“, wie die Frankfurter selbst sagen.	Wahlplakate
Wie überall in der DDR fehlen auch hier noch zwei Drittel der dringend benötigten Wahlvorstände für den 18. März,	vorbeifahrende Bahn, Wahlplakate der NDPD
ein Amt, das durch die Manipulationen bei früheren Wahlen in Verruf geraten ist.	Kinder mit Luftballons

2. Sie werden bemerkt haben, daß über den Text die eigentlichen Informationen laufen, daß die gezeigten Bilder und der Text praktisch nicht zusammenpassen. Wenn von kommunalen Problemen die Rede ist, sieht der Zuschauer Kinder mit Luftballons und Wahlfähnchen, bei dem Stichwort Lethargie und Mißtrauen sieht man einen frierenden Dackel. Der später der gefilmten Realität hinterlegte Text ist der eigentliche Informationsträger; die Bilder sind der visuelle Aufhänger, der das Ganze legitimiert.
3. S 1: 7 Sek., S 2: 5 Sek., S 3: 5 Sek., S 4: 3 Sek., S 5: 3 Sek., S 6: 2 Sek., S 7: 5 Sek., S 8: 4 Sek., S 9: 3 Sek, S 10: 7 Sek., S 11: 3 Sek.
4. In dieser kurzen Sequenz wird bereits ersichtlich, daß die Bildaussage sehr mager ist. Die Schnitte, das Heranzoomen von Details sollen Leben in die abgebildete Realität bringen. Es entsteht Bewegung und damit mehr Effekt. Der künstliche Reizwechsel durch Schnitte und Einstellungsdauer ist ein Augenkitzel, dem der Zuschauer immer nachgeht.

Aufgabe 107

3. In Sequenz 45 (*Lillimaus*) werden fast ausschließlich der lesende Autor und die Zuhörer gezeigt – und ein Blick auf die Skulptur der Lillimaus. Die Bilder geben also keine zusätzliche oder illustrierende Information zum Text. In Sequenz 46 (*Der Friedhof*) entsprechen die Bilder dem Text – der Betrachter sieht die Orte und Handlungen, die im Text beschrieben werden.

Aufgabe 110
Arbeitsblatt 20

1. Thüringen liegt in der Mitte Deutschlands.

Aufgabe 113
Arbeitsblatt 21

1. Oberhof: Luftkurort
   Bad Liebenstein: Mineralquellen, salzig; Abbau von Kalisalzen: Herstellung von Düngemitteln; Salzlauge wird in Fluß geleitet; Fluß ist tot
   Sonneberg: Zentrum der Spielzeugproduktion, Puppenherstellung
   Lauscha: Herstellung von Augenprothesen/Glas/Christbaumkugeln
   Jena: Saalestadt, Optikindustrie (Zeiss)
   Weimar: Wurde durch Goethe und Schiller zum Kulturzentrum
   Ettersberg: Wälder, Goethe ging dort spazieren, schrieb dort *Tasso*; Schiller vollendete *Maria Stuart*. 1937: Konzentrationslager, Umbenennung in Buchenwald
   Erfurt: Größte und lebendigste Stadt, Restaurierung der Altstadt
2. Werra: Totes Gewässer durch Salzlauge aus Industrie
   Saale: Fließt durchs Gebirge; durch Talsperren: schiffbar für Motorschiffe; Stromerzeugung; Abwässer werden in Saale gekippt

Aufgabe 114
Arbeitsblatt 22

1 a) Landschaft: Rennsteig; Luftkurort Oberhof; Mineralquellen von Bad Liebenstein; schöne Ausblicke, Schiefergebirge; Talsperren; Schlösser
  b) Geographie: Rennsteig, bekanntester Wanderweg Deutschlands; fruchtbare Ackerböden
  c) Geschichte: Rennsteig: militärischer Geheimpfad; Erfurt: im Mittelalter eine der reichsten und mächtigsten Städte; KZ Buchenwald
  d) Kultur: Schiller, Goethe in Weimar
  e) Architektur: Häuser mit Schiefer bedeckt; Sanierung der Altstadt von Erfurt; Krämerbrücke in Erfurt
  f) Persönlichkeiten: Schiller, Goethe
  g) Wirtschaft: Industrie und Handwerk: Abbau von Kalisalzen, Verarbeitung zu Düngemitteln; Herstellung von Augenprothesen; Dachschiefer; Optikindustrie; Plüschtiere, Puppen, Glasaugen, Spielzeugproduktion; Christbaumkugeln
  h) Probleme: Salzlauge in Flüsse pumpen, tote Gewässer
  i) Menschen: Freizeit: Motorschiffahrt; Kajakfahren

Aufgabe 115
Arbeitsblatt 23

Kamera: G = Großaufnahme, HN = Halbnahe, N = Nahe; HT = Halbtotale, T = Totale, ST = Supertotale, / = Änderung der Einstellungsgröße durch Schwenk oder Zoomfahrt
(Den Begriff *Supertotale* kennen Sie vermutlich nicht, wenn Sie T = Totale eingetragen haben, so ist das richtig.)

Hinweis: Die Buchstaben a–d vor den Einstellungen sind der Lösungsschlüssel für Aufgabe 117 [1].

	Einstellung/Bild	*Kamera*		*Einstellung/Bild*	*Kamera*
a ↓	Wegmarke	G	↓	Glas im Wasserstrahl	G
	Wegabschnitt mit Wanderern	HT	a	Frau am Brunnen, Glas in der Hand	HN
	Baum mit Markierung	N	c ↓	Fördermaschine	/Schwenk/T
	Weg und Wald	T		Förderband	/Schwenk/N/T
	Wanderer im Wald	T		Fördergelände	/Schwenk/T/HN
	Wegweiser	N/G		Flußlauf	HT
	Gruppe von Wanderern	T		Arbeiter mit Stoffhund	N
	Wanderer	HN		Puppenglieder	G
	Touristen vor Sportanlage	HN/T		Arbeiterin mit Puppengliedern	HN
	Ortsansicht	ST		Glasaugen	G
	Glas im Wasserstrahl	G		Puppenkopf	G
	Brunnen mit Kurgästen	HT			

	Einstellung/Bild	Kamera
	Hand mit Glasauge ...	G/N
	Hand mit Feinwerkzeug	G
	Arbeiter mit Maschine und Glasblase	N
c	Zwei Arbeiter	HN
a	Landschaft, Wanderer	T
a	Landschaft	ST
c	Dorf	ST
	Dach	T
	Schieferplatte	G
	Felsbruch	T
	Transportwagen mit Schieferplatten	HN
	Arbeiter spaltet Schiefer(platte)	N
c	Arbeiter beim Schieferspalten ...	HT
a	Flußbiegung	ST
	Boot auf Fluß	T
	Kinder auf Boot	HT
	Kinder/weiteres Boot	HT/T
	Fahne	G
a	Flußufer mit Campingplätzen	T
c	Talsperre/Wasserkraftwerk	HT/T
c	Flußlauf	T
a	Flußlauf/Kajakfahrer	T/HT
	Kajakfahrer	N
	Beine im Kajak/Burg	G/T
	Kajakfahrer, Fluß	T
	Waldlandschaft	ST
	Stadtpanorama	T
	Schloß am Horizont	ST
	Burg auf Berggipfel	ST
a	Fluß	T
b	Rohre mit Abwasser am Ufer	HT
	Fabrikgebäude	T
b	Schaumkronen	G
c	Wasseroberfläche/ Hochhaus/Stadtpanorama	G/T
	Marktplatz	T
	Ratsgebäude	T
	Straße mit Palais	T
	Arbeiter an optischem Gerät	HN
	Aufbau eines opt. Geräts/Arbeiter	T/HN
	Poliergerät	G
	Mehrere Poliergeräte	HT
c	Arbeiterin prüft Linse	G/N
a	Denkmal	HN
	Denkmal	HN
	Platz mit Denkmal	ST
	Gruppe von Touristen	HT
	Marktplatz	ST

	Einstellung/Bild	Kamera
	Fremdenführerin	N
	Tür geht auf und zu	G
	Besucherin liest in Broschüre	G
	Besucher fotografiert	N
	Schriftzug: *Schiller*	G
	Tourist	N
	Gedenktafel	G
	Touristin	N
	Gedenktafel	G
	Tourist	HN
	Gedenktafel	T/G
	Tourist	N
	Gedenktafel	G
	Touristin	N
	Gedenktafel	G
	Tourist	HN
	Hinweisschild	N
	Baumkronen	N
	Gebüsch	T
a	Zweige	N
d	Gedenktafel	G
	Stacheldraht	G
	Lagerturm und Zaun	T
	Eingangstor des KZ	T
	Schriftzug im Tor: *Jedem das Seine*	G
	Insert: Graphik mit Spruch	G
	Graphik mit Folterszene	G
	Graphik mit Mordszene	G
d	Graphik mit Häftlingen	G
a	Stadtkern	ST
	Straßenbahn	T
	Straßenzug mit Straßenbahn	T
	Straßenbahnfenster, Bauwerk	G
a	Restaurierte Häuserzeile	T
a	Fluß/Brücke	N/T
	Flußlauf unter Brückenbogen	N
	Brücke mit Haus	T
	Dom mit Vorplatz	T
	Stufen zum Dom	T
a	Platz mit Straßenbahn	T
c	2 Kutschpferde/Kutscher	HN/G
	Pferde, Weizenfelder	T
	Flugzeug fliegt	T
	Kutscher/Felder	G/T
	Kutscher	G
c	Flugzeug fliegt	T
a	Kutscher	G
	Schloß	ST
	Pilot im Cockpit	N
	Stadt	ST
	Pilot im Cockpit	N
a	Berg mit Burg	ST

1. Die Lösung finden Sie im Lösungsschlüssel zu Aufgabe 115. Dort finden Sie vor den Einstellungen die Buchstaben a–d. Diese bedeuten:
   a) Natur: Wanderungen ...
   b) Probleme in der Natur
   c) Industrie etc.
   d) KZ Buchenwald

2. a) Zeitliche Gewichtung:

Naturschönheiten, Denkmäler, Tourismus:	6'11, also 6 Minuten und elf Sekunden.
Umweltverschmutzung:	0'11, also elf Sekunden.
Industrie, Kleinbetriebe, Landwirtschaft:	4'05, also vier Minuten und fünf Sekunden.
KZ Buchenwald:	0'36, also 36 Sekunden.

   b) Kameraeinstellungen:

   Natur:
   Auffallend ist die häufige Verwendung von Totalen und Supertotalen, die eingesetzt werden, um die landschaftlichen Reize der jeweiligen Regionen zu betonen. Gleichzeitig wird so die Perspektive einer Wandergruppe eingenommen, die die Gegend zu Fuß bereist; diese wird mit Nahen, Halbnahen oder Halbtotalen ins Bild genommen und sorgt so für die nötigen Zwischenschnitte unter den Landschaftstotalen.

   Umweltverschmutzung:
   Formal paßt sich die Gestaltung zunächst der vorausgegangenen Passage in der Verwendung von kurzbrennweitigen Einstellungen an. Das letzte Bild jedoch, eine Großaufnahme schmutzigen Wassers mit Schaumkronen, soll einen Schockeffekt erzielen.

   Industrie/Kleinbetriebe/Landwirtschaft:
   Außergewöhnlich oft wird die Großaufnahme eingesetzt – in der Regel, um das jeweilige Arbeitsprodukt bildfüllend zu präsentieren. Alle anderen Einstellungsgrößen wechseln in zügigem Rhythmus.

   KZ Buchenwald:
   Ausschließlich am Ende dieser Sequenz wird das Gestaltungsmittel der Schwarzblende eingesetzt. Die Bilder zeigen graphische Darstellungen des Häftlingsalltags, die ineinander überblendet werden.

3. a) Mehr als die Hälfte der Dokumentation nimmt die Darstellung von Naturschönheiten oder Sehenswürdigkeiten ein. Deren Bedrohung durch Umweltverschmutzung wird in nur drei kurzen Einstellungen in 11 Sekunden abgehandelt. Die Darstellung der ökonomischen Potenz der Region erfolgt auf knapp der Häfte der zur Verfügung stehenden Zeit, während die Geschichte des KZ Buchenwald 36 Sekunden beanspruchen darf – halb so viel, wie beispielsweise auf Touristenattraktionen in der benachbarten Dichterstadt Weimar verwendet wird.

   b) *Natur:* Die vielen Totalen bei den Landschaftsaufnahmen betonen die Schönheit der Region.

   Umweltverschmutzung: Die Großaufnahme des verschmutzten Wassers – vier Sekunden lang – soll vermutlich einen Schock bewirken. Dieser wird jedoch schnell kompensiert durch den Umschnitt auf ein nahezu identisch gestaltetes Bild, das jedoch eine vermeintlich saubere und glatte Wasseroberfläche zeigt und in die Totale einer Industriestadt mit sauberer Technologie aufgezogen wird.

   Industrie: Auffallend ist die häufige Veränderung von Einstellungsgrößen durch Schwenk und Zoomfahrten. Diese beiden Aspekte sollen offenbar die Dynamik der Arbeitswelt bzw. der ökonomischen Entwicklung unterstreichen.

   KZ Buchenwald: Durch die Schwarzblenden soll der Ernst der Aussagen auf der Kommentarebene auch in der Bildgestaltung seinen Ausdruck finden, gleichzeitig aber auch die Abgeschlossenheit der Passage verdeutlicht werden. Dadurch, daß dieses Mittel und die Zuhilfenahme von Graphiken ausschießlich in dieser Sequenz verwendet werden, entsteht ein Eindruck, der die Außergewöhnlichkeit der beschriebenen Ereignisse vermittelt und auf Authentizität/Realismus ebenso verzichtet, wie auf eine Emotionalisierung der Zuschauer. Ungewöhnlich ist außerdem, daß überwiegend dieselben Einstellungsgrößen verwendet werden, was einen sehr getragenen Rhythmus zur Folge hat.

4. Die Zuordnung von Bild und Text ist sehr sorgfältig, die Bilder illustrieren den Kommentar eindeutig.

Aufgabe 118

Der Titel *Videobrief Dietrich M.* läßt folgende Vermutungen zu:

Ein Mann, vermutlich ein junger Mann, schreibt einen Brief. Aber es ist kein gewöhnlicher Brief, sondern ein Videobrief, ein Filmbericht per Video. Er wird darin möglicherweise über sich selbst berichten (Alter, soziales Umfeld, Interessen, Hobbys ...) oder über ein Ereignis, das er per Video jemandem mitteilen möchte.

Aufgabe 119

Gesehenes	*mögliche Interpretation*
Kleiderbügel und Feuer	Wurde ein Kleidungsstück verbrannt?
rotes Halstuch	Dietrich ist wahrscheinlich Mitglied einer Organisation.
Dietrich auf Stelzen	eine von Dietrichs Freizeitbeschäftigungen
Blasinstrument (Tuba)	ein Hobby von Dietrich
ein Baum wird gefällt	Der Wald/Holz spielt im Film wahrscheinlich eine Rolle.
eine Holzkonstruktion	?
Adler mit Tuch	Symbol wofür?
Dietrich in der Disco	ein Hobby von Dietrich
Motorradfahrer – Bild wird plötzlich gestoppt	Warum? Grenze? Ist Dietrich Motorradfahrer?

Aufgabe 120
Arbeitsblatt 24

Vorname (Bedeutung):	*Dietrich*, bedeutet im Germanischen *Volksheld.*
Geburtsjahr.	3.4.1974
Geburtsort:	Großbreitenbach
Land:	Ex-DDR/Thüringen
Hobbys:	Blasmusik/Death Metal/Videospiele/Motorrad fahren
Infos zum Vater:	Musiklehrer, aktiv in der Kirchenmusik
Infos zur Mutter:	Rektorin der Schule, aktiv in der Kirchenmusik
Lieblingsfächer:	Chemie, Biologie
Jugendorganisationen:	Pionierorganisation *Junge Pioniere*, ab 14 in der *FDJ* (*Freie Deutsche Jugend*), Nachteile, wenn man dort nicht organisiert war.
Berufswahl:	Forstwirt, sein Traumberuf
Gründe für Berufswahl:	viel an der Luft, in der Natur, Umgang mit Tieren
Ausbildung:	3 Jahre, Ausbildung zum Forstwirt
Typisches DDR-Verhalten vor der Wende:	mit zwei Meinungen zu leben, eine für zu Hause und eine für die Öffentlichkeit.
Dietrich und sein FDJ-Hemd:	Dietrich verbrannte es nach der Wende. In der DDR wäre das eine schwere Straftat gewesen.
Stimmung nach Öffnung der Grenze:	Aufbruchstimmung, viele Leute, Jubel, auf die Autos (*Trabis*) klopfen, Süßigkeiten verteilen
Dietrichs Erleben der Grenzöffnung:	Mutter weckt ihn: Grenze sei geöffnet, Nachrichten gehört, zur Grenze mit Herzklopfen gefahren
Dietrich über die Einheit:	wie ein Sprung ins kalte Wasser

Aufgabe 122
Arbeitsblatt 25

zu 1. In DDR schwierig an Rockmusik zu kommen, nur ein Sender. Spielt Schlagzeug in einer Band, Musik wird als *Noise-Punk* bezeichnet, also laute, lärmende Musik.

zu 2. Früher Treffen im Jugendclub, jetzt in Discos, in die er mit Freunden fährt.

zu 3. Dietrich wird nicht als Förster arbeiten, weil er da zu wenig Geld verdient und zu hart arbeiten muß. Er möchte sein Fachabitur machen und im Rettungswesen arbeiten (d. h. Krankenwagen fahren zu Unfällen, als Notdienst etc.). Er möchte zunächst in Großbreitenbach bleiben.

zu 4. Die Aufbruchstimmung ist vorbei, viel Arbeitslosigkeit oder nur zeitlich befristete Arbeit. Leute gehen zu rechtsradikalen Parteien oder wählen gar nicht mehr – aus Enttäuschung.

Aufgabe 124
Arbeitsblatt 27

Beispiele vor dem Sehen:

1. Vorwissen aktivieren:
   b) Erwartungen an einen Dokumentarfilm über die BRD formulieren (A 109)
   c) eine Deutschlandkarte und Städtenamen kommentieren (A 110)
2. Vorentlastung schaffen durch:
   b) einen historischen Informationstext über Thüringen (S. 97f.)
   c) eine Collage aus Bildmaterial über Thüringen (S. 99)
3. Hypothesen aufstellen:
   b) Bildindizien zum Vorspann „Videobrief Dietrich M." benennen und deuten (A 119)

Beispiele während des Sehens:

1. Notizen zu vorgegebenen Stichpunkten machen:
   b) zu Themenfeldern/Aspekten zu „Thüringen" (A 114)
   c) zum „Videobrief Dietrich M." (A 120)
2. filmspezifische Aspekte analysieren:
   b) Länge der Kameraeinstellungen notieren und ihre Wirkung interpretieren, zu „Thüringen" (A 117)
   c) Anzahl der Schnitte und Länge der Einstellungen notieren, „Wahlkampf in der DDR" (A 103)
   d) Bild-Ton-Schere analysieren:
      – Ton zu Bildern erfinden, „Volker Ehrlich" (A 101)
      – Bilder zum Ton erfinden, „Willi Fährmann" (A 105); „Willi, erzähl!" (A 106)
      – „Thüringen" (A 117)
   e) Textsortenmischung erkennen, „Volker Ehrlich" (A 102)

Beispiele nach dem Sehen:

2. Wertungen erkennen:
   a) „Volker Ehrlich" (A 100)
   b) „Thüringen" (A 117)
3. sich zum Film äußern:
   Welche Informationen wurden vermißt? Einen Kommentar zum Film schreiben, zu „Videobrief Dietrich M." (A 121)
4. perspektivische Erweiterung durch andere Dokumente:
   a) Lerner verfassen ein kleines Referat zu einem sie interessierenden Thema, zu „Thüringen" (S. 109)
   b) Lerner hören und bearbeiten ein zusätzliches Dokument, Hörinterview zu „Videobrief Dietrich M." (A 122)

10 Glossar

10.1 Begriffe* aus dem Text

Assoziogramm, das (S. 18): Man sammelt spontan Ideen/Einfälle/Assoziationen zu einem Stichwort oder einem Thema. Mit einem Assoziogramm kann ein Text/ein Film/eine Filmsequenz vor der eigentlichen Präsentation vorentlastet werden.

Bildindiz, das/Bildindizien (S. 8): Signale (= Indizien), die auf einem Bild zu sehen sind: Körperhaltung der Menschen, ihr Gesichtsausdruck; Gegenstände, die auf einem Bild zu sehen sind; die Gestaltung des Raums usw.

Detailverstehen, das: Genaues Verstehen einer Sequenz oder des Details einer Sequenz. Detailverstehen kann bei (→) Schlüsselszenen sehr wichtig sein oder auch bei bestimmten Filmtypen, etwa einem Kriminalfilm, in dem die Beobachtung von Details etwa zum Herausfinden des Täters führt. Gegenbegriff: (→) Globalverstehen.

Dokumentarfilm, der (S. 85): „Versucht, sich an realen Abläufen zu orientieren und – so gut dies möglich ist – diese nicht zu beeinflussen. Das Publikum erwartet bei einem Dokumentarfilm ein hohes Maß an wahrheitsgetreuer Wirklichkeitsabbildung." (Anfang u. a. 1994, 36)

dokumentarisch (S. 5): Wiedergabe realer Ereignisse.

Einstellungsgröße, die (S. 48): siehe unter 10.2 (A).

explizit (S. 35): Etwas ausführlich darstellen, benennen. Im Unterricht bedeutet das, daß man sich seine eigenen individuell und kulturell gesprägten Vorerfahrungen bewußtmacht.

fiktional (S. 5): Sich etwas in der Phantasie vorstellen.

fiktionale Filme (S. 5): Filme mit einer erfundenen Geschichte, also oft Spielfilme – im Gegensatz zum (→) Dokumentarfilm.

Froschperspektive, die (S. 48): siehe unter 10.2 (B).

Globalverstehen, das: Das Verständnis des groben Zusammenhangs eines Films, etwa des Handlungsablaufes. Gegenbegriff: (→) Detailverstehen.

Großaufnahme, die (S. 49): siehe unter 10.2 (A).

Halbtotale, die (S. 49): siehe unter 10.2 (A).

Informationskanal, der (S. 14): Bei Filmen werden die Informationen über zwei Kanäle geleitet: über die Tonspur und über das Bild.

interkulturelles Lernen, das (S. 40): Verknüpfung von sprachlichem und landeskundlichem Lernen, Förderung von kulturellem Verstehen, Ausbildung der Sensibilität für kulturelle Unterschiede und Gemeinsamkeiten zwischen der eigenen und der (→) Zielkultur.

Kamerabewegung, die (S. 48): siehe unter 10.2 (C).

Kameraperspektive, die (S. 47): siehe unter 10.2 (B).

kommunikativ

kommunikativer Unterricht (S. 10): Unterricht, der die Fähigkeit, sich in der fremden Sprache verständlich zu machen und sie zu verstehen, in den Mittelpunkt stellt.

Leerstelle, die (S. 147): Stellen in einem Text, die fehlen, die aus dem Zusammenhang erraten werden müssen. Beispiel: Der Satz *Sandra war zu der Feier von Wolfgang eingeladen. Sie fragte sich, ob ihm die Platte gefallen würde* enthält Stellen, die hinzugedacht werden müssen. Sandra ist bei Wolfgang eingeladen – diese Information enthält der Text. Hinzugedacht werden muß – so die Reaktionen verschiedener Seminarteilnehmer –, daß sie ihm eine Platte mitbringen möchte, daß es sich um ein Geburtstagsgeschenk handelt und damit, daß es in Deutschland üblich ist, zum Geburtstag etwas zu schenken.

Montage, die (S. 41): siehe unter 10.2 (D).

Nahaufnahme, die (S. 49): siehe unter 10.2 (A).

Normalsicht, die (S. 48): siehe unter 10.2 (B).

Rezeption, die (S. 12): Individuelle und kulturbedingte Reaktion auf Texte, Bilder, Filme; die verstehende Aufnahme und Wirkung von Texten und Bildern auf uns.

Schlüsselfunktion, die (S. 15): In einem Film bezieht sich der Begriff auf Szenen, die für den Handlungsablauf des Films wesentlich sind, die eine zentrale Rolle spielen.

Schlüsselszene, die (S. 16): Eine Szene, die für den Handlungsablauf und das Verständnis des Films wesentlich ist.

Schwenk, der (S. 50): siehe unter 10.2 (C).

soziokulturell (S. 12)
soziokulturelle Erfahrungen: Erfahrungen, die man in der Gesellschaft und Kultur, in der man aufgewachsen ist, gemacht hat – bezogen auf gesellschaftliche Normen, etwa die Beziehung zwischen Mann und Frau, die Rollenverteilung in der Familie und in der Schule (Lehrer – Schüler) etc.

Standbild, das (S. 16): Technischer Begriff: Durch den Druck auf die Pausentaste Ihres Videogerätes bleibt das Bild „stehen", Sie können eine Momentaufnahme wie auf einem Foto festhalten, wobei im Film das Standbild in den Kontext eingebettet ist. Ein Standbild ermöglicht dem Lerner, durch intensives Sehen die eigene Wahrnehmung zu vertiefen und das Bild zu deuten.

Standfoto, das (S. 18): Fotos, die aus einem Film stammen. Oft werden solche Fotos während der Dreharbeiten des Films gemacht. Ein Standfoto kann als Einstieg in einen Film verwendet werden, um Hypothesen über die Handlung des Films aufzustellen.

Totale, die (S. 49): siehe unter 10.2 (A).

Videosequenz, die (S. 7): Ein Ausschnitt aus einem Videofilm.

Vogelperspektive, die (S. 48): siehe unter 10.2 (B).

Vorwissen, das (S. 9): Damit wird das Wissen bezeichnet, das die Schüler schon im oder außerhalb des Unterrichts erworben haben. Das Vorwissen hilft beim Verstehen und Interpretieren von Texten, Bildern und Filmen, weil es auch außersprachlich ist.

Zielkultur, die (S. 40): Kultur des Landes, dessen Sprache die Schüler lernen.

Zielsprache, die (S. 147): Sprache, die neu erlernt wird.

Zoom, der (S. 50): siehe unter 10.2 (C).

10.2 Grundbegriffe der Filmanalyse

Die Begriffe der Filmanalyse im Fremdsprachenunterricht sind da sinnvoll, wo sie helfen, die Wahrnehmung durchsichtig zu machen. Sie geben dem Schüler Vokabular an die Hand, um präziser ausdrücken zu können, mit welchen ästhetischen Mitteln der Filmemacher den Zuschauer ins Geschehen einbezieht, ihn auf Distanz hält oder ihn vor Spannung den Atem anhalten läßt.

In diesem Sinne sind die hier zusammengestellten Begriffe der Filmanalyse nicht vollständig und eher als Hilfsmittel und weniger als eigener Lerngegenstand gedacht.

Die folgenden Definitionen übernehmen wir aus:

d'Alessio/Helmling (1991): *Begegnungen.* Spielfilmsequenzen als Sprechanlaß. München/Paris: Goethe-Institut, 127–131.

A Die Einstellung (le plan/single shot)

Die Einstellung ist die kleinste Einheit des Films. Sie ist eine ohne Unterbrechung gefilmte Aufnahme, die am Anfang und am Ende durch je einen Schnitt begrenzt ist.

Die Einstellung wird bestimmt durch die Einstellungsgröße, die Kamerabewegung, Kameraperspektive und die Einstellungslänge. Die Einstellungen bekommen erst in der Verbindung miteinander ihre endgültige Bedeutung.

Die Einstellungsgröße

Die Einstellungsgröße bestimmt, wie groß ein Mensch oder ein Gegenstand im Bild zu sehen ist. Sie bestimmt gleichzeitig das emotionale Verhältnis des Zuschauers zu dem Geschehen. Ob er sich einer Person oder einem Geschehen nahe oder entfernt fühlt, wird wesentlich über die Einstellungsgröße bestimmt. Hierbei spielt die reale Wahrnehmungserfahrung des Zuschauers eine große Rolle. Er weiß z. B. aus der Realität, daß er einem Menschen, von dem er nur ein Gesichtsdetail sieht, sehr nahe ist. Zwischen großer Nähe und großer Entfernung gibt es eine differenzierte Skala an Kategorien.

1. Weit (plan de très grand ensemble/extreme long shot)

Weite Landschaften, Panoramen werden so gezeigt, daß sich der einzelne in der Landschaft verliert. Solche Einstellungen haben häufig symbolische Funktion, so z. B. in den berühmten Schlußbildern, in denen der Held sich vom Zuschauer entfernt, bis er nicht mehr zu sehen ist.

2. Totale (plan d'ensemble/long shot)

Ein Überblick über ein Geschehen wird vermittelt, ein Eindruck des Ganzen, in dem aber der einzelne schon zu erkennen ist. Die Einstellung dient der räumlichen Orientierung des Zuschauers, der dann häufig Einstellungen mit größerer Nähe folgen.

3. Halbtotale (le plan de demi-ensemble/medium long shot)

Die Kamera konzentriert sich mehr auf die Person, die man in ihrer ganzen Größe mit ihrer ganzen Umgebung sieht. Der Zuschauer bleibt jedoch auf Distanz.

4. Halbnahe (le plan moyen/full shot)

Die Person wird zu zwei Drittel bis zu den Knien gezeigt. Man sieht jetzt den sie umgebenden Raum deutlicher. Die Person tritt zu anderen Personen in Beziehung; Mimik ist zu erkennen.

5. Amerikanisch (le plan américain/medium shot)

Diese Einstellung – zwischen Nah und Halbnah – zeigt eine Person bis unterhalb der Hüften; beim Westernheld bis zum Colt. Die Einstellung ist typisch für die individuelle Aktion, vor allem für Arme und Hände.

6. Nahe/Nahaufnahme (le plan rapproché/medium close up)

Die Kamera zeigt Kopf und Brust. Der Hintergrund, vor dem sich die Person bewegt, ist erkennbar.

7. Groß/Großaufnahme (le gros plan/close up)

Der Kopf wird bis zum Hals oder bis zur Schulter gezeigt. Es ist die normale Paßfoto-Größe. Diese Einstellung wird häufig in Gesprächssituationen verwendet, um die Mimik beim Sprechen hervorzuheben.

8. Detail (le très gros plan/extreme close up)

Die Kamera zeigt einen kleinen Ausschnitt: ein Auge, einen Mund, die Finger am Abzugshahn des Revolvers. Detaileinstellungen werden meist zur Spannungssteigerung und bei emotionalen Höhepunkten eingesetzt.

Zusammenfassend kann man sagen, daß die beiden extremen Einstellungsgrößen *Weit* und *Detail* Atmosphäre vermitteln und häufig symbolischen Aussagewert haben.

Totale, *Halbtotale* und *Halbnah* situieren die Handlung und setzen die Personen in Beziehung zueinander. Diese Einstellungen halten den Zuschauer im allgemeinen auf Distanz.

Nah und *Groß* dagegen schaffen Nähe zum Zuschauer und betonen den mimischen Aussagecharakter von Gedanken und Gefühlen.

Die *amerikanische* Einstellung betont die gestische Handlungsebene.

B Die Kameraperspektiven (l'angle de prise de vue/camera angle)

Die Kamera kann ein Geschehen von verschiedenen Positionen aus aufnehmen: *vis-à-vis*, von oben und von unten. Die Positionen prägen jeweils die Sicht des Zuschauers auf das Geschehen.

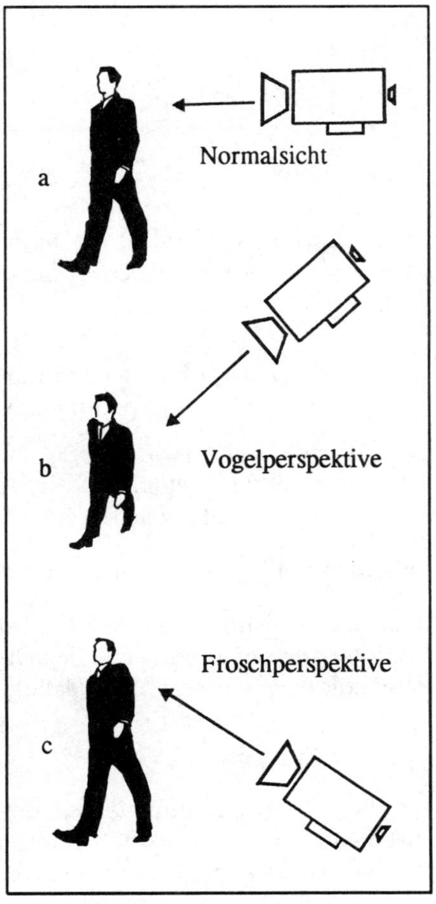

a) Die Normalsicht (la perspective en hauteur d'oeil/eye level)

Sie entspricht der Sicht auf einer Augenhöhe von ca. 1,7 m. Diese Kameraposition entspricht der normalen alltäglichen Wahrnehmung.

b) Die Vogelperspektive (la plongée/overhead)

Die Kamera steht höher als die dargestellte Person bzw. der Gegenstand. Der Zuschauer wird dadurch in eine erhöhte Position gebracht, die ihm eine Sicht von oben auf das Geschehen und somit eventuell ein Gefühl der Überlegenheit vermittelt.

c) Die Froschperspektive (la contre-plongée/below shot)

Die Kamera steht tiefer als die Person/der Gegenstand. Diese Position, die zu dem Zuschauer aufblicken läßt, vermittelt das Gefühl der Unterlegenheit und gibt der dargestellten Person den Aspekt der Dominanz.

Die eigentliche Bedeutung der Perspektive kann allerdings nur aus dem Kontext abgeleitet werden. Eine Froschperspektive kann eine Person bedrohlich und unheimlich wirken lassen, aber auch lächerlich oder überheblich.

C Die Kamera- und Objektbewegung
(les mouvements de la caméra et des objets/camera and object movement)

Die bisherigen Begriffe der Filmanalyse lassen sich auf das statische Bild anwenden. Das spezifisch Filmische ist jedoch die Bewegung.

1. Lebewesen oder Objekte bewegen sich vor der Kamera, die sie mit ihrem Blick erfaßt, sich selbst aber nicht bewegt. Hier gibt es 3 Möglichkeiten:
   a) Die Blickrichtung der Kamera, die Kamera-Achse, steht im rechten Winkel zu der Achse, auf der die Handlung verläuft, der Handlungs-Achse. Bei dieser Kameraposition verfolgt der Zuschauer das Geschehen als unbeteiligter Dritter, er wird nicht einbezogen.
   b) Die Kamera-Achse und die Handlungs-Achse sind identisch. Bei dieser Position schaut der Darsteller den Zuschauer scheinbar direkt an (Beispiel: Nachrichtensprecher) oder er bewegt sich direkt auf ihn zu. Der Zuschauer wird hier direkt in die Handlung einbezogen.
   c) Das Schuß-Gegenschuß-Verfahren (contrechamp/reverse angle).

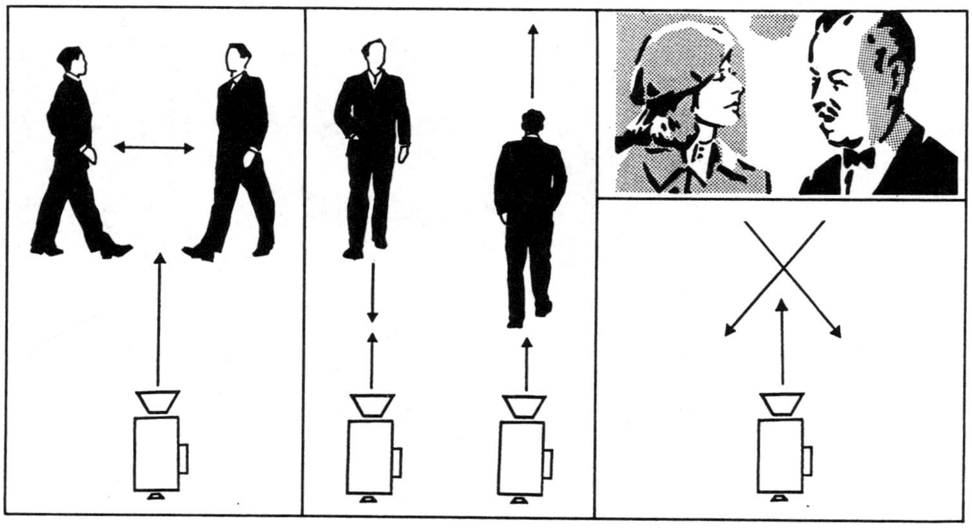

a b c

   Dieses Verfahren wird in Dialogsituationen verwendet, wo die Kamera-Achse immer dann wechselt, wenn derjenige von der Kamera erfaßt wird, der gerade spricht. Der Zuschauer fühlt sich so in das Gespräch einbezogen.

2. Die Kamera selbst bewegt sich:
   a) Beim **Schwenk** (le panoramique/planning) steht die Kamera auf einem festen Platz, macht jedoch horizontale bzw. vertikale Bewegungen, vergleichbar mit der Bewegung des Kopfes bei feststehendem Körper.
   b) Bei der **Fahrt** (le travelling chariot/camera moves in) bewegt sich die ganze Kamera mit, vergleichbar mit der Bewegung des ganzen Körpers. Die Kamera wird dabei auf einem Wagen gefahren und man unterscheidet entsprechend zwischen einer Ranfahrt, Rückfahrt, Parallelfahrt oder Verfolgungsfahrt.

In beiden Fällen hat der Zuschauer den Eindruck, daß er dem Geschehen mit eigenen Bewegungen folgt.

Ein weiteres Mittel, um den Eindruck von Bewegung entstehen zu lassen, ist der **Zoom**. Hier wird durch die Veränderung der Brennweite des Objektivs ein Bildausschnitt vergrößert bzw. verkleinert, d. h. dementsprechend rangeholt bzw. entfernt, ohne daß die Kamera ihren Standort verläßt.

D Die Montage

Was man im Spielfilm als Kontinuum wahrnimmt, wurde in Wirklichkeit aus einer Vielzahl von getrennt aufgenommenen Einzelstücken zusammengefügt. Dies geschieht in der Phase der Montage, in der die Einstellungen durch Schnitte oder Blenden zu größeren Einheiten verknüpft werden.

Sequenzen sind die nächstgrößere Einheit; es sind die Teile des Films, deren Einstellungen in einem örtlichen und gedanklichen Zusammenhang miteinander stehen; es sind sozusagen die kleinsten Handlungseinheiten.

Die Verknüpfung der Sequenzen (Syntagmen) ist eines der interessantesten Ausdrucksmittel des Filmemachers. Sie erfolgt nach dramaturgischen Prinzipien, wobei der Faktor Zeit im Vordergrund steht: Die Montage kann chronologisch erfolgen, aber auch achronologisch mit Rückblenden.

Bei Parallelmontagen (syntagme parallèle/parallel syntagma) entsteht der Eindruck, daß zwei Handlungsstränge an zwei verschiedenen Handlungsorten zeitlich parallel zueinander ablaufen. Alle Montagetypen aus der Filmanalyse (deskriptives, alternierendes Syntagma u. a.) sind unterschiedliche Mittel, Ort-Zeit-Relationen und Handlungsrelationen zu schaffen. Sie sind vergleichbar mit den narrativen Strukturen aus der Textanalyse.

E Der Ton

Die Wirkung und Bedeutung von Filmbildern wird heute im wesentlichen mitbestimmt vom Ton, d. h. von Sprache, Musik, Geräuschen und auch Stille. Besonders die Musik hat vielschichtige Funktionen: Sie ist Ausdruck der psychischen Verfassung des Darstellers, sie löst beim Zuschauer Assoziationen aus, sie kündigt kommende Handlung an oder fungiert als leitmotivisches Verbindungsglied im Film und vieles mehr.

Generell unterscheidet man zwischen On- und Off-Ton.

On-Ton bedeutet, daß die Tonquelle – Sprecher, Musikinstrument, hupendes Auto etc. – im Bild zu sehen ist.

Off-Ton heißt, die Tonquellen sind im Bild nicht zu sehen.

Der On-Ton ist immer direkt mit dem Dargestellten verbunden, während der Ton im Off dem Bild immer eine zusätzliche Bedeutung hinzufügt.

Wir beziehen uns in den obigen Ausführungen zur Filmanalyse auf folgende Publikationen:

1. Knut Hickethier (1983): *Begriffe der Film- und Fernsehanalyse.* In: *Praxis Deutsch. Verfilmte Literatur – literarischer Film*, Januar 1983.
2. Joachim Paech (1978): *Film und Fernsehsprache*. Frankfurt/M.: Diesterweg.
3. Werner Faulstich (1980): *Einführung in die Filmanalyse*. Tübingen: Gunter Narr.
4. Inge C. Schwerdtfeger (1989): *Sehen und Verstehen. Arbeit mit Filmen im Unterricht Deutsch als Fremdsprache.* Berlin/München: Langenscheidt.

11 Literaturhinweise

11.1 Zitierte und weiterführende Literatur

ANFANG, Günther u. a. (1994): *Vom Plot zur Premiere.* Gestaltung und Technik für Videogruppen. München: KoPäd – Kommunikation und Pädagogik. (siehe auch Kap. 11.2)

BALTZER, Ralf u. a. (1991): *Alles Gute!* Ein deutscher Fernsehsprachkurs. Lese- und Arbeitsbuch. Bonn: Inter Nationes.

BECHTOLD, Gerhard/GERICKE-SCHÖNHAGEN, Detlef (1991): *Spielfilme im Unterricht Deutsch als Fremdsprache.* Ein Kursprogramm für Fortgeschrittene. München: Goethe-Institut. (siehe auch Kap. 11.2)

BERGER, JOHN (1990): *Das Leben der Bilder oder die Kunst des Sehens.* Berlin: Wagenbach.

BINDER, Helmut/SCHRÖDER, Hartmut (Hrsg.) (1984): *Video im allgemein- und fachsprachlichen Unterricht.* Dokumentation einer Seminarreihe, Jyväskylä.

BRANDI, Marie-Luise/HELMLING, Brigitte (1985): *Arbeit mit Video am Beispiel von Spielfilmen.* Paris/München: Goethe-Institut.

BRANDI, Marie-Luise u. a. (1988): *Bild als Sprechanlaß.* Sprechende Fotos. Paris/München: Goethe-Institut.

CLEMENS, Michael/HOEBERS, Theo (1991): *Der Falschspieler.* Vorschläge zur Arbeit mit einem Zeichentrickfilm. Begleitheft zum Film. München: Goethe-Institut.

D'ALESSIO, Germana/HELMLING, Brigitte (1991): *Begegnungen.* Spielfilmsequenzen als Sprechanlaß. München: Goethe-Institut.

EICHHEIM, Hubert/WILMS, Heinz (1980): *Das Bild im Deutschunterricht.* In: Goethe-Institut (Hrsg.): *Deutsch als Fremdsprache heute. Lehren – Lernen – Informieren.* München: Goethe-Institut, 105 – 120.

INTER NATIONES (Hrsg.) (1994): *Programm '94.* Landeskunde und Sprache. Bonn: Inter Nationes.

Lexikon des internationalen Films (1995): Reinbek b. Hamburg: Rowohlt.

PERLMANN, Michaela (1989): *Vis-à-vis.* Begleitheft mit Unterrichtsvorschlägen. München: Goethe-Institut.

RÖLLECKE, Renate (1991): *Vom medialen Ersatzlehrer zum Diskussionsanlaß.* Dokumentarische Filme und audiovisuelle Rezeptionskompetenz im Fremdsprachenunterricht. In: *Informationen Deutsch als Fremdsprache*, H. 4/1991, S. 405 – 419.

SCHOTT, Peter/SCHOTT-BRÉCHET, Sylvie (Hrsg.) (1988 – 1995): *Sequenz.* Film und Pädagogik. Nancy: Goethe-Institut. (siehe auch Kap. 11.2)

SCHWERDTFEGER, Inge Christine (1989): *Sehen und Verstehen.* Arbeit mit Filmen im Unterricht Deutsch als Fremdsprache. Berlin/München: Langenscheidt.

SCHWERDTFEGER, Inge Christine (1995): *Das Traumauto.* Didaktisierung eines Films. Bonn: Inter Nationes.

ULKE, Karl-Dieter (1988): *Vorbilder im Denken.* München: Kösel.

WEMBER, Bernward (1972): *Objektiver Dokumentarfilm?* Berlin: Colloquium Verlag. (siehe auch Kap. 11.2)

WEMBER, Bernward (1976/1983): *Wie informiert das Fernsehen?* Ein Indizienbeweis. München: List. (siehe auch Kap. 11.2)

11.2 Kommentierte Auswahlbibliographie

ALBERSMAIER, Franz/ROLOFF, Volker (Hrsg.) (1991): *Literaturverfilmungen.* Frankfurt/M.: Suhrkamp.
Der Sammelband behandelt Literaturverfilmungen, die – auf Grund der Qualität von Film und literarischer Vorlage – in besonderem Maße geeignet sind, den Transformationsprozeß als eine Form der „Intermedialität", der spannungsreichen Beziehung von literarischem Text, Drehbuch und Film, zu veranschaulichen. Der Band wird ergänzt durch eine ausführliche Spezialbiographie. Es handelt sich um die erste Publikation dieser Art im deutschsprachigen Raum.

ANFANG, Günther u. a. (1994): *Vom Plot zur Premiere.* Gestaltung und Technik für Videogruppen. München: KoPäd – Kommunikation und Pädagogik.
Kommentar: Schwerpunkt dieses Handbuches ist der praktische Teil der Filmarbeit mit Jugendgruppen, angefangen von der Entwicklung einer Idee bis zur Fertigstellung des Films am Videoschnittplatz. Das Buch

entstand auf der Basis vielschichtiger und langer Erfahrung in der Jugendfilmarbeit und ist als Einführung gedacht. Es werden sowohl Anregungen und Informationen zu Methode und Gestaltung von Spielfilmen als auch zu Dokumentarfilmen gegeben. In einem eigenen Technikteil werden die Grundbausteine der Videotechnik erläutert.

BECHTOLD, Gerhard/GERICKE-SCHÖNHAGEN, Detlef (1991): *Spielfilme im Unterricht Deutsch als Fremdsprache.* Ein Kursprogramm für Fortgeschrittene. München: Goethe-Institut.
Kommentar: Der Band enthält Unterrichtsentwürfe zu folgenden Spielfilmen:
- Trotta von, Margarethe: *Das zweite Erwachen der Christa Klages*
- Kückelmann, Norbert: *Die letzen Jahre der Kindheit*
- Verhoven, Michael: *Die Weiße Rose*
- Hauff, Reinhardt: *Der Mann auf der Mauer*
- Dörrie, Doris: *Männer*

Ferner enthält dieser Band Materialien zum Thema:
- *Kino und Wochenschau im Nationalsozialismus.*

BERGER, John u. a. (1990): *Sehen – Das Bild der Welt in der Bilderwelt.* Reinbek: Rowohlt. Engl. Originaltitel (1972): *Ways od Seing.* Penguin Books Ltd.
Kommentar: Bergers unorthodoxe Weise, Bildern zu begegnen, ist eine Aufforderung an den Leser, selbst andere, neue Formen der Wahrnehmung zu entwickeln – eine Art zweiter „lesender" Blick. Berger behandelt u. a. auch den Zusammenhang zwischen Kunstbildern und Werbung. Eine spannende, bereichernde Lektüre – nicht nur für Kunstliebhaber!

BRANDI, Marie-Luise u. a. (1988): *Bild als Sprechanlaß.* Sprechende Fotos. Paris/München: Goethe-Institut.
Kommentar: Die Veröffentlichung behandelt den Einsatz von Fotos als Sprechanlaß im Fremdsprachenunterricht. Es wird aufgezeigt, nach welchen Kriterien Fotos für den Fremdsprachenunterricht ausgewählt werden können. Nach Überlegungen zur Wahrnehmung folgen zahlreiche Bildinterpretationen am Beispiel ausgewählter Fotos.

D'ALESSIO, Germana/HELMLING, Brigitte (1991): *Begegnungen.* Spielfilmsequenzen als Sprechanlaß. Begleitheft zum Video mit Unterrichtsvorschlägen. Paris/München: Goethe-Institut.
Kommentar: In der Reihe *Videomaterialien für den Deutschunterricht*, die beim Goethe-Institut erscheint, werden in dem Begleitheft zu Sequenzen aus Spielfilmen zahlreiche Didaktisierungen vorgestellt, die sowohl die sprachlich-inhaltlichen, die nonverbalen als auch die filmischen Aspekte einer Sequenz berücksichtigen. Den Beispielen sind die jeweiligen filmischen Daten, Beschreibungen der Sequenzen und die Transkripte beigefügt.

DOMMEL, Hermann/HELMLING, Brigitte (1986): *Leonie Ossowskis „Stern ohne Himmel" und ihr Grips-Stück „Voll auf der Rolle".* Paris/München: Goethe-Institut.
Kommentar: In der Veröffentlichung wird aufgezeigt, wie im Verbund mit dem Roman *Stern ohne Himmel*, der gleichnamigen Verfilmung, dem Grips-Stück *Voll auf der Rolle* und einem Rocklied der Gruppe BAP im Unterricht gearbeitet werden kann.

EICHHEIM, Hubert u. a. (1981): *Mir fällt auf ...* 40 Farbdias als Sprechanlässe und Begleitheft. Berlin/München: Langenscheidt.
Kommentar: Das Begleitheft zu den Dias erläutert ausführlich, wie im Fremdsprachenunterricht freies, assoziatives Sprechen anhand von Dias ausgelöst werden kann. Dias und Begleitheft haben nichts an Aktualität und Einsetzbarkeit eingebüßt.

EHNERT, Rolf (1987): *Video im Unterricht Deutsch als Fremdsprache.* In: EHNERT, Rolf/EPPENEDER, Ralf (Hrsg.): *Video im Fremdsprachenunterricht.* München: Goethe-Institut, S. 7–19.
Kommentar: Der Autor beschäftigt sich in seinem Beitrag mit den zwei Verwendungsweisen des Mediums im Unterricht: Video als Träger von Medientexten (rezeptionsorientierter Einsatz) und als Medium zur Eigenproduktion (produktive Arbeit). Er geht dabei besonders auf die Frage ein, warum der Einsatz von Mitschnitten aus Film und Fernsehen im Unterricht oft auf Schwierigkeiten stößt (Tempo der Imformationsvermittlung, Sequenzaufbau, Bild-Ton-Bezug) und stellt für die Eigenproduktion für Lehrzwecke eine Liste gestalterischer und inhaltlicher Desiderata auf. Ein grundlegender Aufsatz, der nichts an seiner Aktualität eingebüßt hat.

GAST, Wolfgang (Hrsg.) (1993): *Film und Literatur.* Frankfurt/M.: Diesterweg.

In der Reihe *Film und Literatur*, die **nicht** für den Unterricht Deutsch als Fremdsprache, sondern für mutterprachliche Schüler konzipiert ist, sind erschienen:

GAST, Wolfgang (1993): *Film und Literatur.* Grundbuch. Frankfurt/M.: Diesterweg.
Das Grundbuch enthält eine Einführung in Begriffe und Methoden der Filmanalyse: Erklärung der Grundbegriffe der Filmsprache (siehe auch Kap. 10.2 in dieser Studieneinheit); Typen der Literaturverfilmung (Adaption) und Methoden der Filmanalyse sowie Bemerkungen zum Aufbau, zur Dramaturgie eines Films.

GAST, Wolfgang/DEIKER, Barbara (1993): *Film und Literatur 1.* Frankfurt/M.: Diesterweg.
Der Band enthält einen kommentierten Sequenzplan der Filme mit ästhetischer Strukturanalyse und Detailanalyse einzelner Sequenzen. Dann werden die literarische Vorlage (Buch) und die Verfilmung miteinander verglichen, auch unter rezeptionstheoretischen Aspekten. Zusätzlich zu den Unterrichtsvorschlägen gibt es 20 Kopiervorlagen zu den einzelnen Filmen: Filmtranskripte von einzelnen Sequenzen mit Zeit, Kameraeinstellungen, Tonprotokollen; Interviews mit Regisseuren; Schülerkritiken; Drehbuchauszüge und Zeitungsartikel.
Behandelt werden:
GRÜN, Max von der (Roman)/BECKER,Wolfgang (Film): *Vorstadtkrokodile*
NÖSTLINGER, Christine (Roman)/HOFMANN, Ilse (Film): *Die Ilse ist weg*
BÖLL, Heinrich (Roman)/SCHLÖNDORFF, Volker (Film): *Die verlorene Ehre der Katharina Blum*

GAST, Wolfgang/DEIKER, Barbara (1993): *Film und Literatur 2.* Frankfurt/Main: Diesterweg.
Band 2 ist wie Band 1 aufgebaut, mit 12 Kopiervorlagen. Behandelt werden:
MANN, Heinrich (Roman)/STAUDTE, Wolfgang (Film): *Der Untertan*
BÜCHNER, Georg (Roman)/HERZOG, Werner (Film): *Woyzek*
FONTANE, Theodor (Roman): *Effi Briest* in 4 Verfilmungen von
- GRÜNDGENS, Gustav (1939): *Der Schritt vom Wege*
- JUGERT, Rolf (1955): *Rosen im Herbst*
- LUDERER, Wolfgang (1968): *Effi Briest*
- FASSBINDER, Rainer Werner (1974): *Fontane Effi Briest*

GEISSNER, Hellmut (1987): *Zur Rhetorizität des Fernsehens.* In: GEISSNER/RÖSENER (Hrsg.): *Medienkommunikation.* Vom Telefon zum Computer. Frankfurt/M., S. 135–160.
Kommentar: Die Komplexität der Fernsehnachrichten kann zur sogenannten „Nicht-Information" führen. (siehe dazu auch Wember, B., 1976/1983)

LONERGAN, Jack (1987): *Fremdsprachenunterricht mit Video.* Ein Handbuch mit Materialien. München: Hueber.
Kommentar: Ein Klassiker unter den Autoren zum Thema „Video". Der Autor geht neben Kapiteln über den Gebrauch der Videokamera auf allgemeine Aspekte des Einsatzes von Videofilmen im Unterricht ein: auf aktives Sehen und Verstehen und textsortengerechte Übungsformen. Wer noch wenig Erfahrung im Umgang mit diesem Medium hat, erfährt hier Grundsätzliches, allerdings ohne medienkritischen Ansatz.

MADER, Lothar (1991): *Fernsehen über Sprachgrenzen hinweg.* Magisterarbeit, München.
Kommentar: Der Verfasser erläutert mediendidaktische Probleme, Fernsehstrukturen, Bildsyntax und die Möglichkeiten, TV-Nachrichten im Unterricht einzusetzen.

MEINHOF, Ulrike (1990): *Verständnisstrategien für fremdsprachige Fernsehnachrichten.* In: *Die Neueren Sprachen,* 6/1989, S. 597–610.
Kommentar: Die Autorin geht auf die Komplexität der Fernsehnachrichten ein, den dynamischen Wechsel von kognitiven Strategien und Referierungsprozessen zwischen den beiden Kanälen. Die für die Fremdsprachenlerner erforderlichen Verständnisstrategien sollen per Computer und Datenbank weniger zeitaufwendig erlernt und angewendet werden.

MUCKENHAUPT, Manfred (1994): *Von der Tagesschau zur Infoshow.* Sprachliche und journalistische Tendenzen in der Geschichte der Fernsehnachrichten. (Vortragsmanuskript eines Seminars im Goethe-Institut Paris vom 4./5. 3. 1994 zum Thema „Entwicklungstendenzen der deutschen Gegenwartssprache").
Kommentar: Muckenhaupt informiert ausführlich und anhand zahlreicher Beispiele über die Entwicklung der deutschen Fernsehnachrichten, die Tendenzen der öffentlich-rechtlichen und privaten Fernsehanstalten, über Faktenjournalismus einerseits und Distanzverlust andererseits, wobei Unterschiede zwischen objektiver Nachrichtenvermittlung mit komplexen sprachlichen Mitteln und Nachrichten im Boulevardstil aufgezeigt und analysiert werden.

RÖLLECKE, Renate (1991): *Dokumentarische Filme und audiovisuelle Rezeptionskompetenz im Fremdsprachenunterricht.* In: *Info DaF,* 18/1991, S. 405–419.
Kommentar: Die Autorin erläutert den Begriff der „kritischen Rezeptionskompetenz" im Fremdsprachenunterricht. Sie plädiert für eine „Medienpädagogik", die den Rezipienten zum kritischen Umgang mit TV-Nachrichten und dokumentarischen Filmen im allgemeinen schult.

SCHOTT, Peter/SCHOTT-BRÉCHET, Sylvie (Hrsg.) (1988–1995): *Sequenz.* Film und Pädagogik. Nancy: Goethe-Institut.
Kommentar: *Sequenz* ist eine einmal im Jahr erscheinende mehrsprachige Filmzeitschrift, in der eine oder mehrere Spielfilme detailliert vorgestellt und für den Unterricht aufbereitet werden. Das pädagogische Vorgehen gründet sich in seiner Progression auf eine Methode, die die Schüler dazu führen soll, das Bild zu „lesen" und zu diskutieren. Zwei Ziele: Sehschule und Sprachproduktion.
Bisher erschienen:

Sequenz Nr. 1 (1988): Murnau, F. W./Lang, F.: *Nosferatu*
Sequenz Nr. 2 (1989): Fassbinder, R. W.: *Die Ehe der Maria Braun.* Trotta von, M.: *Das zweite Erwachen der Christa Klages*
Sequenz Nr. 3 (1990): *Janosch*-Filme/Filmausschnitte aus: Hitchcock, A.: *Marnie, Der Fremde im Zug*; Rye, St.: *Der Student von Prag*; Saless, Sh.: *Ordnung*
Sequenz Nr. 4 (1991): Sanders-Brahms, H.: *Deutschland, bleiche Mutter*
Sequenz Nr. 5 (1992): Schlöndorff, V.: *Die Blechtrommel*
Sequenz Nr. 6 (1993): Janosch: *Die Grille und der Maulwurf*; Halas, J./Batchelor, J.: *Aufstand der Tiere*; Schütte, J.: *Drachenfutter; Die Konferenz der Tiere*
Sequenz Nr. 7 (1994): Wegener, Paul (Film)/Meyrink, Gustav (Buch): *Der Golem, wie er in die Welt kam*
Sequenz Nr. 8 (1995): *Der kleine Eisbär/Lumpengesindel/Die Zugmaus/Frecher Frosch Freddy/ Emil und die Detektive/Mondtag/Die Abenteuer des Prinzen Ahmet/Die Schuhe*

SCHUMANN, Otto u. a. (Hrsg.) (1992): *Grundlagen und Techniken der Schreibkunst.* Augsburg: Weltbild-Verlag.
Kommentar: Band 2 enthält ein ausführliches Kapitel über den Film: *Von der Filmidee zum Drehbuch*, wo der interessierte Laie sich über alles, was mit Film zu tun hat, in leicht lesbarer und verständlicher Form informieren kann. Die filmspezifische Terminologie wird erläutert und anhand von Beispielen verdeutlicht.

SCHWERDTFEGER, Inge C. (1989): *Sehen und Verstehen.* Arbeit mit Filmen im Unterricht Deutsch als Fremdsprache. Berlin/München: Langenscheidt.
Kommentar: Die Autorin geht sehr ausführlich in Beispielen und Übungen auf die Unterschiede von Filmsprache und gedruckter Sprache, auf die Bedeutung von Gefühlen beim Sprechen und auf kulturspezifische Wahrnehmung ein.

SLEMBEK, Edith (1991): *Hörverstehen durch Fernsehen?* Probleme beim Einsatz von Informationssendungen im Fremdsprachenunterricht. In: *Verstehen im Deutschunterricht.* Didaktik des Lese- und Hörverstehens im Fach DaF, Nr. 53, Neûchatel (numéro spécial du CILA), S. 63–66.
Kommentar: Die Autorin weist auf die große Unverständlichkeit von Informationssendungen hin und versucht, dies am Beispiel einer ARD-Meldung aus der *Tageschau* vom 4.9.1990 zu beweisen. Sie rät zur Vorsicht vor dem Einsatz des sogenannten „Informationsmediums" im Fremdsprachenunterricht.

WEMBER, Bernward (1972): *Objektiver Dokumentarfilm?* Berlin: Colloquium Verlag.
Kommentar: Nach einer allgemeinen Einleitung zu ideologischen Implikationen und zur scheinbar reinen Objektivität von Dokumentarfilmen wird exemplarisch der Dokumentarfilm *Bergarbeiter in Bolivien* analysiert: Themen, Länge der Einstellungen, Kameraperspektiven und Einstellungen, die Sprache des Kommentars sowie die Text-Bild-Zuordnung werden sorgfältig analysiert. (Die Analyse des Films *Thüringen* folgt Wembers Kriterien.)

WEMBER, Bernward (1976/1983): *Wie informiert das Fernsehen?* – Ein Indizienbeweis. München: List.
Kommentar: Anhand von Fernsehnachrichten und Reportagen zeigt Wember auf, wie das Fernsehen arbeitet und welchen massiven Reizüberflutungen der Zuschauer ausgesetzt ist. Obwohl die Untersuchung aus dem Jahr 1976 stammt, liest sie sich heute noch spannend wie ein Krimi. Mit viel pädagogischem Geschick vermittelt der Autor Einblicke in die „Nachrichtenwerkstatt Fernsehen".

12 Quellenangaben und Bezugsmöglichkeiten der Videos

12.1 Quellenangaben

Trotz intensiver Bemühungen konnten nicht alle Inhaber von Text-, Bild- und Videorechten ausfindig gemacht werden. Für entsprechende Hinweise sind Goethe-Institut und Verlag dankbar.

Hinweis: Die Quellenangaben zu den Videos finden Sie in diesem Kapitel unter Teil 2.

Teil 1: Texte, Begleitmaterialien, Fotos

ARNSDORF, Dieter u. a. (1990 a): *Das Traumauto.* Begleitheft mit Unterrichtsvorschlägen. München: Goethe-Institut, S. 16; S. 20, Foto: Videoprint aus dem Film; S. 21, 39f.

ARNSDORF, Dieter u. a. (1990 b): *Die Krönung der schönsten Stunden.* 30 Werbespots als Sprechanlaß. Begleitheft zum Video mit Unterrichtsvorschlägen. Ismaning/München: Verlag für Deutsch, S. 34, 51, 76.

BRANDI, Marie-Luise u. a. (1988): *Bild als Sprechanlaß.* Sprechende Fotos. Paris/München: Goethe-Institut, S. 80.

CLEMENS, Michael/HOEBERS, Theo (1991): *Der Falschspieler.* Vorschläge für die Arbeit mit einem Zeichentrickfilm ohne Dialog und Kommentar. München: Goethe-Institut, S. 4, 12, 20.

D'ALESSIO, Germana/HELMLING, Brigitte (1991): *Begegnungen.* Spielfilmsequenzen als Sprechanlaß. Begleitheft mit Unterrichtsvorschlägen. München: Goethe-Institut, S. 7, 15, 20, 41, 66, 67, 68; Fotos: Stiftung Deutsche Kinemathek Berlin; S. 32, 49, 50, 51, 71 – 77, Zeichnungen: Olivier Mazaud und Bernard Perchey.

DOMMEL, Hermann (1995): *Dietrich M. – Ein Porträt.* Begleitheft. München: Goethe-Institut.

EICHHEIM, Hubert u. a. (1981): Mir fällt auf ... 40 Farbdiapositive als Sprechanlässe. Berlin/München: Langenscheidt, Dia 23, 27, 35, 39.

EICHHEIM, Hubert/WILMS, Heinz (1980): *Das Bild im Unterricht.* Aus: *Deutsch als Fremdsprache heute. „Lehren – Lernen – Informieren".* Pariser Werkheft. München: Goethe-Institut, S. 112 – 115.

FASSBINDER, Rainer Werner (1990): *Angst essen Seele auf.* Aus: TÖTEBERG, Michael (Hrsg): *Fassbinders Filme 3.* Frankfurt/M.: Verlag der Autoren, S. 61 – 63.

FÄHRMANN, Willi (1968/1995): *Es geschah im Nachbarhaus.* Würzburg: Arena Verlag, S. 15f.

FÄHRMANN, Willi (1983): *Der überaus starke Willibald.* Würzburg: Arena Verlag, S. 67ff.

HASSERT, Timm u. a. (1996): *Hauptstraße 117.* Begleitmaterial zur Videoserie. München: Goethe-Institut, S. 21.

Lexikon des internationalen Films (1995): Reinbek b. Hamburg: Rowohlt, 3824.

LUSCHER, Renate (1994): *Deutschland nach der Wende.* Ismaning/München: Verlag für Deutsch, S. 40, Foto (Abwässer): Presse- und Informationsamt der Bundesregierung, Bundesbildstelle Bonn; S. 45f., 46 Foto (Buchenwald): Landesmedienzentrum Rheinland-Pfalz, Koblenz; Zeichnung (Weimar): cre art, Fulda.

MERIAN (1990): *Thüringen,* S. 63 Foto (Optikindustrie): R. Janke/argus. S. 93 Foto (Sonneberg): B. Fraatz.

PERLMANN, Michaela (1989): *Vis-à-vis.* Begleitheft mit Unterrichtsvorschlägen. München: Goethe-Institut, S. 8, 9f., 12, 19, 21.

Tatsachen über Deutschland (1993). Frankfurt/M.: Societäts-Verlag, S. 66 Foto: Koshofer, © Helga Lade, Fotoagentur Frankfurt/M. (Wartburg). S. 67 Foto (Krämerbrücke).

THÜRINGER LANDESFREMDENVERKEHRSVERBAND e. V. (Hrsg.) (1994): *Thüringen.* Das grüne Herz Deutschlands, ohne Paginierung. Fotos: Rennsteig, Wintersport, Wachsenburg.

ULKE, Karl-Dieter (1988): *Vorbilder im Denken.* München: Kösel, S. 41.

Teil 2: Videos, Videosequenzen, Standfotos

Die Quellenangaben sind nach den Autoren der Filme geordnet. Die Sequenzangaben (= S) beziehen sich auf die Sequenznumerierung in dieser Studieneinheit.

Alles Gute (1988): Bonn: Inter Nationes (S 32 + 33), Lektion 2.

Anna, Schmidt & Oscar (1994): Köln: WDR (S 19), Lektion 1.

BEAUVAIS, Peter/COURTHS-MAHLER, Hedwig (1974): *Griseldis.* Stuttgart: Süddeutscher Rundfunk (Bild und Ton)/Bergisch-Gladbach: Bastei-Verlag H. Lübbe (Text) (S 26).

BOHM, Hark (1977): *Moritz, lieber Moritz.* Frankfurt/M.: Filmverlag der Autoren (S 27, 39, 40, 41, 42).

BOOM VAN DEN, Rüdiger u. a. (Hrsg.) (1991 a): *Bildschirm 5.* Bonn: Inter Nationes, *Wahlkampf* (S 44).

BOOM VAN DEN, Rüdiger u. a. (Hrsg.) (1991 b): *Bildschirm 8.* Bonn: Inter Nationes, Spot 27: *Allianz-Versicherung* (Standbild 1).

CONRADT, Gerd (1993): *Videobrief Dietrich M.* München: Goethe-Institut (S 48/49). Musik: ENTOMBED, MORGOTH, SLIME, RFB KÖPENICK, WAGNER, Richard.

Die Krönung der schönsten Stunden (1990): Ismaning/München: Verlag für Deutsch/Goethe-Institut, *Frolic:* Effem GmbH, Verden (S 4), *Karamalz:* Henninger Bräu AG, Frankfurt/M. (S 14), *InterCity:* Deutsche Bahn AG, Berlin (S 15).

FASSBINDER, Rainer Werner (1974): *Angst essen Seele auf.* München: Futura Film, Weltvertrieb im Filmverlag der Autoren (S 13).

FISCHER, Thomas/SYRING, Gerald (1991): *Ungebahnte Wege.* Baden-Baden: Werbung im Südwestfunk GmbH, *Volker Ehrlich* (S 43).

GIES, Hajo/EPLINIUS, Urs (1988): *Das Traumauto.* Köln: WDR (S 7, S 8, S 22, S 24).

HECHT, Susanne (1992): *Hauptstraße 117.* ©: Susanne Hecht, Velbert (S 18, S 31).

KRECK, Joachim/MOO-YOUNG, Ian (1991): *Der Falschspieler.* ©: J. Kreck, Wiesbaden (S 9, S 10).

LANG, Fritz/HARBOU VON, Thea (1921): *Der müde Tod.* Aus: *Begegnungen.* Spielfilmsequenzen als Sprechanlaß (1992). München: Transit-Filmgesellschaft mbH (S 5).

LANG, Fritz/HARBOU VON, Thea (1925/26): *Metropolis.* Aus: *Begegnungen.* Spielfilmsequenzen als Sprechanlaß (1992). München: Transit-Filmgesellschaft mbH (S 12).

LEITNER, Hermann/SCHWENZER, Peer (1957): *Ferien auf Immenhof.* Aus: *Begegnungen.* Spielfilmsequenzen als Sprechanlaß (1992) (S 6).

LENZ, Siegfried (1976): *Die Phantasie – der Autor und sein Thema.* ARD/NDR, 1.2.1976 (S 1).

LORIOT (1984): *Wo laufen Sie denn? Und andere Probleme des gehobenen Lebensstils.* © Radio Bremen und Loriot. Warner Home Video: Loriots Vibliothek, Band 2 (S 21).

MC NAB, Rosi/GRAUERHOLZ, Ute (1989): *Klassenfest.* München: Goethe-Institut (S 17, S 28).

MURNAU, Friedrich Wilhelm (Buch und Regie) (1922): *Nosferatu – Eine Symphonie des Grauens.* Aus: *Begegnungen.* Spielfilmsequenzen als Sprechanlaß. München: Transit-Filmgesellschaft mbH (S 23, S 30).

PERRAUDIN, René u. a. (1990): *Die fünf neuen Bundesländer.* Grünwald: Institut für Film und Bild in Wissenschaft und Unterricht (FWU)/Bonn: Inter Nationes (S 47).

SCHEIBLER, Peter/STRECKER, Frank (1986): *Dagmar.* Stuttgart: Südfunk/Saarbrücken: Telepool (S 2, S 20, S 25/38; S 29; S 35 – 37).

SCHNATMANN, Reinold (1992): *Willi, erzähl!* München: Focus Film, Sonnenblumenstr. 29, 81377 München (S 46).

STERNBERG VON, Josef/LIEBMANN, Robert (1930): *Der Blaue Engel.* Aus: *Begegnungen.* Spielfilmsequenzen als Sprechanlaß. München: Transit-Filmgesellschaft mbH (S 11).

Stiftung Deutsche Kinemathek, Berlin (Standfotos 1 und 2).

WEISSBARTH, Eberhardt (1986): *Vis-à-vis.* ©: E. Weißbarth, Köln (Standbild 2, S 3, S 34).

WEISSBARTH, Eberhardt (1992): *Klassenziel nicht erreicht.* ©: E. Weißbarth, Köln (S 16).

Willi Fährmann. Literarische Porträts (1989): München: Goethe-Institut (S 45).

12.2 Bezugsmöglichkeiten der Videos und des Begleitmaterials

Achtung! Wichtiger Hinweis zu den Bezugsmöglichkeiten:

Die meisten Filme und Begleitmaterialien sind über die Goethe-Institute erhältlich. Erkundigen Sie sich bei dem Ihnen am nächsten gelegenen Goethe-Institut, ob der Film und das Begleitmaterial vorhanden sind. Wenn Sie die Filme und Begleitmaterialien dort nicht finden, so können Sie sie bestellen – nicht über die Zentralverwaltung, sondern über die Auslieferfirma des Goethe-Instituts:

Foto + Medienvertrieb Gutenbergstr. 11 D-82205 Gilching Tel.: 08105/9068 Fax: 08105/24869	Filme und Begleitmaterialien von Inter Nationes: Inter Nationes e.V. Kennedyallee 91 – 103 D-53175 Bonn

***Alles Gute!* Ein deutscher Fernsehsprachkurs (1988). München: Langenscheidt/Goethe-Institut.**

26 Lektionen auf 6 Videokassetten: entweder einsprachig deutsch oder in folgenden muttersprachlichen Versionen: Englisch, Französisch, Griechisch, Italienisch, Portugiesisch, Spanisch.

Bezugsquelle: Inter Nationes (3 Videokassetten)/Buchhandel mit folgenden Bestellnummern:

Deutsche Ausgabe:

	PAL	NTSC	SECAM
Folge 1 – 4	ISBN 3-468-96891-4	3-468-96921-X	3-468-96931-7
Folge 5 – 8	ISBN 3-468-96892-2	3-468-96922-8	3-468-96932-5
Folge 9 – 12	ISBN 3-468-96893-0	3-468-96923-6	3-468-96933-3
Folge 13 – 16	ISBN 3-468-96894-9	3-468-96924-4	3-468-96934-1
Folge 17 – 20	ISBN 3-468-96895-7	3-468-96925-2	3-468-96935-X
Folge 21 – 26	ISBN 3-468-96896-5	3-468-96926-0	3-468-96936-8

Begleitmaterial:

BALTZER, Ralf u. a. (1989): *Alles Gute!* Begleitbuch. Berlin/München: Langenscheidt.
Bezugsquelle: Inter Nationes/Buchhandel mit folgenden Bestellnummern:

		Audiokassette A	
Deutsch:	ISBN 3-468-96879-5	Deutsch:	ISBN 3-468-96909-0
Englisch:	ISBN 3-468-96870-1	Englisch:	ISBN 3-468-96900-7
Französisch:	ISBN 3-468-96871-X	Französisch:	ISBN 3-468-96901-5
Griechisch:	ISBN 3-468-96875-2	Italienisch:	ISBN 3-468-96903-1
Italienisch:	ISBN 3-468-96873-6	Portugiesisch:	ISBN 3-468-96904-X
Portugiesisch:	ISBN 3-468-96874-4	Spanisch:	ISBN 3-468-96902-3
Spanisch:	ISBN 3-468-96872-2		

BALTZER, Ralf u. a. (1991): *Alles Gute!* Lese- und Arbeitsbuch. Berlin/München: Langenscheidt.
Bezugsquelle: über den Buchhandel oder über Inter Nationes

		Audiokassette B	
Deutsch:	ISBN 3-468-96889-2	Deutsch:	ISBN 3-468-96919-8
Englisch:	ISBN 3-468-96880-9	Englisch:	ISBN 3-468-96910-4
Französisch:	ISBN 3-468-96881-7	Französisch:	ISBN 3-468-96911-2
Italienisch:	ISBN 3-468-96883-3	Italienisch:	ISBN 3-468-96913-9
Spanisch:	ISBN 3-468-96882-5	Spanisch:	ISBN 3-468-96912-0

***Anna, Schmidt & Oskar* (1994). Ein Fernseh-und Videosprachkurs für Kinder. München: Langenscheidt/ Goethe-Institut.**

Die Videocassetten sind auf deutsch:

	PAL	NTSC	SECAM
Folge 1 – 7	ISBN 3-468-96860-4	3-468-96864-7	3-468-96867-1
Folge 8 – 13	ISBN 3-468-96861-2	3-468-96865-5	3-468-96868-X

Begleitmaterial:

KIRSCH, Dieter (1995): *Anna, Schmidt & Oskar.* Lehrerhandreichungen 1. Berlin/München: Langenscheidt, ISBN 3-468-96852-3.

KIRSCH, Dieter u. a. (1994): *Anna, Schmidt & Oskar.* Übungsbuch 1. München: Goethe-Institut/Langenscheidt, ISBN 3-468-96851-5.

Zu dem Übungsbuch gibt es eine Hörkassette:
Audiokassette 1 B. München: Goethe-Institut/Langenscheidt, ISBN 3-468-96863-9.

DERKOW-DISSELBECK, Barbara u. a. (1993): *Anna, Schmidt &Oskar.* Bilderbuch 1. München: Goethe-Institut/Langenscheidt, ISBN 3-468-96850-7.

Zu dem Bilderbuch gibt es eine Hörkassette:
Audiokassette 1 A. München: Goethe-Institut/Langenscheidt, ISBN 3-468-96862-0.

BEAUVAIS, Peter/COURTHS-MAHLER, Hedwig (1974): *Griseldis.*

Bezugsquelle des Ausschnitts: *Begegnungen*. Spielfilmsequenzen als Sprechanlaß (1992). München: Goethe-Institut, Bestellnr. 41 91 12 V.

Begleitmaterial:

D'ALESSIO, Germana/HELMLING, Brigitte (1991): *Begegnungen*. Begleitheft mit Unterrichtsvorschlägen. München: Goethe-Institut, Bestellnr. 41 91 12 B.

BOHM, Hark (1977): *Moritz, lieber Moritz.*

Bezugsquelle der Ausschnitte: *Begegnungen*. Spielfilmsequenzen als Sprechanlaß (1992). München: Goethe-Institut, Bestellnr. 41 91 12 V.
Der gesamte Film ist in der Videothek des Goethe-Instituts München vorhanden und kann dort ausgeliehen werden.

Begleitmaterial:

Begegnungen. (siehe unter Beauvais)

BOOM VAN DEN, Rüdiger u. a. (Hrsg.): *Bildschirm – Video mit Köpfchen. Bildschirm 5* (1991).

Bildschirm 5 wird von Inter Nationes nicht mehr ausgeliefert.

BOOM VAN DEN, Rüdiger u. a. (Hrsg.): *Bildschirm – Video mit Köpfchen.*

Bildschirm 8 (1991): *Werbung.*
Bezugsquelle: Bonn: Inter Nationes, Produktionsnr. 094.

Begleitmaterial:

STEINDL, Michael (1991): *Bildschirm 8*. Beispiele deutscher Fernsehsendungen. Thema: *Fernsehwerbung*. Bonn: Inter Nationes.

CONRADT, Gerd (1993): *Videobrief Dietrich M.*

Bezugsquelle: München: Goethe-Institut, Bestellnr. 41 93 05 V.

Begleitmaterial:

DOMMEL, Hermann (1995): *Dietrich M. Ein Porträt.* Begleitheft mit Unterrichtsvorschlägen. München: Goethe-Institut, Bestellnr. 41 93 05 B.
DOMMEL, Hermann (1995): *Interview mit Dietrich 1993*. Hörkassette. München: Goethe-Institut, Bestellnr. 41 93 05 H.

***Die Krönung der schönsten Stunden.* 30 Werbespots als Sprechanlaß (1990).**

Bezugsquelle: München/Ismaning: Goethe-Institut/Verlag für Deutsch, ISBN 3-88532-701-5.

Begleitmaterial:

ARNSDORF, Dieter u. a. (1990): *Die Krönung der schönsten Stunden.* Begleitheift zum Video. München/Ismaning: Goethe-Institut/Verlag für Deutsch, gleiche ISBN-Nr. wie Video.

FASSBINDER, Rainer Werner (1974): *Angst essen Seele auf.*

München: Filmverlag der Autoren.

Bezugsquelle: Der Film kann aus der Videothek des Goethe-Instituts München ausgeliehen werden.

Begleitmaterial:

Fassbinders Filme 3 (1990): (Enthält Drehbuch zu *Angst essen Seele auf.*). Frankfurt/M.: Verlag der Autoren.

FISCHER, Thomas/SYRING, Gerald (1991): *Ungebahnte Wege: Junge Leute nach der Wende.*

Bezugsquelle: München: Goethe-Institut, Bestellnr. 41 91 11 V.

Begleitmaterial:

SYRING, Gerald (1991): *Ungebahnte Wege: Junge Leute nach der Wende*. Begleitmaterial zu dem Videoprogramm. München: Goethe-Institut, Bestellnr. 41 91 11 B.

BRANDI, Marie-Luise u. a. (o. J.): *Ungebahnte Wege: Junge Leute nach der Wende.* Vorschläge zur Didaktisierung. Paris: Goethe-Institut, Bestellung in Paris.

GIES, Hajo/EPLINIUS, Urs (1988): *Das Traumauto.*

Bezugsquelle: Inter Nationes, Produktionsnr. 023.

Begleitmaterial:

ARNSDORF, Dieter u. a. (1990): *Das Traumauto.* Begleitheft mit Unterrichtsvorschlägen. München: Goethe-Institut.

SCHWERDTFEGER, Inge C. (1995): *Das Traumauto.* Didaktisierung eines Films. Bonn: Inter Nationes.

HECHT, Susanne (1992): ***Hauptstraße 117.***

Bezugsquelle: München: Goethe-Institut.

Begleitmaterial:

HASSERT, Timm u. a. (1995/96): *Hauptstraße 117.* Begleitmaterial zur Videoserie. München: Goethe-Institut.

KRECK, Joachim/MOO-YOUNG, Ian (1991): ***Der Falschspieler.***

Bezugsquelle: Goethe-Institut, Bestellnr. 41 91 13 V.

Begleitmaterial:

CLEMENS, Michael/HOEBERS, Theo (1991): *Der Falschspieler.* Vorschläge für die Arbeit mit einem Zeichentrickfilm ohne Dialog und Kommentar. München: Goethe-Institut, Bestellnr. 41 91 15 B.

LANG, Fritz/HARBOU VON, Thea (1921): ***Der müde Tod.***

Bezugsquelle des Ausschnitts: *Begegnungen.* Spielfilmsequenzen als Sprechanlaß (1992). München: Goethe-Institut, Bestellnr. 41 91 12 V.
Der ganze Film kann in der Videothek des Goethe-Instituts München ausgeliehen werden.

Begleitmaterial:

Begegnungen. (siehe unter Beauvais)

LANG, Fritz/HARBOU VON, Thea (1925/26): ***Metropolis.***

Bezugsquelle des Ausschnitts: *Begegnungen.* Spielfilmsequenzen als Sprechanlaß (1992). München: Goethe-Institut, Bestellnr. 41 91 12 V.
Der ganze Film kann in der Videothek des Goethe-Instituts München ausgeliehen werden.

Begleitmaterial:

Begegnungen. (siehe unter Beauvais)

LEITNER, Hermann/SCHWENZER, Peer (1957): ***Ferien auf Immenhof.***

Bezugsquelle: nicht aufgefunden.

LENZ, Siegfried (1976): ***Die Phantasie – der Autor und sein Thema.***
Bezugsquelle: keine mehr.

LORIOT (1984): ***Wo laufen Sie denn? Und andere Probleme des gehobenen Lebensstils.***

Bezugsquelle: Das Video ist in der Videothek des Goethe-Instituts München enthalten.

MC NAB, Rosi/GRAUERHOLZ, Ute (1989): ***Klassenfest.***

Bezugsquelle: München: Goethe-Institut, Bestellnr. 41 89 10 V.

Begleitmaterial:

MC NAB, Rosi/GRAUERHOLZ, Ute (1988): *Klassenfest.* München: Goethe-Institut, Bestellnr. 41 89 10 B.

MURNAU, Friedrich Wilhelm (1922): ***Nosferatu – Eine Symphonie des Grauens.***

Bezugsquelle des Ausschnitts: *Begegnungen.* Spielfilmsequenzen als Sprechanlaß (1992). München: Goethe-Institut, Bestellnr. 41 91 12 V.
Der ganze Film kann in der Videothek des Goethe-Instituts München ausgeliehen werden.

Begleitmaterial:

Begegnungen. (siehe unter Beauvais)

PERRAUDIN, René u. a. (1990): ***Die fünf neuen Bundesländer.***

Bezugsquelle: Bonn: Inter Nationes/Grünwald: Institut für Film und Bild in Wissenschaft und Unterricht (FWU). Inter Nationes: Produktionsnr. 020.

Begleitmaterial:

PERRAUDIN, René (1991): *Die fünf neuen Bundesländer.* Filmtexte. Bonn: Inter Nationes.

SCHEIBLER, Peter/STRECKER, Frank (1986): ***Dagmar.***

Bezugsquelle: Der ganze Film kann in der Videothek des Goethe-Instituts München ausgeliehen werden.

SCHNATMANN, Reinold (1992): ***Willi, erzähl!***

Bezugsquelle: Focus Film, Sonnenblumenstraße 29, D-81377 München.

STERNBERG VON, Josef/LIEBMANN, Robert (1930): ***Der Blaue Engel.***

Bezugsquelle des Ausschnitts: *Begegnungen.* Spielfilmsequenzen als Sprechanlaß. München: Goethe-Institut, Bestellnr. 41 91 12 V.

Begleitmaterial:

Begegnungen. (siehe unter Beauvais)

WEISSBARTH, Eberhardt (1986): *Vis-à-vis*.

Bezugsquelle: München: Goethe-Institut, Bestellnr. 41 88 03 V.

Begleitmaterial:

PERLMANN, Michaela (1989): *Vis-à-vis*. Begleitheft mit Unterrichtsvorschlägen. München: Goethe-Institut, Bestellnr. 41 88 02 B.

WEISSBARTH, Eberhardt (Buch und Regie) (1992): *Klassenziel nicht erreicht*.

Bezugsquelle: München: Goethe-Institut, Bestellnr. 41 92 11 V.

Begleitmaterial:

PERLMANN-BALME, Michaela (1992): *Klassenziel nicht erreicht*. Begleitheft mit Unterrichtsvorschlägen. München: Goethe-Institut, Bestellnr. 41 92 11 B.

***Willi Fährmann* (1989): Literarische Porträts.**

Bezugsquelle: München: Goethe-Institut.

Begleitmaterial:

ESSELBORN, Karl/HÜBNER, Klaus (1989): *Willi Fährmann*. Werkheft Literatur. München: iudicium/ Goethe-Institut, Bestellnr. ISBN 3-89 129-065-9.

Angaben zur Autorin

Marie-Luise Brandi studierte Germanistik an der Sorbonne Universität in Paris. Ihre Magisterarbeit schrieb sie über *Probleme und Techniken des Leseverstehens*. Seit 1971 arbeitet sie am Goethe-Institut Paris – als Lehrerin und in der Lehrerfortbildung. Schwerpunkte ihrer Aufgaben in der Pädagogischen Verbindungsarbeit des Goethe-Instituts Paris sind Leseverstehen und Arbeit mit dem Medium *Video*.

Veröffentlichungen:

Brandi, Marie-Luise u. a. (1988): *Bild als Sprechanlaß*. – Sprechende Fotos. Paris/München: Goethe-Institut.

Brandi, Marie-Luise/Helmling, Brigitte (1985): *Arbeit mit Video am Beispiel von Spielfilmen*. Paris/München: Goethe-Institut.

Brandi, Marie-Luise/Strauß, Dieter (1985): *Training des Leseverstehens am Beispiel von Sachtexten*. Paris/München: Goethe-Institut.

Brandi, Marie-Luise/Momenteau, Barbara (1992): *Lesekurs für Geisteswissenschaftler*. München: Klett Edition Deutsch. Besteht aus 4 Heften: Texte und Übungen für Anfänger; Textreihen und Übungen für Fortgeschrittene; Anhang Englisch; Anhang Französisch.

Koautorin:

BERTOLUS, Martine u. a. (1994): *Chancen* (*Seconde*). Paris: Hatier.

Das Fernstudienprojekt DIFF – GhK – GI

Nachdem Sie diese Studieneinheit durchgearbeitet haben, möchten Sie vielleicht Ihre Kenntnisse auf dem einen oder anderen Gebiet vertiefen, möchten mehr wissen über konkrete Unterrichtsplanung, über Medieneinsatz allgemein, über verschiedene Bereiche des Hörverstehens/Hör-Seh-Verstehens, z. B. Lieder im Deutschunterricht, Bilder in der Landeskunde oder Phonetik und Intonation …
Sie haben bereits Hinweise auf andere Fernstudieneinheiten gefunden und sind neugierig geworden? Sie möchten wissen, was das für Studieneinheiten sind, wo Sie sie bekommen und wie Sie sie benutzen können?
Zu diesen Fragen möchten wir Ihnen noch einige Informationen geben:

Diese Studieneinheit ist im Rahmen eines Fernstudienprojekts im Bereich DaF/ Germanistik entstanden, das das Deutsche Institut für Fernstudienforschung an der Universität Tübingen (DIFF), die Universität Gesamthochschule Kassel (GhK) und das Goethe-Institut München zusammen durchgeführt haben.
In diesem Projekt werden Fernstudienmaterialien für die fachwissenschaftliche und fachdidaktische Weiterbildung zu folgenden Themenbereichen entwickelt:

Deutsch als Fremdsprache (DaF)

Projekt

- Methodik und Didaktik
- Landeskundevermittlung
- Medien
- Fertigkeiten
- Grammatik
- Leistungsmessung
- Lehrwerkanalyse
- Spracherwerb
- Sozialformen
- Angewandte Linguistik
- Übungsformen
- Unterrichtsplanung

Germanistik

- Literaturwissenschaft
- Linguistik
- Literaturgeschichte
- Analyse literarischer Gattungen
- Semantik
- Grammatik

Weitere Studieneinheiten sind in Vorbereitung (Planungsstand 1996) bzw. erschienen:

Themen

Bereich Germanistik

GhK

Literaturwissenschaft

- Einführung in die germanistische Literaturwissenschaft (Helmut Schmiedt)
- Literaturgeschichte I: Vom Mittelalter zum Sturm und Drang (Hartmut Kugler)
- Literaturgeschichte II: Von der Klassik zur Jahrhundertwende (Egon Menz)
- Literaturgeschichte III: 20. Jahrhundert (Hans-Otto Horch)
- Einführung in die Analyse von erzählenden Texten (Helmut Schmiedt)
- Einführung in die Analyse lyrischer Texte (Helmut Schmiedt)
- Einführung in die Analyse dramatischer Texte (Helmut Schmiedt)

Linguistik

- Einführung in die germanistische Linguistik (Hans-Otto Spillmann)
- Grammatik des deutschen Satzes (Wilhelm Köller)
- Semantik (Rolf Müller)
- Historische Grammatik (Günther Rohr)
- Textlinguistik (Helga Andresen)
- Pragmalinguistik (Werner Holly)

Bereich Deutsch als Fremdsprache

Methodik/Didaktik Deutsch als Fremdsprache

- Einführung in die Grundlagen des Faches Deutsch als Fremdsprache (Rolf Ehnert/Gert Henrici/Reiner Schmidt/Klaus Vorderwülbecke)
- Methoden des fremdsprachlichen Deutschunterrichts (Gerhard Neuner/Hans Hunfeld), erschienen 8/93
- Zweit- und Fremdsprachenerwerb (Ernst Apeltauer)
- Testen und Prüfen in der Grundstufe (Hans-Georg Albers/Sibylle Bolton), erschienen 5/95
- Lesen als Verstehen. Zum Verstehen fremdsprachlicher literarischer Texte und zu ihrer Didaktik (Swantje Ehlers), erschienen 2/92
- Angewandte Linguistik für den fremdsprachlichen Deutschunterricht. Eine Einführung (Britta Hufeisen/Gerhard Neuner)

Landeskunde

- Routinen und Rituale in der Alltagskommunikation (Heinz-Helmut Lüger), erschienen 10/93
- Wortschatzarbeit und Bedeutungsvermittlung (Bernd-Dietrich Müller), erschienen 9/94
- Kontakte knüpfen (Rainer Wicke), erschienen 9/95
- Bilder in der Landeskunde (Dominique Macaire/Wolfram Hosch), erschienen 4/96
- Landeskunde und Literaturdidaktik (Monika Bischof/Viola Kessling/Rüdiger Krechel)
- Landeskunde mit der Zeitung (Hans Sölch)
- Geschichte im Deutschunterricht (Iris Bork-Goldfield/Frank Krampikowski/Gunther Weimann)
- Landeskunde im Anfangsunterricht (Kees van Eunen/Henk Lettink)

Methodik/Didaktik Deutsch als Fremdsprache

Basispaket

- Fertigkeit Hören (Barbara Dahlhaus), erschienen 3/94
- Fertigkeit Lesen (Gerard Westhoff)
- Fertigkeit Sprechen (Gabriele Neuf-Münkel/Regine Roland)
- Fertigkeit Schreiben (Bernd Kast)
- Grammatik lehren und lernen (Hermann Funk/Michael Koenig), erschienen 12/91
- Probleme der Wortschatzarbeit (Rainer Bohn)
- Arbeit mit Lehrwerklektionen (Peter Bimmel/Bernd Kast/Gerhard Neuner)
- Probleme der Leistungsmessung (Sibylle Bolton), erschienen 4/96

Aufbaupaket

- Arbeit mit Sachtexten (Ingeborg Laveau/Rosemarie Buhlmann)
- Arbeit mit literarischen Texten (Swantje Ehlers/Bernd Kast)
- Arbeit mit Fachtexten (Hermann Funk/Hilke Muselmann)
- Lieder und Rock im Deutschunterricht (Hermann Dommel/Uwe Lehners)
- Phonetik und lehren und lernen (Helga Dieling/Ursula Hirschfeld)
- Computer im Deutschunterricht (Margit Grüner/Timm Hassert)

- Medieneinsatz (Barbara Frankenberg/Lisa Fuhr)
- Spiele im Deutschunterricht (Christa Dauvillier/Dorothea Lévy)
- Lehrwerkanalyse (Maren Duszenko)
- Sozialformen und Binnendifferenzierung (Inge Schwerdtfeger)
- Handlungsorientierter Deutschunterricht und Projektarbeit (Michael Legutke)
- Lernerautonomie und Lernstrategien (Peter Bimmel/Ute Rampillon)
- Fehler und Fehlerkorrektur (Karin Kleppin)
- Testen und Prüfen in der Mittel- und Oberstufe (Gabriele Neuf-Münkel/Michaela Perlmann-Balme)
- Unterrichtsbeoachtung und Lehrerverhalten (Barbara Ziebell)
- Lernpsychologie, Lernen als Jugendlicher – Lernen als Erwachsener (Bärbel Kühn)
- Deutsch im Primarbereich (Dieter Kirsch)

Die Studieneinheiten wenden sich an:

Adressaten

- Lehrende im Bereich Deutsch als Fremdsprache im Ausland und in Deutschland
- Germanisten/innen an ausländischen Hochschulen
- Studierende im Bereich Germanistik und Deutsch als Fremdsprache
- Aus- und Fortbilder/innen im Bereich Deutsch als Fremdsprache.

Wozu können Sie die Studieneinheiten verwenden?

Konzeption/Ziele

Je nachdem, ob Sie als Deutschlehrer, Hochschuldozent oder Fortbilder arbeiten oder DaF/Germanistik studieren, können Sie entsprechend Ihren Interessen die Studieneinheiten benutzen, um

- sich persönlich fortzubilden,
- Ihren Unterricht zu planen und durchzuführen,
- sich auf ein Studium in Deutschland vorzubereiten,
- sich auf eine Weiterqualifikation im Bereich DaF (z. B. Erwerb des Hochschulzertifikats DaF an der GhK) vorzubereiten (die GhK bietet die Möglichkeit, bis zu 50% des zweisemestrigen Ergänzungsstudiums DaF auf dem Wege des Fernstudiums anerkannt zu bekommen),
- ein Weiterbildungszertifikat im Bereich Deutsch als Fremdsprache zu erwerben. (GhK und GI bieten in Deutschland einen Fernstudienkurs *Fremdsprachlicher Deutschunterricht in Theorie und Praxis* an, der mit einem Zertifikat der GhK abgeschlossen wird. Im Ausland bieten die GhK und das GI gemeinsam mit ausländischen Partnerinstitutionen entsprechende Fernstudienkurse an, die mit einem gemeinsamen Zertifikat der drei Partnerinstitutionen abschließen.)

Wie können Sie die Studieneinheit verwenden?

Arbeitsformen

- Im Selbststudium können Sie sie durcharbeiten, die Aufgaben lösen und mit dem Lösungsschlüssel vergleichen.
- In zahlreichen Ländern werden Aus- und Fortbildungsgänge angeboten, in denen die Studieneinheiten in Fernstudienkursen oder Seminarveranstaltungen ganz oder in Auszügen eingesetzt werden.
- Als Aus- und Fortbilder können Sie sie als Steinbruch oder kurstragendes Material für Ihre Veranstaltungen verwenden.

Weitere Informationen erhalten Sie bei:

Deutsches Institut für Fernstudienforschung an der Universität Tübingen
Postfach 1569
72072 Tübingen

Universität Gesamthochschule Kassel
FB 9 (Prof. Dr. Gerhard Neuner)
Postfach 10 13 80
34127 Kassel

Goethe-Institut München
Bereich 52 FSP
Helene-Weber-Allee 1
80637 München

Fort- und Weiterbildungs-angebot für LehrerInnen im Bereich Deutsch als Fremdsprache (DaF)

Das Fernstudienprojekt DIFF, GhK, GI

Angebot

1. Fernstudieneinheiten und zugehörige Medien als Studienmaterial

2. Abschlußtests für jede Fernstudieneinheit zur Evaluierung der einzelnen Studienleistungen

3. Fernstudienpläne, Fortbildungscurricula zur Planung von Fernstudienkursen

4. Zertifikate zur Anerkennung der Studienleistungen

5. Regionale Arbeitshefte zu den internationalen Fassungen der Studieneinheiten, die das Ziel verfolgen, die Studienmaterialien auf die spezifischen Bedürfnisse der DaF-Lehrer einzelner Länder anzupassen

6. Seminardidaktische Anleitungen zum Einsatz der Fernstudieneinheiten in Seminaren und in Kontakt-/Präsenzphasen von Fernstudienkursen

GhK

Probleme der Leistungsmessung

Lernfortschrittstests in der Grundstufe

Sibylle Bolton

Erschienene Titel bei Langenscheidt und Erprobungsfassungen (DIFF/GhK/GI)

- Grammatik lehren und lernen
- Lesen als Verstehen
- Methoden des fremdsprachlichen Deutschunterrichts
- Fertigkeit Hören
- Routinen und Rituale in der Alltagskommunikation
- Testen und Prüfen in der Grundstufe, Einstufungstests und Sprachstandsprüfungen
- Wortschatzarbeit und Bedeutungsvermittlung
- Kontakte knüpfen
- Probleme der Leistungsmessung, Lernfortschrittstests in der Grundstufe
- Bilder in der Landeskunde
- Video im Deutschunterricht
- Angewandte Linguistik für den fremdsprachlichen Deutschunterricht
- Spracherwerb
- Fertigkeit Lesen
- Fertigkeit Schreiben
- Fertigkeit Sprechen
- Arbeit mit Sachtexten
- Computer im Deutschunterricht
- Arbeit mit Lehrwerklektionen
- Lehrwerkanalyse
- Phonetik lehren und lernen
- Einführung in das Hochschulfach DaF
- Landeskunde mit der Zeitung
- Landeskunde und Literaturdidaktik
- Lernerautonomie und Lernstrategien
- Probleme der Wortschatzarbeit

Planungstitel

Weitere 15 Titel sind derzeit in Planung. Ein Großteil dieser Titel wird 1997 als Erprobungsfassung vorliegen.

Regionalisierung des Fernstudienprojekts

Bereich 52 Fernstudienprojekt unterstützt die Entwicklungen von regionalen Arbeitsheften zu den Studieneinheiten.

Das größte Regionalisierungsprojekt läuft derzeit mit Unterstützung der Europäischen Kommission (LINGUA/SOCRATES) in Spanien und Italien.

Fernstudienbriefe Methodik-Didaktik/ Landeskunde Deutsch als Fremdsprache